普拉提解剖学

（第2版）

〔美〕瑞尔·艾萨考维兹
〔美〕卡伦·克利平格 著

王会儒 吴振巍 译

河南科学技术出版社
·郑州·

备案号：豫著许可备字 -2020-A-0117

图书在版编目(CIP)数据

普拉提解剖学：第2版 / (美) 瑞尔·艾萨考维兹（Rael Isacowitz），（美）卡伦·克利平格（Karen Clippinger）著；王会儒，吴振巍译. -- 2版. 郑州 : 河南科学技术出版社, 2024. 12. -- ISBN 978-7-5725-1717-4

Ⅰ. G804.4

中国国家版本馆CIP数据核字第20240BQ246号

出版发行：河南科学技术出版社
地址：郑州市郑东新区祥盛街27号　邮编：450016
电话：（0371）65788613　65788629
网址：www.hnstp.cn
策划编辑：李　林
责任编辑：李　林
责任校对：董静云
封面设计：李小健
责任印制：徐海东
印　　刷：郑州新海岸电脑彩色制印有限公司
经　　销：全国新华书店
开　　本：787 mm × 1092 mm　印张：16.5　字数：270千字
版　　次：2024年12月第1版　2024年12月第1次印刷
定　　价：96.00元

如发现印、装质量问题，影响阅读，请与出版社联系并调换。

献给约瑟夫·普拉提和克莱拉·普拉提，

以及那些始终坚持梦想的普拉提老师。

前言

作为《普拉提解剖学》的作者，第1版出版的反响给了我们很大的鼓舞。自2011年第1版出版以来，这本书被翻译成多种语言文字。现在，我们着手进行第2版的工作，希望能收到与第1版同样好的反响。对于第2版，我们增加了很多有价值的内容，包括对改良动作和进阶动作的诠释。改良动作比基础动作简单，练习者更容易操作，可以作为准备动作。进阶动作适当增加了难度，在很多情况下，可以帮助发展更高阶动作的特定技巧，因此也可以作为相关普拉提动作的准备动作。

在过去的二十多年中，普拉提发生了巨大的演变。20 世纪 90 年代中后期，是普拉提历史上的转折点。在这个时期，普拉提由只为舞蹈家、歌手、杂技表演者和演员所崇尚的小众运动发展至家喻户晓的普及运动，它很快在好莱坞电影、电视广告、卡通片、综艺节目和深夜档节目中出现，练习普拉提成为一种潮流。

某种程度来说，发生这种现象的原因还是个未解之谜。但没人可以反驳普拉提在美国的发展之快—— 2000 年普拉提练习者仅为 170 万人，而到2006年已经发展至 1060 万人。它在全球也都呈爆发性增长。

不过，所有的快速增长都有它的负面影响，普拉提也不例外。尽管我们都希望普拉提能以理解性的方式被教授，但普拉提的快速教授方式随之而来。不过，快速教授方式作为普拉提发展的一部分也带来了一些积极影响——普拉提成功进入包括健身俱乐部、运动员训练计划、医疗机构等在内的新领域。

要真正理解普拉提，需要知道普拉提的来源。约瑟夫·普拉提（Joseph Pilates）于 1883 年 12 月 9 日出生在德国杜塞尔多夫附近，逝世于 1967年 10 月 9 日。很不幸的是，他未能亲眼见证梦想的实现。他坚定地相信利于全身健康的普拉提运动会被大众和健康专家所接纳。他将他的体系称作“控制学”（contrology），希望全美国的学校都能教授它。他也希望他的方法能成为男性锻炼的主流方式。的确，在开始时大多是男性在练习普拉提，而近些年更多的是女性对普拉提的热情不断。好在约瑟夫·普拉提早年的学生和他的妻子将普拉提流传下来并成为普拉提的卓越教师。1926 年，普拉提先生在他的第二次美国旅行中与克莱拉（Clara）相遇，克莱拉后来成为他工作和生活的终身伴侣。那些直接接受约瑟夫和克莱拉教育的第一代导师们，为普拉提事业的进步发挥了重要作用。凯瑟琳·斯坦福·格兰特（Kathleen Stanford Grant）首屈一指，对笔者的发展和教学风格产生了深远影响。瑞尔·艾萨考维兹（Rael Isacowitz）在过去 40年里与一些导师的共同研究取得了很大成就。

约瑟夫·普拉提没有留下过多手写资料来指导后世的普拉提学习者，所以图片、视频、文本等有限的档案材料都是非常珍贵的。不过口头和肢体语言使普拉提教学得以代代相传。约瑟夫·普拉提曾写过两部短篇著作，其中一本是《以控制术重返生活》（*Return to Life Through Contrology*），为《普拉提解剖学》的基本参考资料；《以控制术重返生活》中出现的锻炼动作为《普拉提解剖学》中大多数锻炼动作的基础。笔者希望《普拉提解剖学》能够像解剖学一样普及。《以控制术重返生活》是最接近普拉提之源的作品，而《普拉提解剖学》则是连接不同的普拉提锻炼方法和全球各个角落的普拉提专家与爱好者的桥梁。

现在，在个人工作室、学术机构、健身中心和医疗机构等你能想到的地方，都能见到普拉提的身影。从种子运动员到生病或受伤的活动能力受限者，从幼儿到老人，它的练习者都受益颇丰。普拉提极广泛的人群适应性是其神奇之处，也是它如此受欢迎的原因之一。

《普拉提解剖学》是由两位专业知识不同但有许多共同点的作者所著。瑞尔·艾萨考维兹在过去的40年中对普拉提进行了广泛的研究，其中包括与一些德高望重的普拉提早期的老师共同工作。他创办了一所广受赞誉的普拉提学院，并在过去的 30 年中领导这个享誉国际的普拉提教育组织“国际身体艺术与科学学院”（BASI）并创作了相关教学素材。他的知识技能让他得以周游各国讲学。卡伦·克利平格（Karen Clippinger）有在优秀的科研中心和大学中40年的解剖教学经验。她因对解剖学概念的深刻了解而知名，并在世界多个著名场馆讲学。在过去的26年里，她的工作着重于将普拉提引入康复与学术界，这使她成为该领域的领头人。两位作者在运动科学、舞蹈和竞技运动领域都有着丰富的背景和工作经验。他们两人在科研、动作训练、实践、教学上加起来有超过80年的经验，并且在哲学观上也有许多共同点。他们的思想交流起于25年前，从那时起他们便时常进行热烈而富有启迪性的专业沟通交流。

在世界各地旅行讲学使他们对普拉提在各国的发展状况拥有最直接的国际视野。从中国到俄罗斯、从澳大利亚到南非、从美国到欧洲国家，他们同人们分享知识，致力于普拉提事业的推进。现在很多国家的民众都接触过普拉提，他们希望《普拉提解剖学》就像国际语言一样，成为连接普拉提专家和爱好者们的工具。

普拉提发展趋势要求普拉提专业人士对解剖学知识有透彻的了解。《普拉提解剖学》适用于所有普拉提学校教授的锻炼方法，每位读这本书的人都能从中受益。本书描述了基本动作的解剖学原理，并将其轻松应用在不同的变式动作和给特殊对象的改良动作上。事实上，此书第2版增加了许多改良动作、进阶动作和变式，这些新增动作来自我们对更多的普拉提个性化需求的观察。我们目睹了越来越多遭受慢性疼痛、慢性疾病困扰，以及因为衰老而出现身体问题的练习者，通过练习普拉提改善了生活质量。此外，普拉提对于很多健康者、个性化健身需求者、高水平竞技运动员也有益处。适应不同练习者的个性化需求将提升普拉提练习的潜在益处，同时能降低损伤的风险。

无论怎样，尽可能地适应个性化是在运动学习或教学过程中极其重要的部分，这既需要知识也需要创造性。我们提供了一些想法，让运动变得更容易（改良动作）或者变得更有难度（进阶动作和变式）。它们扩展了训练的难易边界，更丰富的变化有助于练习者找到适合自己程度并匹配自己训练目标的动作，最重要的是，练习者会权衡自己在训练中可能的限制。拿不定主意时，可以咨询专业的医生。

不论是对于初学者还是物理治疗师或其他人体解剖学学者，《普拉提解剖学》都是非常有用的。书中展现的关于目标肌肉的插图、关键肌群列表、动作要领和技巧要点中的解剖学分析，便于任一程度的读者根据自己的知识储备和运动经验去运用。第2版补充了改良动作、变式和进阶动作，更清晰地分析了普拉提基础动作，使读者更容易找到自己需要的知识。在书中，对每一个基础训练的级别以及它们的变化动作均加上色块，以强调它们的特殊性，并冠以“个性化锻炼”的标题。本书意在让每个人都拥有牢固的解剖学基础，以便能更全面地进行普拉提锻炼。最重要的是——注意安全，享受锻炼！

目　录

1 普拉提的六个关键原则 1

2 脊柱、核心和身体力线 11

3 肌肉、动作分析和垫上训练 33

4 垫上基础运动 54

5 增加肌肉力量和稳定性的腹肌训练 87

6 通过椎体逐节活动提高脊柱灵活性 121

7 脊柱功能性训练 156

8 通过侧拉训练获得更有效的核心 181

9 强壮背部的伸展训练 214

10 制订普拉提练习计划 234

动作名称索引 248

参考文献 250

作者简介 252

译者简介 254

1

普拉提的六个关键原则

普拉提不仅仅是一项锻炼，也不仅仅是某些特定动作的随机选择，而是一个调节身体和精神的体系。它能够增强体质，提高身体的灵活性和协调能力，减少压力，提升专注力，使人感觉健康和快乐。普拉提适合每个人。

在笔者研究普拉提解剖学之前，普拉提已有很多不同的锻炼方法。有些普拉提模式主要关注身体锻炼方面的问题，而有些则是强调身心方面的锻炼。约瑟夫·普拉提强调，普拉提的原始形式是一个关注生活方方面面的体系。从一些纪录片片段中可以看出，约瑟夫·普拉提不仅展示了有关运动锻炼和身体活动的知识，还对人们的日常活动，如睡觉、洗漱等也提出了自己的建议。尽管这本书的大部分内容会对每项运动所涉及的锻炼部位进行分解，并在此基础上进行分项分析，但是如果不对这种方法的原则及其与身心的关系做出解释，那么对于这个体系（曾称为“控制学”），它的创立者，以及这项产业来说都是不公正的。

普拉提的基本原则

尽管约瑟夫·普拉提本人没有为自己的锻炼方法明确标注原则，但是从他的文本内容、原始视频和其他档案资料中可以清楚地了解：尽管普拉提的学派不同，其所呈现的原则和方法可能会有些许差别，但是，呼吸、专注、中心区、控制、精确和流畅是很多普拉提方法的基本原则，被认为是这个训练体系的基础。

呼吸

虽然所有的基本原则都同等重要，但是呼吸原则及它所涉及的其他很多东西的重要性远远大于其基础和关键功能。“呼吸”是研究普拉提方法的基础。“呼吸”可以被描述成“力量中心的燃料”，也就是驱动普拉提的引擎。正如约瑟夫·普拉提说的那样，这个力量中心可以是身体、思想、精神。这样来看，“呼吸”可以被看作贯穿所有基本原则的轴线，并在某种程度上将这些原则串联在了一起。

对于生命本身而言，“呼吸”很重要。呼吸常常被当作身体的本能反应，其实，在呼吸中，呼吸肌（骨骼肌）起至关重要的作用。解剖学知识是了解呼吸运动的基础，学习呼吸运动的解剖学知识便于在锻炼中运用最佳的呼吸技巧或方法。鉴于呼吸过程涉及复杂的解剖与生理机制，我们会在本部分的后面部分进行更为深入的探讨。

专注

“专注”是指对一个特定目标集中注意力，在这里是指对一项特定普拉提运动的熟练掌握。普拉提的目的是让练习者在他当前技术水平范围内，能够尽可能正确地完成这些动作，这就需要专注。在开始练习动作之前，要在大脑里回忆一遍所有的要点，以便准确做出每一个动作，这也许会花上几秒甚至一两分钟。在这一过程中，要意识到呼吸的模式及将要起作用的身体部位。在做动作的过程中要调整身体及保持正确的姿势和稳定性，就必须在动作持续期间保持注意力的集中。

中心区

“中心区”的概念在不同相关学科里面可以有不同的理解。在健身和康复领域，“中心区”常常等同于核心和核心肌肉。“中心区”可能还可以有更深入的含义，可以是一种协调平衡的控制感觉，也可以理解为所有动作起源的永恒的能量发条。在普拉提中，中心区常常被视为身体的核心，一些从业者对它也会有更深入的理解，一个常被提到的概念就是“能量库”（powerhouse），这部分内容我们会在第2部分进行更深入的探讨。

“中心区”的概念有几层意思，包括重心和中心等，最主要的是指人体的重心。重心是能将物体的重量均匀分布的一个点——在这个点上，人体能够在各个方向平衡地悬于空中。

不同的人重心不同，重心的位置会明显地影响练习者对一个动作的感觉及做此动作的难易程度。因此，认为一个人不能够成功地完成一个动作的原因是缺乏力气是错误的，失败的原因可能与这个人的身体结构及重量分布有关。当直立且双上肢于身体两侧垂直向下时，普通人的身体重心位于第二骶椎之前，即在一个人身高的55%处；但其有明显的个体差异。

控制

“控制”是指在执行动作中所做出的调控。它是锻炼过程中所需要的一种能力，在掌握一项技能的时候能自然而然地获得乃至提高这种能力。当练习者第一次做动作时， 就要学会运用控制，随着技能的增强，这种控制会变得越来越熟练。当同样一个动作分别由控制水平高的人和控制水平低的人完成时，会发现两者之间存在明显的差别：通常情况下，控制水平高的人出现的错误会更少、更小，动作会更标准，协调能力会更强，平衡感会更好，能够花费更少的力气多次成功地重复一个动作，以及避免过度的肌肉紧张；控制水平低的人正好与之相反。而精确熟练的控制需要大量的练习，这些练习能够帮助提升关键锻炼部位所需的力量和灵活性，同时使动作更加精确熟练。精确熟练的控制可以省出部分注意力，把更多的注意力用于关注细节，只在必要时进行微小的调整。

精确

“精确”是区分普拉提和其他很多运动的关键，它是一种执行动作的方式、态度。一般来说，普拉提运动与其他养生运动相比没有太大区别，但在执行动作的方式上有自己的独特之处。

控制学的知识能够极大地帮助实现精确，练习者会知道哪些肌肉正在工作或者应该工作，会正确地摆放身体以做出恰当的姿势，并且明确所做动作的目标。动作做得越精确，目标实现的可能性就越大，从中获益也就越多。

“精确”是普拉提运动方法的关键，也是学习过程中不断进行修正的关键。

激活特定的锻炼部位及为了运动而综合所需的连带部位都需要精确。精确决定是否锻炼了目标肌肉，以及是否达到了目的。

流畅

流畅是普拉提练习力争要达到的重要训练品质。流畅是指动作的流利、连贯和持续。罗曼娜·克雷扎诺夫斯卡（Romana Kryzanowska）将普拉提技术描述成“来自一个强大中心的运动流”。流畅需要对这项运动有深入的了解，需要激活精确的锻炼部位及合理安排时间。随着大量的练习，熟练度增加，每个动作都应该流畅。

流畅有更深奥的含义，这层含义用米哈伊·奇克森特米哈伊（Mihály Csíkszentmihályi）的话来解释再好不过了，即“流畅是一个人因为感到充满活力，全身心投入并有成就感而沉浸在他所做的事情当中的一种精神状态”。

本书中，在练习时要做到这六大基本原则，在日常活动中也要如此。这六个原则的共同特点是每个原则都有不同的身体和心理层面。这些原则将身心联系在了一起，有助于理解解剖学的知识，对生活有更大的影响。

将这些原则应用到普拉提实践及生活中的方式因人而异。例如，有些人更注重身体部分，他们用普拉提来提高自己的运动水平，强健肌肉，或者帮助恢复损伤的身体。另外一些人可能更加注重精神方面，他们用普拉提来缓解压力，或者帮助提高注意力。不管何种方式，练习普拉提最重要的是每个动作的执行。对整个体系的练习不能仅仅停留在对本书中描述的运动步骤的简单模仿，而应专注学习如何执行动作及根据自己目前身体与心理的敏锐度而运用这六大原则。

深入了解呼吸的科学知识

呼吸是本部分提到的第一个原则，其自古就在很多身心锻炼系统中扮演了极其重要的角色。很多普拉提专业人士认为呼吸在普拉提练习中是至关重要的。对于是否有必要使用特定的或给定的呼吸模式，有时会有争议，但是，很少有人会质疑呼吸对运动的重要性，更好地了解呼吸有助于从本书中获益更多。

呼吸系统最主要的功能是为身体组织运送氧气，将二氧化碳（细胞新陈代谢的产物）排出体外。呼吸至少包括四个过程，前两个过程是外呼吸，是将外部的空气吸入肺部（肺通气），然后通过肺部进入血液（肺换气）；后两个过程包括通过循环系统将气体运送给像肌肉这样的身体组织，以及用来实现毛细血管血液和组织细胞之间的氧气与二氧化碳交换。本书将重点讲述前两个过程。

呼吸系统的解剖结构

位于胸廓内部的肺结构紧凑，和胸廓的形态大小相匹配。由于心脏位于胸廓的左侧，所以受此影响，右侧肺会大于左侧肺。肺部包含大量的气管网络，以及数以百万计的充满气体的气泡（肺泡）。这种独特的结构使得肺拥有一个巨大的表面积，以便更好地实现其气体交换的关键性功能。

从结构上来看，呼吸系统可以分为两大部分——上呼吸道和下呼吸道。上呼吸道（图1.1a）由相互连接的腔与管道（鼻腔、口腔、咽、喉）构成，其不仅为下呼吸道提供了一个气体通路，而且在气体最终到达下呼吸道之前对其进行净化、加温和加湿。下呼吸道（气管、支气管、细支气管和肺泡）（图1.1b）包括大约3亿个肺泡及与它们相关的大量毛细血管网，这种结构更有利于气体交换。肺泡壁比一张纸巾还要薄，因此氧气能够很容易地从肺泡进入肺部细小的毛细血管中，同时使二氧化碳通过简单扩散从肺毛细血管进入肺泡。

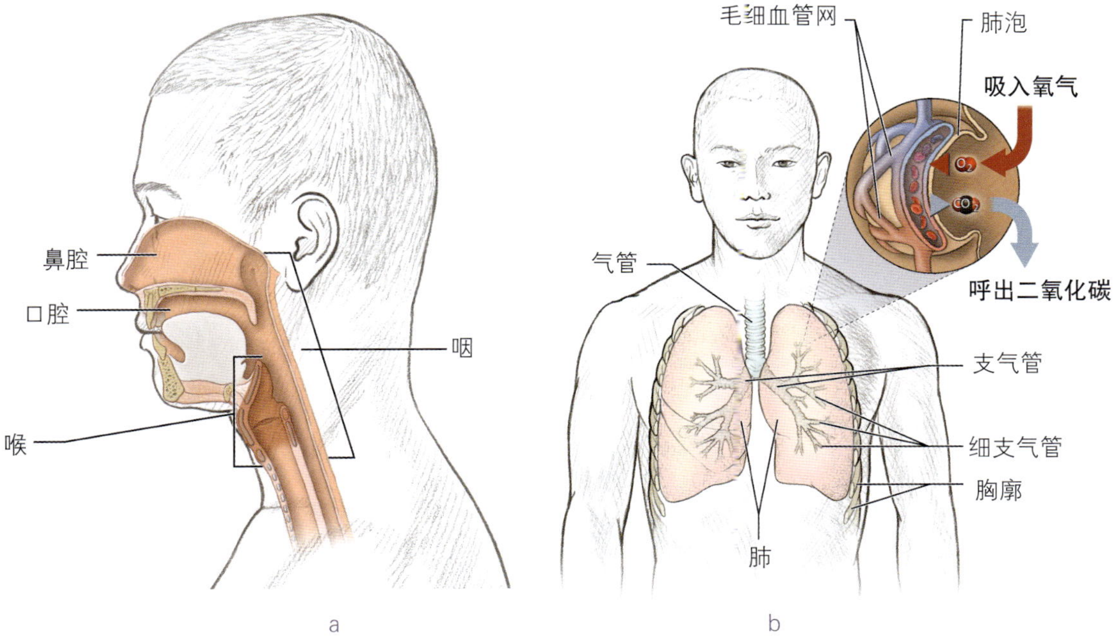

图1.1 呼吸系统
a.上呼吸道 b.下呼吸道，肺泡及肺泡和毛细血管之间的气体交换

呼吸的生物力学

肺部的气体交换，通常叫作呼吸，它包括两个阶段。使空气进入肺部的过程叫作吸气，将气体排出肺部的过程叫作呼气。本质上来讲，肺部的气体交换是因胸廓体积变化导致气压变化，从而引起气体流动的机械过程。胸部的结构（胸骨、肋骨、肋软骨和胸椎）极大地促进了胸廓体积及气压的变化。肋骨与脊柱相连，在吸气时能够向上、向外移动，在呼气时能够向下、向内移动。

吸气

吸气是由呼吸肌运动引起的，尤其是膈。当圆顶状的膈收缩时，其形状会变平，使得胸腔变长（图1.2a），这时，肋间外肌会将胸腔抬起并使胸骨向前运动。胸腔上部体积增大时，肋骨更多的是向前后方向移动，而当胸腔中部和下部体积增大时，肋骨向两侧移动（图1.2b）。呼吸肌工作产生的吸气使胸腔的体积增大，从而使肺泡内的气压（肺内压）比外界大气压（外界空

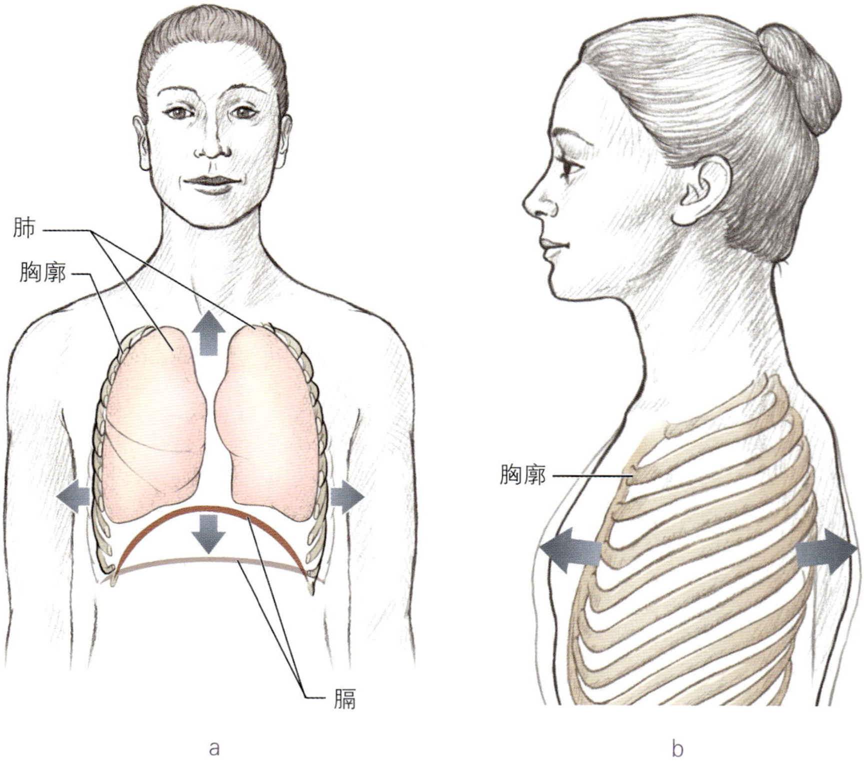

图1.2 **吸气时胸廓体积的变化**

a.前面观，显示由于肋骨和膈的收缩，胸廓下部横向扩张

b.侧面观，显示由于肋骨和胸骨的收缩，胸廓上部向前和向后扩张

气对身体施加的压力）低，于是空气便进入肺部直到肺内压与外界大气压相等。

另外一种身体机制也帮助了肺部的扩张，这个机制与两层胸膜（脏胸膜和壁胸膜）之间的压力有关。脏胸膜覆盖于肺的表面，壁胸膜覆盖于胸壁内侧及膈。在两层胸膜之间存在一定的空间，这个空间叫作胸膜腔。胸膜腔是密闭的，内有少量液体。胸膜腔的负压会使肺扩张，肺向外移动，使脏胸膜与壁胸膜贴附在一起。

当需要更多的肺部气体交换时，如剧烈运动或者肺部疾病，会有很多其他肌肉帮助完成呼吸过程。例如，在呼吸的过程中，斜角肌、胸锁乳突肌、胸大肌和胸小肌都能用来进一步抬升肋骨；竖脊肌可以帮助把弯曲的胸椎变直，这样胸部的体积会更大，进入的空气也会更多。

呼气

平静呼吸时，呼气是一个被动的过程，是由肺部组织的弹性反冲及呼吸肌放松时的变化而发生的。随着膈肌的放松，它会向上运动进入胸部；随着肋间肌的放松，肋骨会向下运动（图1.3），这样一来，胸廓的体积会缩小，

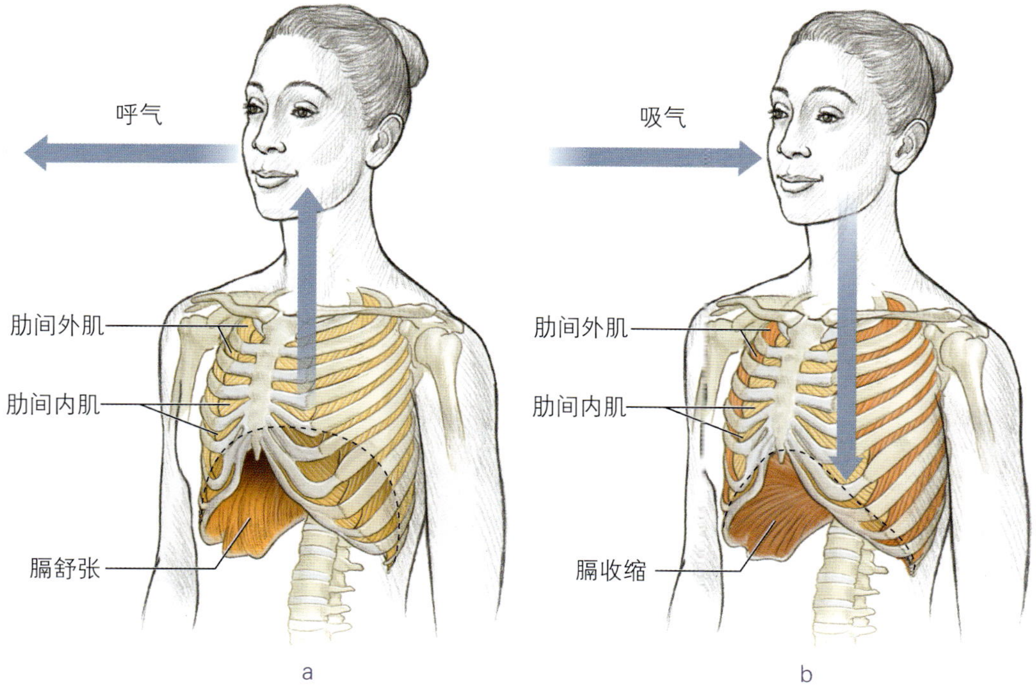

图1.3　膈、肋间外肌、肋间内肌的共同作用

a.被动呼气时，膈呈拱形，肋间外肌与肋间内肌呈放松状态

b.吸气时，膈收缩（扁平状），肋间外肌收缩，肋间内肌放松

而肺内气压会变大，使得气流从肺部排到体外的大气中。

然而，在强制性呼气时，如当人体需要更多的肺部气体交换时，就会有其他呼气肌进行主动收缩。例如，腹肌收缩可以使腹内压推动膈肌向上移动，并帮助其他肌肉如肋间内肌来收缩胸廓。

普拉提练习中的呼吸

几个世纪以来，许多不同的文化都认为练习呼吸或者自主控制呼吸的模式有益于身体健康，能增强体质，主要体现在有助于更好地放松、减轻压力从而降低血压、提高注意力，使某些肌肉更加灵活，有益于呼吸与循环，以及降低患心血管疾病的风险。尽管已经有一些关于各种控制呼吸技术的潜在积极影响的研究，我们仍然需要更多研究来更好地了解这些益处，并找到最佳的练习方法。

不过，我们不能忽视其他运动的深奥呼吸原理，如瑜伽、太极拳、跆拳道、舞蹈、游泳、举重等。一些锻炼体系通过利用呼吸的不同效果，来促进身体、心理和精神的健康。

普拉提采取多样性的呼吸方式以促进身体有更大的获益。在普拉提练习中三个需要把握的呼吸关键点是：横向呼吸、设定呼吸模式和主动呼吸。

横向呼吸

横向呼吸又叫肋间呼吸，是指在吸气与呼气时保持深层腹肌持续向内拉的同时，胸廓向两侧扩张（图1.4）。这与那种吸气时膈肌降低并且腹肌放松从而可以使腹部向外扩展的呼吸方式（通常称腹式呼吸）是相反的。

在练习普拉提时使用横向呼吸可以保持腹肌的收缩。在普拉提运动中，保持一个稳定的核心对于成功完成动作及保护身体非常重要。这绝不意味着腹式呼吸运动是消极的，或者膈肌不再对呼吸起重要作用，只是说横向呼吸是普拉提练习的首选。

设定呼吸模式

本书中的普拉提运动有一套设定的呼吸方式，吸气在运动的某些阶段进行，呼气则在另外一些阶段进行。这种呼吸模式的目的是防止屏气，尤其当运动量大的时候，屏气可能会导致肌肉过度紧张，并有使血压升高的潜在危

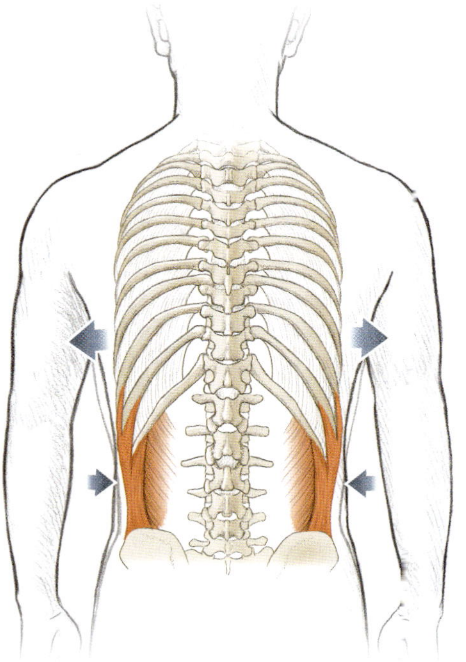

图1.4 胸廓扩张

当横向吸气时，胸廓扩张，脊柱中部周围收紧作为支撑

险（瓦尔萨尔瓦动作，Valsalva maneuver）。在完成需要花费大力气的动作时，进行呼气可以防止屏气。

设定呼吸模式可影响参与运动的肌肉。例如，呼气可以促使腹横肌激活（详见第2部分）。

设定呼吸模式可以帮助建立一个特定的普拉提运动节奏。普拉提中的每项练习都有其各自的特点，有些动作的某个阶段需要慢速、平稳地完成，而有些动作则需要快速、有力地完成。这些使普拉提运动丰富多样，并且使它更加接近人们的日常活动。

主动呼吸

主动呼吸能够极大地影响一项运动的活力。在一些常见的运动中，如百次拍击，气体不仅在呼气时被有力地呼出，而且练习者在做动作的某些阶段强调主动收缩腹肌和肋间内肌。就吸气而言，强调在做动作的某些阶段通过肋间外肌的作用将气体吸入体内。例如，百次拍击是连续五拍的呼气和连续五拍的吸气，而每一拍都代表进一步收缩目标肌肉。

主动呼吸因人而异，工作压力大的人应采用更加放松、柔和的呼吸模式。对于有些人来说，主动呼吸可以激活锻炼部位并且为普拉提运动注入更多活力。

普拉提夫妇早期的一位学生，罗恩·弗莱彻（Ron Fletcher），也是普拉提运动最优秀的老师之一，发明了一种呼吸方法，叫作冲击式呼吸。他认为："呼吸塑造运动，并决定运动的活力。"冲击并不是用力，而是为伴随每项运动的呼吸提供声音和节律。就像是给气球充气，然后让气体通过一个小口尽可能久地持续、平稳地流出。这个概念让人想起了约瑟夫·普拉提设计的呼吸训练器——一个转轮。吹动转轮是为了让其以持续不变的速度转动。罗恩·弗莱彻曾说："吸气和呼气都有各自的目的，在吸气之前要先将体内的空气排出。"他还说："吸气是为运动而吸。"

垫上运动的基本要求

不论是运动本身，还是将运动在工作与生活中进行融合与练习，垫上运动都是普拉提运动的基础。在练习普拉提的过程中，要始终遵循以下基本要求，这样才能取得最佳的效果。

首先，要认真学习每个基于呼吸模式的基本动作模式，仔细观察图解中显示的身体位置，并认真阅读文字说明。

在练习动作时，注意力要高度集中，这样可以帮助获得核心和控制的感受。在进行易记的、正确的、可靠的运动时，这两种能力可以使动作习惯化。注意一些提示，它有助于实现普拉提运动固有的准确性。反复练习，直到熟悉动作中的细微差别。在一个特定的动作模式中，每个动作都需要复杂精细的时间安排及激活正确的肌肉。

当掌握了时间安排并运用了所有的原则时，动作便会自然流畅。这时，要注意由一个动作向另一个动作的转换，以实现动作整体上的流畅。

结合解剖学知识学习普拉提是非常有用的。当然，成功的关键是练习，只要不断地练习，加强巩固这些动作，您一定会喜欢上普拉提这项神奇的运动。

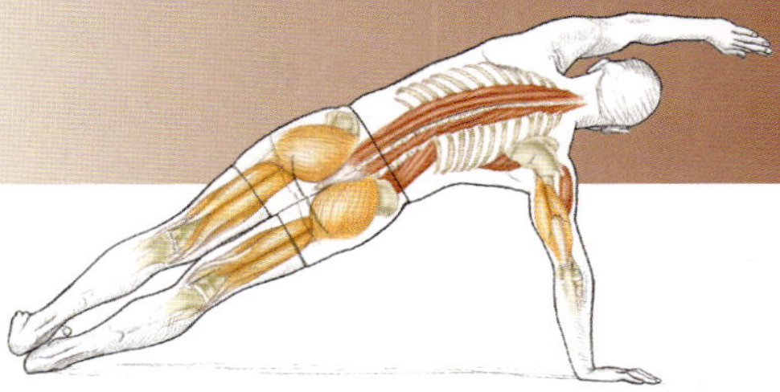

2

脊柱、核心和身体力线

身体力线可以理解为身体各部位的相对位置，如头相对于肩膀的位置。静态身体力线就是当身体处于静止时的相对位置，而身体在运动中的位置则称动态力线。静态和动态的身体力线在普拉提中都十分重要。普拉提可以改善身体体态调整的意识，达到运动和姿势的理想调整状态。

骨骼

为了充分了解身体力线，我们需要认真了解构成人体的“砖瓦”——206块骨骼，是它们决定了身体的力线。骨骼可以分为两大类：中轴骨和附肢骨。中轴骨（图2.1黄色部分）由颅骨、椎骨、肋骨和胸骨组成。从名字就可以看出来，在人站立时，中轴骨构成了人体中央垂直的轴，让四肢附着在其上。

附肢骨，顾名思义，就是组成四肢的骨骼。附肢骨可分为两类：上肢骨和下肢骨。上肢骨（图2.1绿色部分）的每一侧都包括1块锁骨，1块肩胛骨，1块肱骨（上臂骨），1块桡骨和1块尺骨（小臂骨），8块腕骨、5块掌骨和14块指骨（组成手的骨骼）。下肢骨（图2.1蓝色部分）的每一侧都包括1块髋骨，1块股骨，1块胫骨和1块腓骨（小腿中小一点的骨骼），7块跗骨、5块跖骨、14块趾骨（组成脚的骨骼）。成人的髋骨由髂骨、坐骨和耻骨组成。

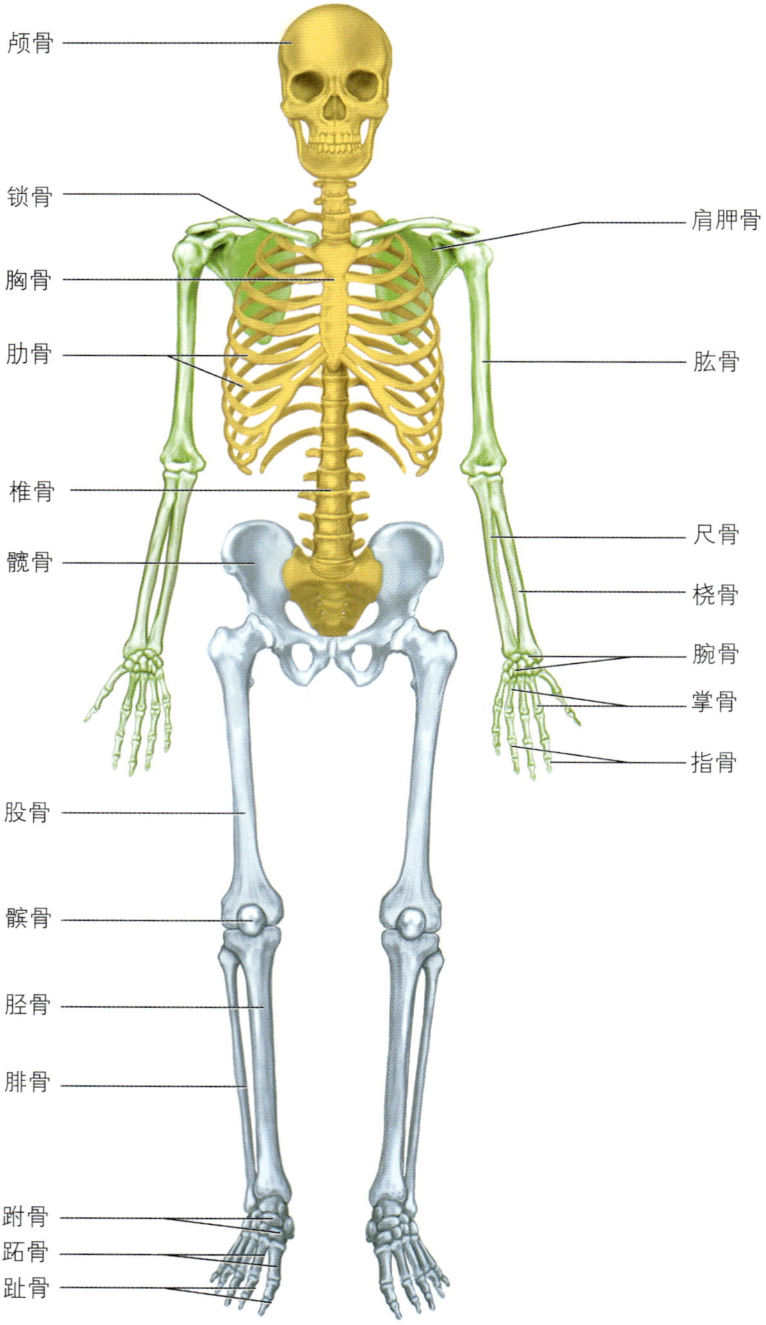

图2.1 **人体骨骼前面观**

中轴骨：黄色 上肢骨：绿色 下肢骨：蓝色

脊柱

脊柱保证了中轴骨几种基本动作的完成。它的运动、静止和身体调整对齐在普拉提中是非常重要的。

主要的椎骨

脊柱是由33块椎骨构成的长列。如图2.2所示，椎骨从顶部到底部越来越大。椎骨可分成五个部分。前三个部分在图中用颜色重点标记，包括24块椎骨，对脊柱的基本动作有着巨大的影响。

- **颈椎（绿色）**。从头部下方到颈部底部的7块椎骨就是颈椎。虽然是最小、最轻的椎骨，但对头和颈的运动起重要作用。
- **胸椎（蓝色）**。接下来的12块椎骨是胸椎。它从颈部下方一直延伸到最后一根肋骨，从上到下逐渐增大。它们的特别之处在于和肋骨相连结。胸椎是胸部和上背部运动的关键。
- **腰椎（黄色）**。胸椎下面的5块椎骨构成腰椎，它们从最后一根肋骨延伸排列到骨盆带。这些椎骨很强壮，也比颈椎和胸椎粗大，起承重的作用。腰椎对腰背部的运动有重要作用。
- **骶骨**。腰椎下面的5块椎骨就是骶椎。它们在成人身体中融合成三角形的骶骨，不能各自独立运动。骶骨的两侧连结髋骨，起到稳定骨盆的重要作用。因为这些椎骨融合在一起构成骶骨， 所以骶骨的活动和最后一块腰椎有关。最后一块腰椎与骶骨间的连结称腰骶连结。这个关节对腰背部及骨盆的体位有着极为重要的影响。
- **尾骨**。最后4块（也有人是3块或5块）椎骨是尾椎。它们退化融合成一个小的三角形的骨。

如图2.2所示，脊柱不是直的；从侧面看，每部分都有自己特定的弯曲。颈椎和腰椎都向前凸，其他部分都向后凸。理论上，这些弯曲都有正常的大小和幅度，相互之间连在一起，处于平衡之中。这些弯曲既能加大脊柱的运动幅度，也能有效减震。

椎骨间的连结

胸椎、腰椎和颈椎（除了最上面的两块椎骨）都是通过一系列的关节和上下的椎骨连结起来的。这种连结保证了连续不断的椎骨间的活动范围。如

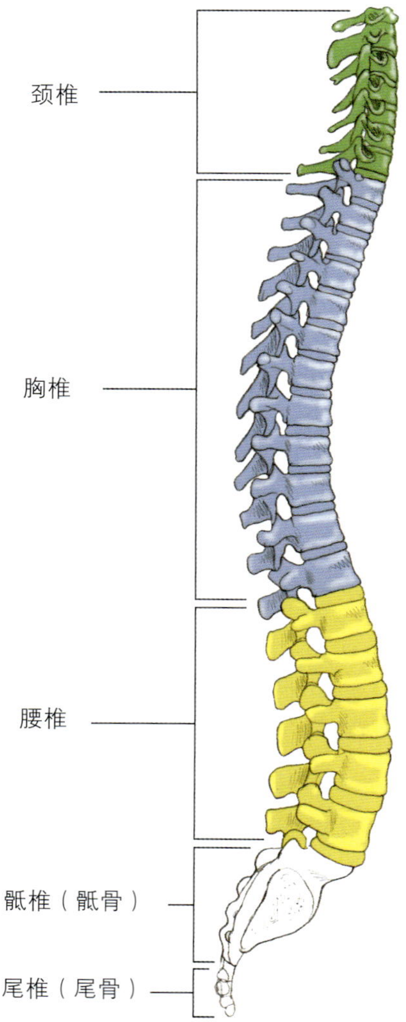

图2.2 脊柱的区域划分和脊柱曲线（右侧观）

图2.3所示，每块椎骨前面的圆形部分（椎体）通过椎间盘，构成了软骨连结。椎间盘外面有一圈纤维组织，叫作纤维环（灰色的部分），里面还有胶状物质——髓核（紫色部分）。髓核中含有很多水分，而且椎间盘的连结也是靠着椎骨间的小“水垫子”完成的。这对脊柱的缓震和保护十分有益。

椎骨的后部通过名为关节面的小关节相连，这样能让椎骨进行小范围的滑动。椎骨凸起（关节突）连在一起构成关节面，影响脊柱的运动。关节面有助于胸椎的扭转，却限制了腰椎的扭转。

脊柱的运动还受到各椎骨之间韧带的影响。这些韧带决定了一块椎骨在确定方向上可以运动的范围，有利于保持稳定和平衡，并可防止椎间盘的突出。

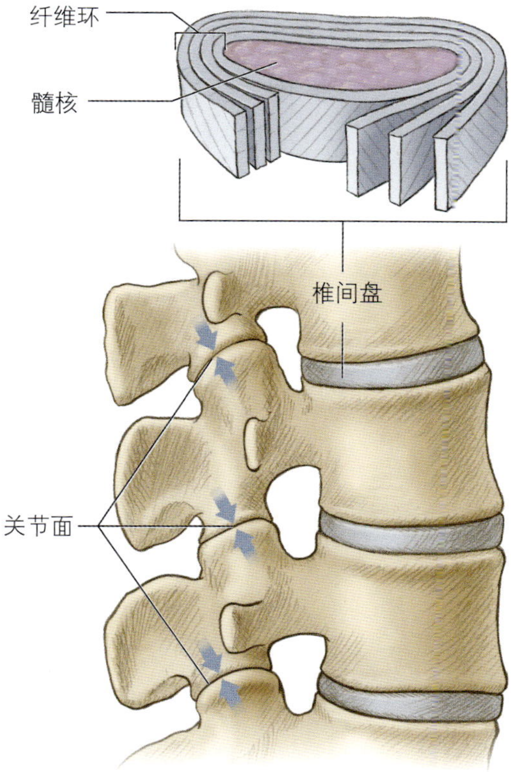

图2.3　脊柱的关节

很多因素都会导致脊柱的运动受限、幅度过大或者不对称，如力量不平衡、身体不灵活、平时习惯的姿势和伤病等。普拉提的目的之一，就是以一种平衡、对称的方式，尽可能使脊柱的每一个部分运动。

脊柱的运动

图2.4展示了普拉提中一些脊柱运动幅度较大的动作。脊柱屈曲就是脊柱向前弯，如弯腰摸脚趾，或者仰卧起坐中躯干向前屈曲；伸展是指从前屈到直立或者是从直立向后弯（图2.4a）。向后伸展超越直立的动作也叫作过伸。脊柱向右侧弯叫作右侧屈，回到直立位置或者接着向左侧弯叫作左侧屈（图2.4b）。转动头或者上半身使面部或者胸部朝右叫作右旋，向中央或者向左转动叫作左旋（图2.4c）。

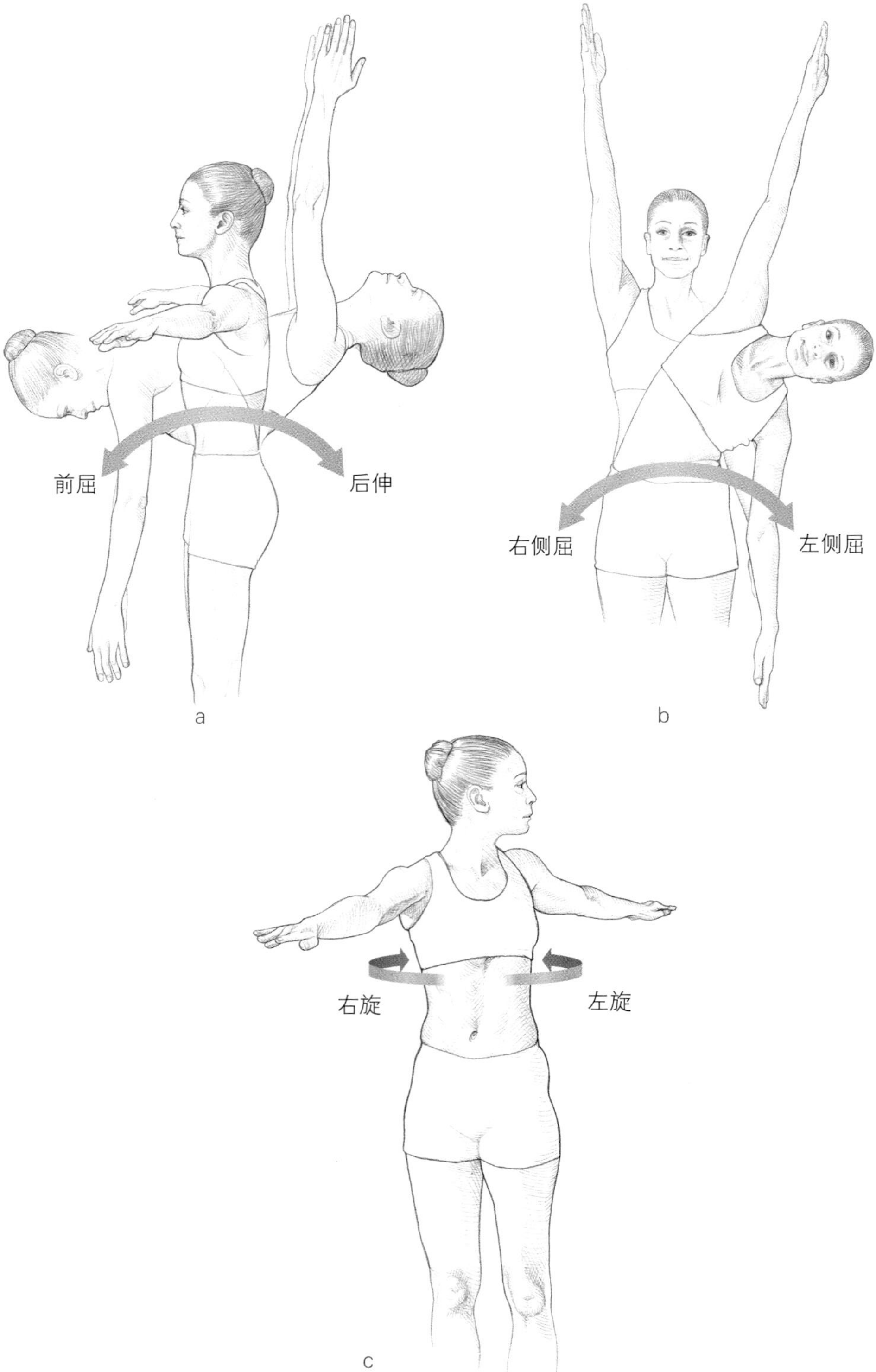

图2.4 **脊柱的运动**

a.前屈和后伸 b.右侧屈和左侧屈 c.右旋和左旋

脊柱的主要肌肉

脊柱周围有很多肌肉，它们的作用大都是使脊柱运动或者保持静止。其中最重要的两个肌群就是腹肌和脊柱伸肌。在特定情况下，腰方肌和髂腰肌也十分重要。

腹肌

腹肌的作用非常重要，它可以塑造平坦的小腹，优化运动技巧，解决特定的姿势问题，还可以降低几种背伤的风险。人体有四对腹肌：腹直肌、腹外斜肌、腹内斜肌和腹横肌。所有腹肌都由一条竖直穿过腹肌中间的带状腱（白线）连结起来。不过，这些肌肉纤维的位置和方向还是有很大不同的。如图2.5a所示，腹直肌自上而下位于腹部中央。与之相反，腹外斜肌斜对着腹部中央，它的肌肉纤维自腹直肌起始。腹内斜肌较腹外斜肌位置深，它上层的纤维延伸向腹部中心，同时其肌肉纤维横对着腹直肌。

当腹直肌、腹外斜肌和腹内斜肌两侧同时收缩时，它们能使脊柱弯曲，其中腹直肌的作用更大一些。当这三种肌肉都只有一侧收缩时，它们能使脊柱向一侧弯曲，其中腹斜肌的作用更大。一侧腹斜肌收缩引起转动：腹外斜肌使身体转向相反的方向、腹内斜肌使身体转向同侧。当做卷腹的运动时，如胸部抬起（4–2），这三种肌肉的两侧都发挥作用，让脊柱进行特定的卷曲。尽管腹直肌起到了帮助身体离开垫子的作用，但在转向左侧时，如卷腹旋体（4–

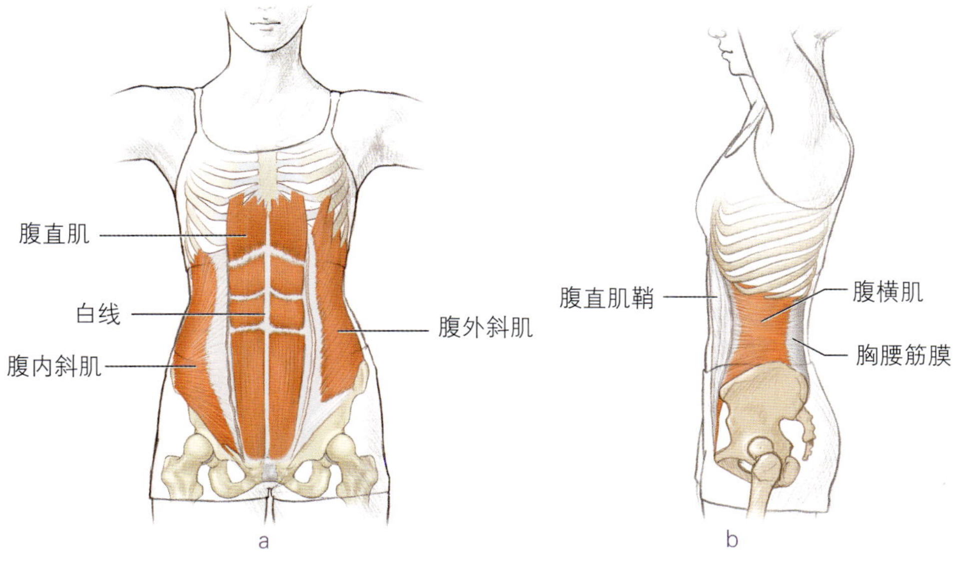

图2.5 腹肌

a.左侧的腹外斜肌、腹直肌、右侧的腹内斜肌前面观　b.腹横肌侧面观

7），只需要收缩右侧的腹外斜肌和左侧的腹内斜肌就可以做出特定的动作。

腹横肌是位置最深的腹肌。如图2.5b所示，它的肌纤维在腹部呈水平走向。因此， 腹横肌不能使脊柱做屈曲的动作，它只是有助于转体。它的基本功能是维持姿势，收缩可以使腹部整体向内收，起类似束腹的效果。腹横肌能很好地保护脊柱，在四肢做动作之前，保证脊柱和骨盆的平衡和稳定。腹横肌收缩还有助于呼吸的进行，因此在普拉提中，呼气可以用来激活腹横肌。在普拉提的多种教授方法中，都强调了腹横肌的运用。

虽然激活腹横肌可能是一项有价值的技能，但最近的研究表明，对于需要较大力量的功能性运动，其他腹肌也可以发挥重要的稳定和运动作用。此外，各种研究表明，腹内斜肌通常与腹横肌一起活动。因此，重要的是，我们要提高所有腹肌的力量、耐力和协调运动，这是普拉提垫上运动的重要目标。

脊柱伸肌

成对的脊柱伸肌位于躯干的背面，它们在伸展脊柱或者背部时共同发挥作用。这些重要的肌肉曾经被人们忽视，认为它们的作用只是加强腹肌。而事实上，它们是完美动作的关键，能预防背伤、骨质疏松症和特定的姿势问题，还有助于背伤之后的恢复。脊柱伸肌可分为三大肌群：竖脊肌、半棘肌和深层脊柱周围肌肉。如图2.6所示，竖脊肌是脊柱伸肌中最强壮的肌群，由棘肌、最长肌和髂肋肌三束肌肉组成。半棘肌在竖脊肌的深面，只存在于胸椎以上的位置。锻炼这块肌肉有助于防止跌倒。深层脊柱周围肌肉包括棘间肌、横突间肌、回旋肌和多裂肌，功能与腹横肌大体相似，作用主要是保持脊柱稳定及参与相邻椎骨间的运动（节段性运动）。多裂肌作为这个肌群中的一员（图2.6），对脊柱的稳定和回复有着十分重要的作用。多裂肌跨过很多椎骨，并且由于其与椎骨的连结，所以与其他肌肉相比有潜能产生更多的力。因此，运用这块肌肉是重中之重。

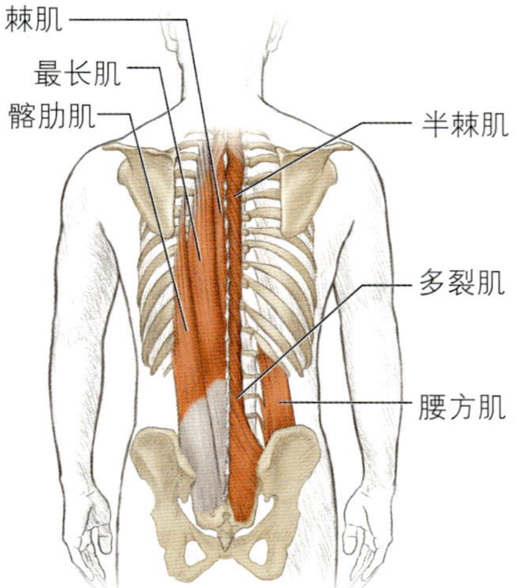

图2.6　脊柱伸肌和腰方肌（脊柱背面观）

与腹肌一样，最近的研究

表明，对于包含较大力量的功能性运动，其他脊柱伸肌也是脊柱稳定的关键。因此，虽然学习有意识地激活多裂肌可能是有益的，但提高其他脊柱肌肉的力量、耐力和协调的运动也对普拉提垫上运动有益，并且也是普拉提垫上运动的重要关注点。

在功能方面，这三个肌群（竖脊肌、半棘肌和深层脊柱周围肌肉）的两侧同时收缩可以使脊柱伸展，但如果只有一侧收缩（除了棘间肌），可使身体向一侧侧屈。竖脊肌（除了棘肌）的一侧收缩能使身体向同侧转动，不过半棘肌和深层脊柱周围肌肉的部分肌肉（回旋肌和多裂肌）能使身体转向相反方向。当做俯卧背部伸展（4–8），竖脊肌、半棘肌和深层脊柱周围肌肉能使脊柱向特定方向伸展，此时竖脊肌最为关键。但当身体向右转动时，如俯身游泳（9–4），右竖脊肌的两束、左半棘肌、左多裂肌和左回旋肌同时作用，使脊柱伸展的同时离开垫子向特定方向转动。

腰方肌和髂腰肌

腰方肌和髂腰肌对脊柱来说都有很重要的作用，这在普拉提中尤其明显。如图2.6所示，腰方肌自骨盆延伸到腰椎和最后一对肋骨。腰方肌一侧收缩时，身体会向同侧侧屈。

髂腰肌（图2.7a）是十分重要的肌肉，我们对它的基本认识就是它可以使腿

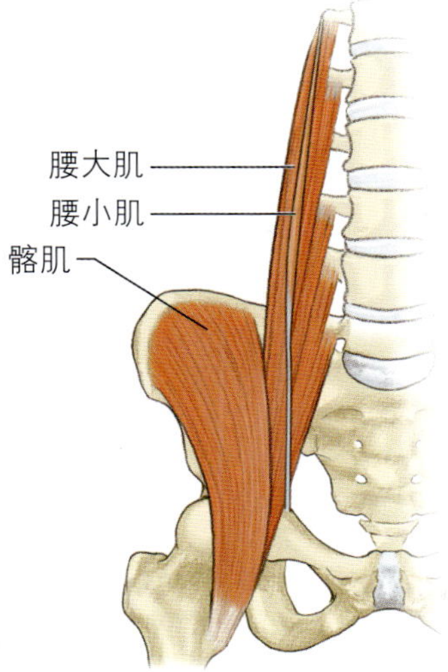

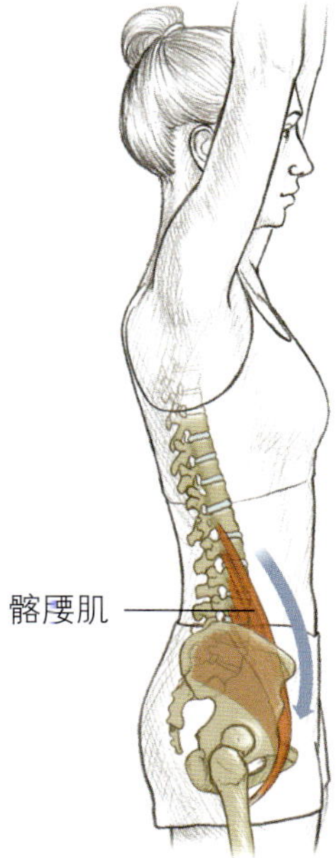

图2.7　髂腰肌

a.髂腰肌主要由腰大肌和髂肌组成（前面观）　b.髂腰肌有助于保持腰椎的弯曲（侧面观）

向前抬高（髋关节弯曲）。在图2.7b中可以看到，它与脊柱紧密连结，既能保持腰椎正常的弯曲，还有助于腰椎的侧屈。我们会在第3部分详细讨论髂腰肌。

在普拉提中运用脊柱肌肉

辨识普拉提中运用的肌肉经常让人感到复杂和困难。辨认肌肉重要的一点是弄清楚特定动作中重力和身体的联系。此外，为了完成普拉提的动作要求，根据其基本原理，很多普拉提动作都需要多个脊柱肌肉的同时作用和相互配合。

重力对脊柱肌肉运用的影响

在做垫上练习时，身体的位置和重力对脊柱肌肉的运用有很大的影响。当躺在垫子上，面朝天花板（仰卧位）时，脊柱屈曲就需要抵抗重力的影响，这对于腹肌是个不小的挑战。因此，普拉提中很多想要锻炼腹肌力量和耐力的运动，都涉及仰卧位，如胸部抬起（4–2）及第5部分的大部分练习。为了达到增强腹斜肌力量和耐力的目的，我们可以在仰卧位的脊柱屈曲中加入转体，如卷腹旋体（4–7）、十字交叉（5–8）。此外，在侧卧位时做侧屈的动作，如侧卧抬腿（4–4），以及侧弯（8–3）等第8部分的一些练习，可以有效对抗重力，锻炼腹斜肌。侧屈还能很好地锻炼腰方肌和脊柱伸肌。在侧屈中，腿、骨盆和脊柱力线的细微变化会影响这些肌肉的相对作用。而在俯卧位（腹部朝下，脸面向垫子）时，脊柱的伸展是对抗重力的，所以可以很好地锻炼脊柱伸肌。普拉提的垫上练习中，很多锻炼脊柱伸肌力量和耐力的动作都涉及俯卧位，如俯卧背部伸展（4–8），以及双腿踢（9–3）等第9部分的一些练习。

脊柱肌肉的协同收缩

做普拉提时，常常会有多组肌肉同时收缩的情况，这个过程叫作协同收缩。俯卧背部伸展（4–8） 就是一个很好的例子。尽管脊柱伸肌是这个过程中主要的发力肌肉， 但腹肌的收缩能防止腰背部伸展过度，并能保护脆弱的腰椎。

一些较为复杂的垫上练习包括动作中不同步骤因身体姿势与重力关系的改变，迫使练习者对脊柱肌肉的运动做一些改变和修正。例如，空中折刀（6–9），这个动作中腹肌的主要作用是在转体的同时使脊柱做屈曲的动作，但当腿和躯干朝向天花板的时候，脊柱伸肌的收缩就会起很大作用。普拉提中，肌肉的收缩很常见，也很重要。肌肉收缩既能帮我们把动作做到最好，也可以保护我们，降低背部受伤的风险。

力量中心

力量中心也叫作能量库，是指从胸廓底部，前至髋关节后至臀部底部的区域。约瑟夫·普拉提十分强调力量中心，认为这是所有普拉提动作都会锻炼到的身体中心。很多普拉提练习都特意强调核心力量的加强，这要求在一组给定的练习中持续不断地锻炼核心力量。如果力量中心能经常得到锻炼，四肢会更加协调，动作会更加连贯自如。

一些普拉提从业者，还有很多舞者、健身教练和康复工作者，把力量重心称作核心，把动作中特定姿势的稳定平衡和运动称为核心稳定性。核心稳定性可以理解为在四肢或者全身做动作时，使骨盆和脊柱在特定姿势下保持稳定、不变形的能力。一些在特定动作中不能保持稳定的人，或者过度弯腰、晃动骨盆的人，常为核心力量弱，核心稳定性和核心掌控能力差。

在普拉提术语中，力量中心包括腹肌、腰背部和骨盆，以及骨盆周围影响运动和平衡的基本肌肉。

每侧髋骨都通过其后面的骶髂关节与骶骨相连。髋骨还通过前面的耻骨联合（PS） 直接相连。这些强有力的连结使髋骨、骶骨和尾骨构成了一个完整的单元，我们称之为骨盆带。组成髋骨的三块骨骼有可辨认的骨性标志。

骨盆和髋部的骨性标志

骨骼有一些非常明显的特征，如压痕、开口、线和突出等，这些被称为骨性标志。下面提及并在图2.8中显示出来的，都是在重要体位和平衡时能辨认出的骨性标志。

- **髂嵴**。髂骨是髋骨上很大的翼状部分。如果把手从腰部缓慢下移，最先感觉到的弧形边缘即为髂嵴。髂嵴是髂骨翼的上缘。
- **髂前上棘**。把手放在髂嵴上，并慢慢向下滑动，能感到每块髋骨的前面都有一块突起。这对突出即为髂前上棘。
- **耻骨联合**。耻骨构成了每块髋骨的前面和下面。每块耻骨都通过前面的耻骨联合与髋骨相连。对着镜子侧站，就可以看到耻骨联合，其在骨盆下部几乎最靠前的位置（图2.8）。

· **坐骨结节**。坐骨是每侧髋骨下部和后部非常强健的骨骼。每侧坐骨的最下面都有一个粗糙的突出，称坐骨结节。坐姿时，坐骨结节与凳面接触。把手放在臀部下面，身体慢慢从后倾到坐直，能感受到坐骨结节对手指的压迫。

· **大转子**。髋关节由骨盆的空窝（髋臼）和股骨头构成。股骨头下方的狭细部分是股骨颈。股骨颈与股骨体交界处的外上方有一个较大的隆起，隆起朝着股骨头指向外。这个隆起就是大转子。站立时，大转子的尖端和股骨头的中心大致平齐。大转子不是骨盆的一部分，在此处讲到这个骨性标志是因为左、右大转子之间的连线可以用以标记力量中心的下缘。把拇指置于一侧髂嵴中点或稍偏下，中指指尖向下置于大腿边缘，此时做腿的内旋和外旋动作，可以感到大转子在中指下转动。

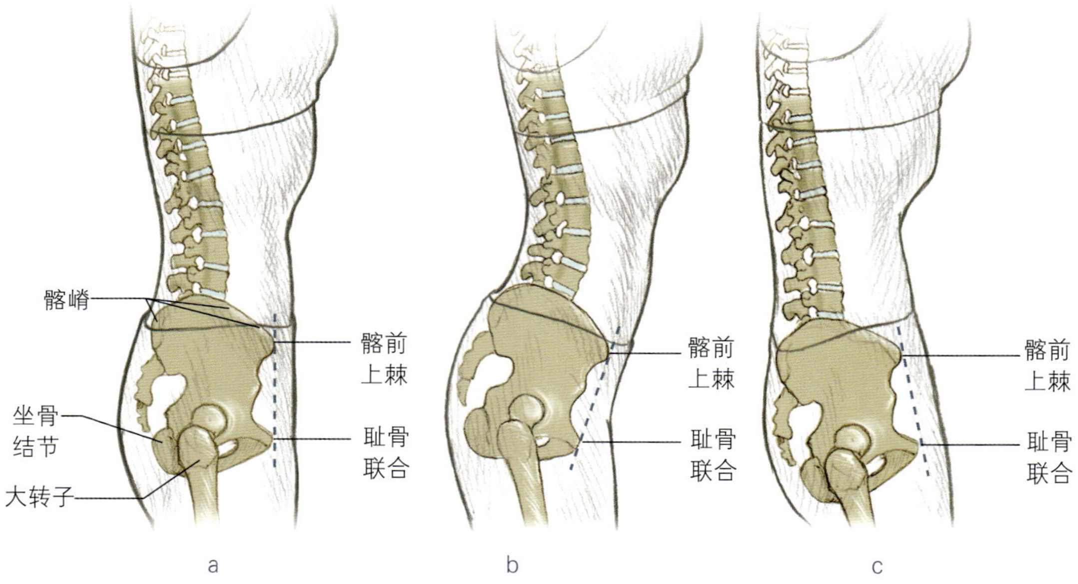

图2.8　骨性标志及站立骨盆线（侧面观）

a.骨盆中立
b.骨盆前倾
c.骨盆后倾

骨盆的运动和力线

学会辨认骨盆中立位、骨盆前倾和骨盆后倾，以及在特定的普拉提练习中完成这些动作，是普拉提训练中的重要目标。骨盆常作为一个整体运动，它的很多大动作都与腰骶关节有关。腰骶关节将腰背部和骨盆联系在一起。直立侧对镜子做动作时，可注意观察骨盆的动作和腰椎相关的变化。把食指放在髂前上棘上，有助于体会它们之间的联系。骨盆中立（图2.8a）时，髂前上棘（骨盆前面最顶端的突出）垂直对准耻骨联合（骨盆下部的前面）。如果垂直于耻骨联合放置一张纸，左、右髂前上棘都能触碰到这张纸。在骨盆中立位时，腰椎大概也在中立位，呈自然弯曲，而非弯曲过小或者过大。

与之相比，如果骨盆的顶端转向前，两侧髂前上棘都会在耻骨联合的前面，即骨盆前倾（图2.8b）。骨盆向前增加了腰椎弯由的程度（伸展或过度伸展）。

如果骨盆的顶端转向后，两侧髂前上棘都会在耻骨联合的后面，即骨盆后倾（图2.8c）。在骨盆后倾的时候，腰背部的弯曲会减小、变平，甚至转向相反方向。骨盆后倾的程度取决于脊柱的运动。

骨盆还可以在其他平面上运动。它可以向两侧倾斜。当右髂前上棘比左髂前上棘低时，称骨盆右倾。与之相反，当左髂前上棘比右髂前上棘低时，称骨盆左倾。面对镜子，很容易观察这些骨骼在运动中的变化。骨盆还可以扭转。当右髂前上棘在左髂前上棘之前时，称骨盆左旋。当左髂前上棘在右髂前上棘之前时，称骨盆右旋。

虽然这些动作传统上来讲都是站立姿势下完成的，但它们也被应用于普拉提中许多其他姿势，如仰卧、俯卧、坐、跪或者四肢撑地等。普拉提的起始姿势或者需要骨盆中立位的姿势，理想状态下，两侧髂前上棘应在一条线上，这样髂前上棘是水平方向的侧倾而不是扭转。

力量中心的骨盆肌肉

很多附着于骨盆的肌肉都附着于脊柱和胸廓，这些肌肉可以使骨盆单独运动或者和脊柱一起运动。所以，腹直肌和腹外斜肌的收缩都能使骨盆前倾的同时弯曲脊柱，而脊柱伸肌可使骨盆前倾的同时伸展脊柱。髂腰肌能使骨盆前倾的同时伸展腰椎，腰方肌能使骨盆侧倾的同时侧屈脊柱。普拉提的众多益处之一就是它糅合了很多种动作，这些多姿势的动作能锻炼很多核心肌肉。例如，胸部抬起（4–2）就是通过腹肌的作用使脊柱弯曲；骨盆卷动（4–1）强调通过腹肌使骨盆后倾。

在很多实例中，骨盆肌肉的潜在作用是防止动作变形，确保核心稳定性。例如，当髂腰肌收缩，在百次拍击（5–4）动作中支撑起腿部的重量时，腹肌的潜在作用是产生后倾，防止意外的前倾，确保骨盆稳定，保护腰背部。再如，在腰方肌使骨盆顶部和胸廓间保持一定的距离时，它在普拉提中的一个常见的重要作用就是保持骨盆水平。

还有很多附着于骨盆的肌肉，相比于对骨盆运动的作用，它们对髋关节运动的作用更为重要。臀大肌和盆底肌即属于此类，但它们仍被列在力量中心。

臀大肌是非常重要且有力的肌肉，在跳跃、骑自行车、爬楼梯和上坡跑等运动中发挥重要作用。在这些运动中，臀大肌的角色是髋关节伸展肌肉（详见第3部分），它的另一个功能是使骨盆后倾，保持核心稳定性。多数人随着年龄的增长，会逐渐放弃剧烈的活动，臀大肌会因此而得不到应有的刺激，渐渐失去力量。普拉提一直强调臀大肌的收紧训练，鼓励练习者如同夹紧一枚硬币一样地收缩臀部肌肉。

尽管很多人都承认锻炼臀大肌非常重要，但现今的很多普拉提学校对普拉提训练中持续性的臀大肌收缩仍不够重视，他们更倾向于稳定性训练，因为稳定性训练在每天的日常活动中更具功能性。这种训练方法中较为典型的就是在臀大肌间断的收缩中增加核心力量，如腹肌的锻炼。

如图2.9所示，盆底肌由肛提肌和尾骨肌组成，其构成了盆腔漏斗形的结构。这个肌肉悬带（盆底肌像一个“吊网”，尿道、膀胱、阴道、子宫、直肠等脏器被这张“网”紧紧吊住）在尾骨和骨盆前面伸展，位于骨盆的两个侧壁之间。盆底肌为男性的直肠末端、前列腺和尿道，以及女性的直肠、阴道和尿道提供支撑。盆底肌的平衡能力和激活作用是保持核心稳定性的重要因素。膈和盆底肌同时收缩能保证腹腔脏器在腹盆腔内，同时腹横肌可以增强脊柱稳定性。研究表明，盆底肌和腹横肌有很紧密的联系。盆底肌收缩能促进腹横肌的收缩，反之亦然。盆底肌的力量还能防止尿失禁。在美国，1/4的女性盆底肌存在问题。男性在前列腺手术前进行盆底肌锻炼，有助于术后的排尿控制。充足的盆底肌力量可能有助于预防某些类型的男性或女性泌尿系统疾病。

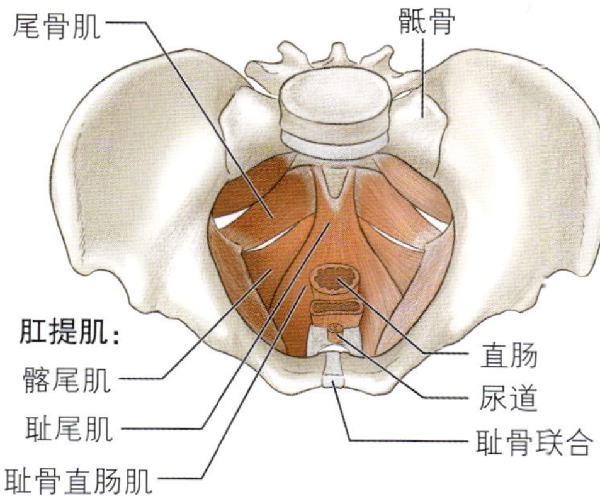

图2.9 骨盆底上面观

本图显示了肛提肌的3个部分——耻骨尾肌、耻骨直肠肌、髂尾肌，以及尾骨肌。

尽管约瑟夫·普拉提的方法中并没有特别强调盆底肌的运用，现在的一些普拉提学校开始将盆底肌锻炼纳入他们的常规锻炼中来。在医学界，有一种被推荐用来锻炼盆底肌的方法：收缩盆底肌10秒，同时张嘴呼气，然后放松10秒；重复15次，每天做3组。而女性应该从收缩盆底肌开始，就好像防止放屁一样，然后再尝试收紧阴道附近的肌肉，最后考虑向上、向腰背部方向收紧阴道，这有助于对盆底肌的特定刺激和活化。在普拉提练习中，不论男女都被鼓励规范地锻炼盆底肌，尤其是在刺激腹横肌之前或者完成其他练习的时候。目前，何为最佳的盆底肌活化锻炼方法依然存在争议。

全身骨骼力线的基础

对于身体的大部分部位来说，各种姿势相似的名称和影响体位的肌肉都是可以合理推测出来的。本部分主要讲述一些在普拉提中堪称关键的特定体位。这些体位的完美姿势会经常涉及健康的关节运用，防止过度使用肌肉或者给关节过大的压力。能够造成体位问题的原因很多，尽管已经探讨了一些改进和提升的建议，但是确认推荐的方法是否都适合自身身体状况很重要，因为这有助于排除力量、灵活性、不平衡和刺激特定肌肉等原因。

站立调整

理想的站立调整是头、躯干和骨盆一直到脚依次排成一条线，维持这个姿势所需要的肌肉活动很少。从身体的侧面可以观察人体标志和铅垂线（把铅锤或其他重锤悬挂于细线上，使它自由下垂，沿下垂方向的直线叫作铅垂线）、垂直线（如镜子的垂直缝）之间的联系。

侧对着铅垂线或者垂直线，使线的末端正好落在脚踝的前面。在标准的站立调整中，以下身体外部标志会沿着垂直线在其右侧（图2.10a）：

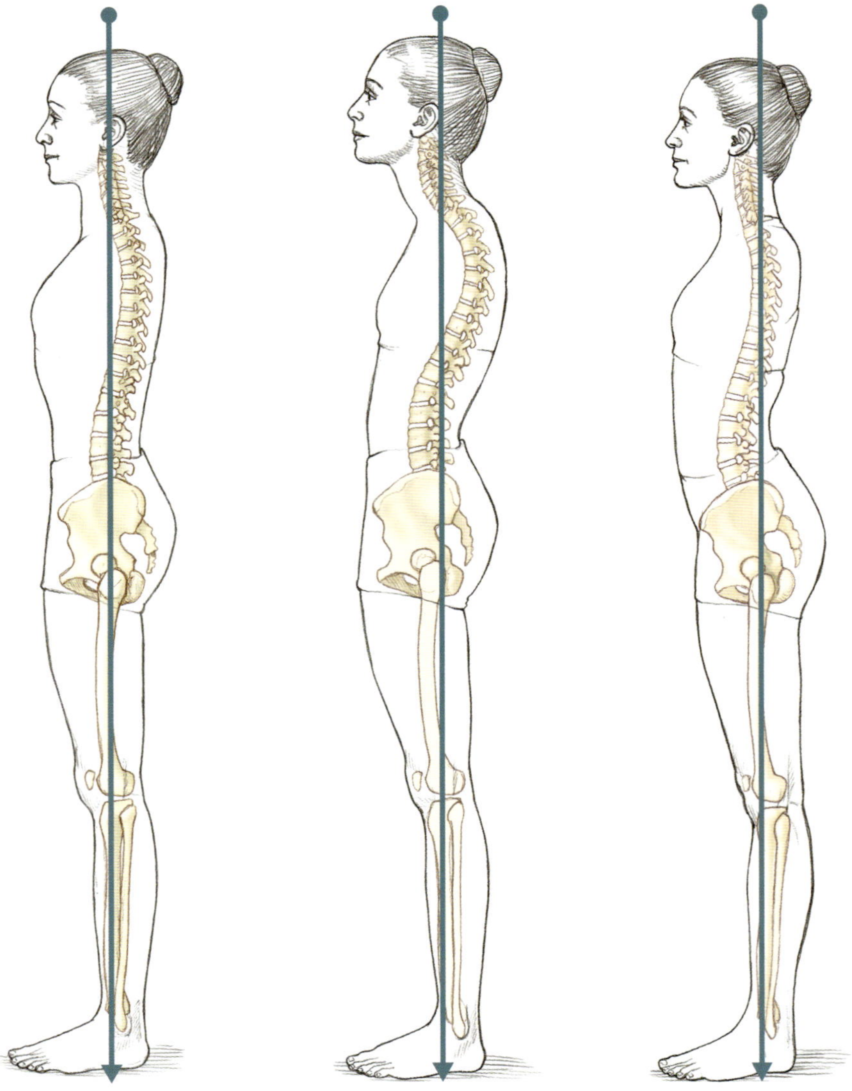

图2.10 **理想的站立体位和常见的偏离（侧面观）**

a.理想站立调整和铅垂线 b.头前倾和驼背 c.腰椎前凸

- 耳垂。
- 肩膀尖的中间。
- 胸廓的中间。
- 大转子（股骨侧方的突出）。
- 膝盖中间的区域。
- 外踝前面的区域。

当这些标志的位置都能完美地符合图2.10a所示，就代表着下文的基本体位目标都达到了。

- 脚中立位，不旋前或者旋后。
- 膝盖挺直但不过度直立，以免导致其后弯（膝盖过度伸展）。
- 骨盆中立位，不前倾，也不后倾。
- 脊柱保持正常的弯曲，不过大也不过小。
- 肩胛骨中立位和肩膀打开，不向前转。
- 头自然在肩上方，不前伸。

脊柱力线的常见偏离

常见的脊柱偏离种类，就是脊柱特定区域的过度弯曲。颈椎生理曲度（颈椎前凸）的加大经常和被称为头部前引的一种排列偏离联系在一起，其表现为下巴向前突，耳垂在铅垂线和肩膀的前面（图2.10b）。胸椎曲度的增加称为驼背，是典型的和衰老有关的问题。力量的增长和上部脊柱伸肌的使用会改善这种状况，至少在早期有效果。腰椎前凸是指腰背部的弯曲过大，通常伴随着骨盆前倾（图2.10c）。一般情况下，这种会增加腰背部发病风险的姿势问题，可以通过增强腹肌力量，增加腹肌参与度和提升下部脊柱伸肌和髂腰肌的灵活性来解决。

处理这些常见的脊柱力线偏离时，有一点很重要，就是要明白我们的目标并不是过度矫正、消除脊柱的正常弯曲。否则，只会让腰椎，甚至其他部位产生新的脊柱问题。

肩胛的运动和常见偏离

肩胛带由锁骨和肩胛骨组成。肩胛带不像骨盆带，通过骶髂关节和脊柱紧密连结；肩胛骨在胸廓上滑动，仅仅通过肌肉和脊柱相连。肩胛带和中轴骨唯一的骨性连结是胸锁关节。胸锁关节是锁骨和胸骨间的小关节。因为这些有限的连结，肩胛带的运动很大程度上依靠肌肉，所以肌肉的不平衡很容易导致体位问题。肩胛带的运动可简化为肩胛骨的运动（图2.11）。

肩胛骨上提包括朝向耳朵上提肩胛骨；肩胛骨下沉是指肩胛骨向腰部下降（图2.11a）。肩胛骨外展是指肩胛骨向远离脊柱方向运动；肩胛骨内收是指肩胛骨朝向脊柱运动（图2.11b）。肩胛骨上旋是指肩胛骨的上方外侧端向上运动，而肩胛骨下旋是指肩胛骨向反方向运动（图2.11c）。

当手臂上抬时，肩胛骨应保持协调的姿势，使肱骨头位于肩关节的关节窝。这个动作最常见的调整问题之一，就是向体侧或体前抬起手臂。手臂上抬很自然地伴随着肩胛骨向上扭转，但很多人加入了过度的肩胛骨上提。这个问题可以通过协调能下降肩胛骨的肌肉来解决，包括前锯肌和斜方肌下部肌束（图2.12）。

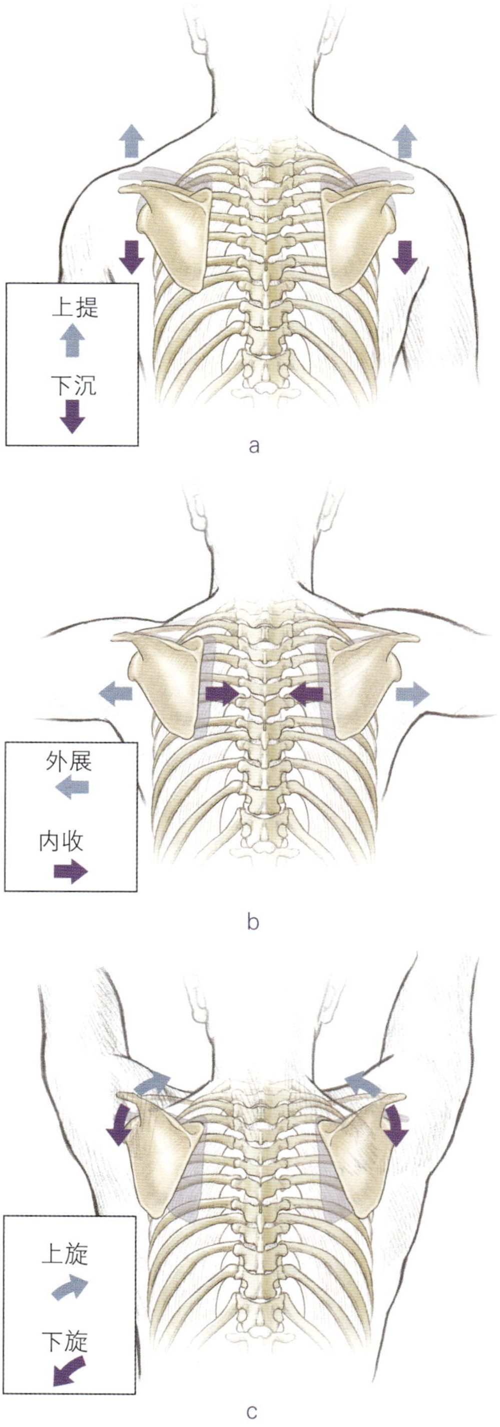

图2.11 **肩胛骨的运动（躯干背面观）**
a.上提和下沉 b.外展和内收 c.上旋和下旋

正如骨盆一样，很多时候，肩胛部相关肌肉的功能更多和维持姿势或者防止多余的肩胛动作有关，所以它们主要用于维持稳定性而不是做出肉眼可见的动作。例如，在卷动肩部这个动作中，肩膀向前转的时候肩胛骨是孤立的。这种情况通常可以通过增强肩胛内收肌肉的力量和使用肩胛内收肌来解决，其中就包括斜方肌。稳定性在用手臂支撑身体的普拉提锻炼中是非常有用的。例如，当在垫子上通过手臂从坐姿使骨盆离开垫子（仰撑抬腿，7–4），重力趋向于使肩胛骨明显地提升。肩胛下压肌（包括前锯肌和斜方肌下部肌束）有力的收缩能使肩胛骨保持在中立位，防止肩部损伤，并且使得肩部的肌肉都能发挥它们特定的功能。

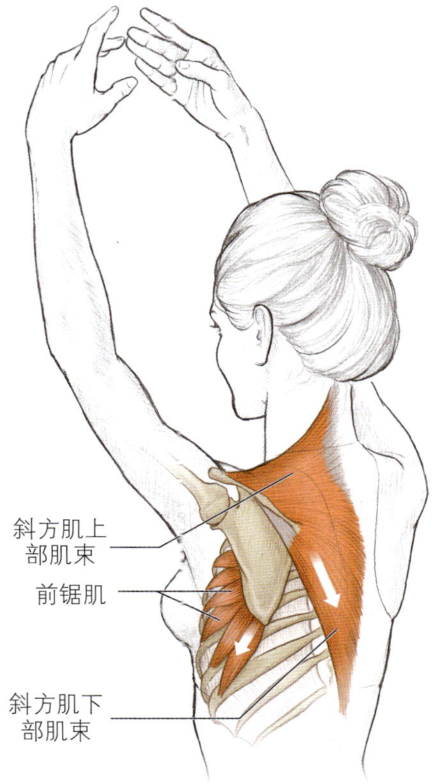

图2.12 可以降低肩胛骨的肌肉
运用前锯肌和斜方肌下部肌束来防止手臂举过头顶时肩胛的过度提升

在普拉提垫上锻炼中将骨骼力线与动作结合

本书中的很多普拉提练习都是用来增强肌肉力量的，这些肌肉一般都对骨骼力线和核心稳定性有着十分重要的作用。但是，只锻炼肌肉并不能取得理想的效果。学会正确的骨骼排列，保持核心稳定，磨炼出快速做出正确身体调整的技能，学会在本书提供的练习和生活的其他合适活动中运用各种身体力线也很重要。研究显示，如果通过合适的方式对特定的肌肉进行重复性的锻炼，经过一段时间身体就会自动运用这些方法。

普拉提中很多常见的提示都会要求在给定的练习中完成一些静止或者动态的骨骼力线练习。这些提示或者指导，提供了很多较为实用的方法，来实践第1部分和本部分中的许多原理。本书中一些练习的提示会在本节中讨论，其他的会在每部分介绍中提到，或者在第4部分到第9部分中随着特定的动作进行讲解。在最初的普拉提练习中，会反复强调许多要领。希望找到在功能性运动中更加符合需求的训练方法的想法，导致当下各种各样的方法都或多或少以一种改进或者不那么严苛的形式糅合了一些提示。这种功能性的强调，促进了在适合的练习中加入骨盆或者脊柱的中立姿势附加提示的发展。

- **将肚脐或者腹壁拉向脊柱，内收腹壁**。这些提示是用来纠正常见的腹肌锻炼中腹部鼓起的错误，而鼓励腹部水平或者向内收缩的。内收肚脐时，可以想象有一根绳子连在肚脐上，向着脊柱的方向牵拉肚脐，或通过穿束腹带使腹壁内收，使腰围小一点。如果感觉很难控制这些肌肉，把一只手放在下腹，向外鼓起腹壁，感受错误的姿势；然后再内收腹壁，此时手会随着内收的腹壁下陷。想象用手向脊柱按压小腹，就像在沙滩上按出一个洞一样。这条让腹壁收缩的提示在恢复腹横肌和实现平坦完美小腹方面有很好的效果。

- **“C”形弯曲**。卷曲脊柱的常见错误是仅卷曲颈部和上胸椎，脊柱的其他部分仍旧保持平坦或者过度伸展。另一个常见的问题是多数的卷曲都发生在胸椎，因为胸椎自然凹向前，这样做会使大部分人的胸椎在静态体位时就容易过度弯曲（驼背）。“C”形弯曲的目的之一是卷曲腰椎。因为腰椎自然向后凹而且经常绷紧，所以这里的卷曲是很有挑战性的。卷曲腰椎有助于在内收腹壁时分担前面乃至整个脊柱的弯曲，因此头、脊柱和骨盆可以形成一个凸向后的“C”形。

- **让脊柱贴向垫子**。仰卧时，用力内收腹壁，以使腰椎贴近垫子甚至贴在垫子上。当然这和脊柱的生理性弯曲及灵活性有关。在垫子上，脊柱在肌肉收缩中的变化能被用来保持核心稳定性。例如，在百次拍击（5-4）中，当双腿从垫子上抬起来的时候，如果腹肌稳定性不足就会引起骨盆前倾，腰背部弓起、离开垫子；这样就有可能使腰背部受伤。像这种情况，可以将腿抬高（越接近垂直，锻炼越容易）， 最好达到能使下脊柱贴近甚至贴上垫子，同时骨盆保持稳定。这条提示有意识地减小了腰椎的弯曲程度，通常骨盆稍稍后倾有助于防止腰椎过度伸展。

- **保持骨盆和腰椎中立位或支撑**。前面三点是普拉提的练习方法，而这一点常被那些认为中立位稳定性训练对于转移到许多不涉及脊柱屈曲的日常运动也很重要的练习者使用。这些屈曲通常伴有骨盆后倾。练习通常涉及包括腹肌和脊柱伸肌在内的许多核心肌肉的协同收缩，从而实现腰椎的自然曲线和骨盆的中立位置。我们把腹肌和脊柱伸肌保持骨盆和腰部中立位的协同收缩称为支撑（bracing）。仰卧时，腹肌上拉骨盆前部，同时用脊柱伸肌上拉骨盆后部，将骶骨压入垫子，或将坐骨拉向远处，有助于实现所需的支撑。

• **拉动腹肌**。向上拉动腹肌（腹直肌、腹斜肌）的下部连结可使骨盆后倾。这条提示经常用来鼓励需要滚动的练习中的骨盆后倾和腰椎卷曲，如后滚（6–2）。这一提示也用来避免或限制骨盆前倾，尤其在四肢做动作或者后背弓起的时候，如双腿踢（9–3）。

• **拉起腰部**。有时，对于需要脊柱完全拱起的运动，如弓形摇摆（9–5），向上拉动脊柱伸肌的下方附着部位可促进腰椎伸展。该提示更常用于防止或限制坐姿练习中骨盆后倾和腰椎过度弯曲（见下一提示“身体坐高”），也可用于通过腰部支撑实现骨盆中立位。

• **身体坐高**。坐姿中常见的调整错误就是让整个脊柱塌下来，腰椎弯曲增大，骨盆后倾。坐姿时，可以想象把上背部和头耳后的部分向着天花板提起来，躯干的重量则由坐骨承受。自然地用上背部伸肌和腹肌使胸椎提升，不会使胸廓向前。另一个可取的方法和上一节讲述的有些相似，即想象轻轻牵拉腹肌下部反复向下、向上来培养对腹横肌的运用，同时持续提升骨盆后部的中心，培养对多裂肌的运用。腹横肌和多裂肌共同收缩给下部脊柱提供了有力的支撑，且能保持腰椎的正常弯曲。髂腰肌有保持腰椎正常弯曲，同时防止上部脊柱靠后的作用。骨盆向前屈（髋关节弯曲）的同时想象骨盆内部上提，有助于刺激髂腰肌。

• **保持背部平直**。背部平直指的是从侧面看躯干直立，一侧的肩膀、胸廓和骨盆成一条直线的姿势。背部平直可以用于描述跪姿、四肢撑地或坐姿等姿势中的躯干。这个词并非夸张，因为脊柱仍旧保持着自然弯曲，但是练习者要有种坐高的感觉。完成背部平直姿势需要腹肌和脊柱伸肌熟练收缩。

• **保持胸廓向下、向后**。保持躯干稳定时很容易出现收紧脊柱伸肌的错误，这样会使胸廓向前。在很多练习中，腹肌与胸廓间的上部连结能够将胸廓前部稍稍下拉，防止胸廓向前，使胸廓处于正常的中立位。脊柱卷曲中，将胸廓向下、向后拉有助于实现脊柱的最大卷曲，达到完整的“C”形弯曲。

• **头颈部延长**。颈部的过度屈曲是一个常见的调整问题，以至于下巴在静态或动态时前突（头部前引姿势）。向上延伸或者拉长脖子能避免这种情况。仰卧时，让下巴稍稍向下、向后，同时头轻轻向前。这样头的后部与垫子接触的位置会移向颅底。颈伸肌参与这个动作。

• **下巴靠向胸前**。伸长脖子和下巴靠向胸前经常联系在一起。在最初的普拉提中，包括脊柱弯曲这样的动作，屈颈使下巴靠向胸骨的同时，后颈伸得过长。把头放低一点，靠近胸骨有助于更好地运用和锻炼腹肌，同时能在很多腹肌锻炼中降低对颈部肌肉的压力。但是，当前的很多方法都只是鼓励对这一练习适当运用，这样才能使头部与胸椎的弧（在下巴和胸骨之间，能放入小的拳头或者柠檬）协调。

• **每次活动一块椎骨，或者椎骨逐节连续运动**。一个常见的错误是椎骨大区域地运动，这种错误会造成动作不稳或者脊柱平坦的问题。一块椎骨接着一块椎骨地连续运动，旨在使每一块参与的椎骨都完成了动作。例如，在长躯席卷（5–2）中，躯干离开垫子时，椎骨应该从顶端到底端依次离开；回躺时反之。

• **让肩胛骨下降到中立位**。这条提示是用来防止手臂动作时，肩膀上提的常见错误体位的。在抬起手臂做动作之前，想象你通过肩胛下压肌将肩胛骨向下拉。但是我们的目标并非是让肩胛骨过度下压，而是在肩胛骨中立位下做出自然的肩胛骨上旋动作。这就需要肩胛骨上提肌——斜方肌上部肌束和肩胛骨下压肌——斜方肌下部肌束达到一种平衡（图2.12）。还要注意保持肩膀和耳朵之间的距离，这要通过减轻斜方肌上部肌束的收缩来防止在手臂上举时肩胛骨的过度提升。

• **伸展及延长手臂和腿部**。伸展四肢常用于完成想要的长线（long line）和很多普拉提动作。伸展时，四肢的关节在直线上，而非弯曲或过度伸展。当躯干保持直立、手臂上举、腿伸长时，如长躯席卷（5–2）的起始动作，想象有人轻拉您手指的同时还有人向反方向拉您的脚趾，注意要保证有很强的核心稳定性。

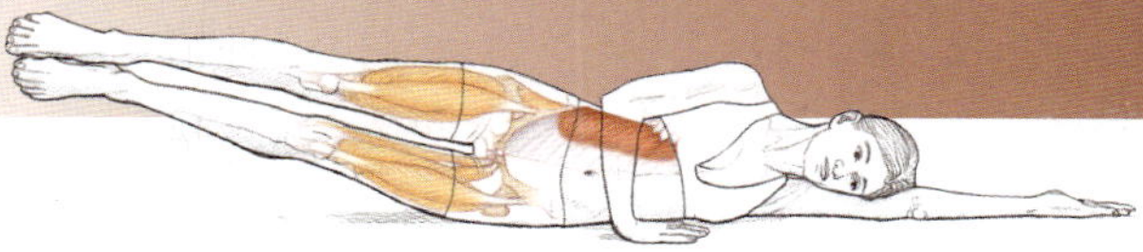

3

肌肉、动作分析和垫上训练

了解肌肉在特定运动中的运动方式有助于把第1部分和第2部分所讨论的知识应用于普拉提。第2部分重点讲述脊柱在普拉提中的运动，本部分将会加上上肢和下肢关节的运动和力量。本部分将描述肌肉如何产生单个的动作及参与复杂的全身运动，并解释垫上训练的原理。

关节及其动作

骨与骨之间借纤维结缔组织、软骨或骨相连，形成骨连结。骨连结即关节。骨连结的方法与连结的表面形状用于关节不同类型的分类。不同类型的关节有不同的运动功能，每个关节可做出的运动都使用专业术语描述。

关节类型

有三种不同的关节类型：纤维关节、软骨关节和滑膜关节。相邻的骨只靠纤维连结的关节称为纤维关节，如颅缝。当相邻的骨是靠软骨连结时，这种关节被称为软骨关节，如椎骨之间的连结。相邻椎骨之间由椎间盘连结（图2.3，第15页）。构成滑膜关节的两骨之间不是直接相连的，滑膜关节在两骨间有一个小腔隙。这个小腔隙被称为关节腔，腔内有滑液。滑液的浓稠度和蛋白相似，也是润滑关节不可缺少的成分。关节囊是纤维组织，它包围关节，封闭关节腔。构成滑膜关节的还有韧带，它是牢固的纤维组织。

滑膜关节对于大动作特别重要。按照关节的形状，滑膜关节分为六种不同的类型。其中，有两种类型（球窝关节和滑车关节）对四肢运动特别重要。构成球窝关节的两骨中，一骨的头呈球形，为关节头；另一骨的骨面凹陷形成关节窝。球窝关节是身体最灵活的关节，它们存在于四肢根部，如肩关节和髋关节都是球窝关节。滑车关节由一个线轴状骨面和一个凹陷骨面组成。肘关节、踝关节和膝关节都是典型的滑车关节。

人体解剖姿势与关节运动术语

描述关节运动的术语对于分析动作和产生动作的主要肌肉很重要。运动术语是以解剖姿势为基础定义的。

人体解剖姿势（图3.1）是指身体直立，面向前方，两眼平视正前方，两足并拢或稍稍分开，足尖向前，双上肢下垂于躯干的两侧，掌心向前。这是运动中的起始位或零位。双臂垂放于两侧为0°，以此为基础来举例，当手臂向前抬起至与肩部同高时我们认为这就是屈曲90°。

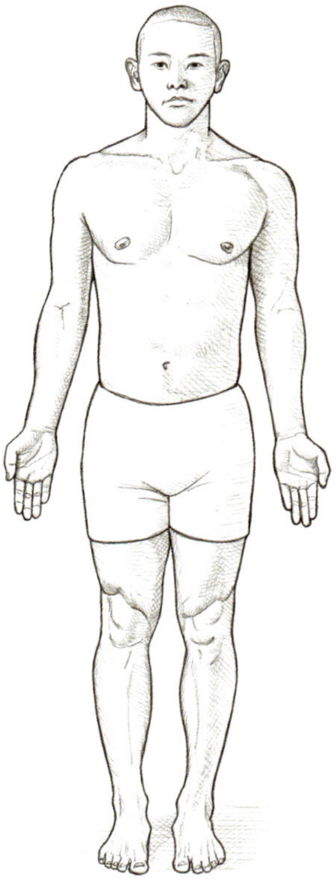

图3.1 解剖姿势

关节有六种基本动作。这六种基本动作可分为三组：屈曲和伸展（图3.2a和b）、内收和外展（图3.2 c）、外旋和内旋（图3.2d）。每一组基本在相同的解剖平面，但方向相反（注：运动解剖学中，面指水平面、冠状面和矢状面）。

这些动作还不足以用之前所描述的基本关节运动术语来表示，所以有更多针对关节的特殊术语来表达。例如，第2部分对脊柱、骨盆和肩关节运动形式的描述。除基本运动形式外，还有两组关节运动的特殊形式：肩关节水平外展和内收，踝关节跖屈和背屈。

屈曲和伸展

屈曲是指弯曲关节，相关节的两骨之间的角度变小，如屈肘和屈膝。伸展是指伸直关节，相关节两骨间的角度变大，或由屈曲回到人体解剖姿势，

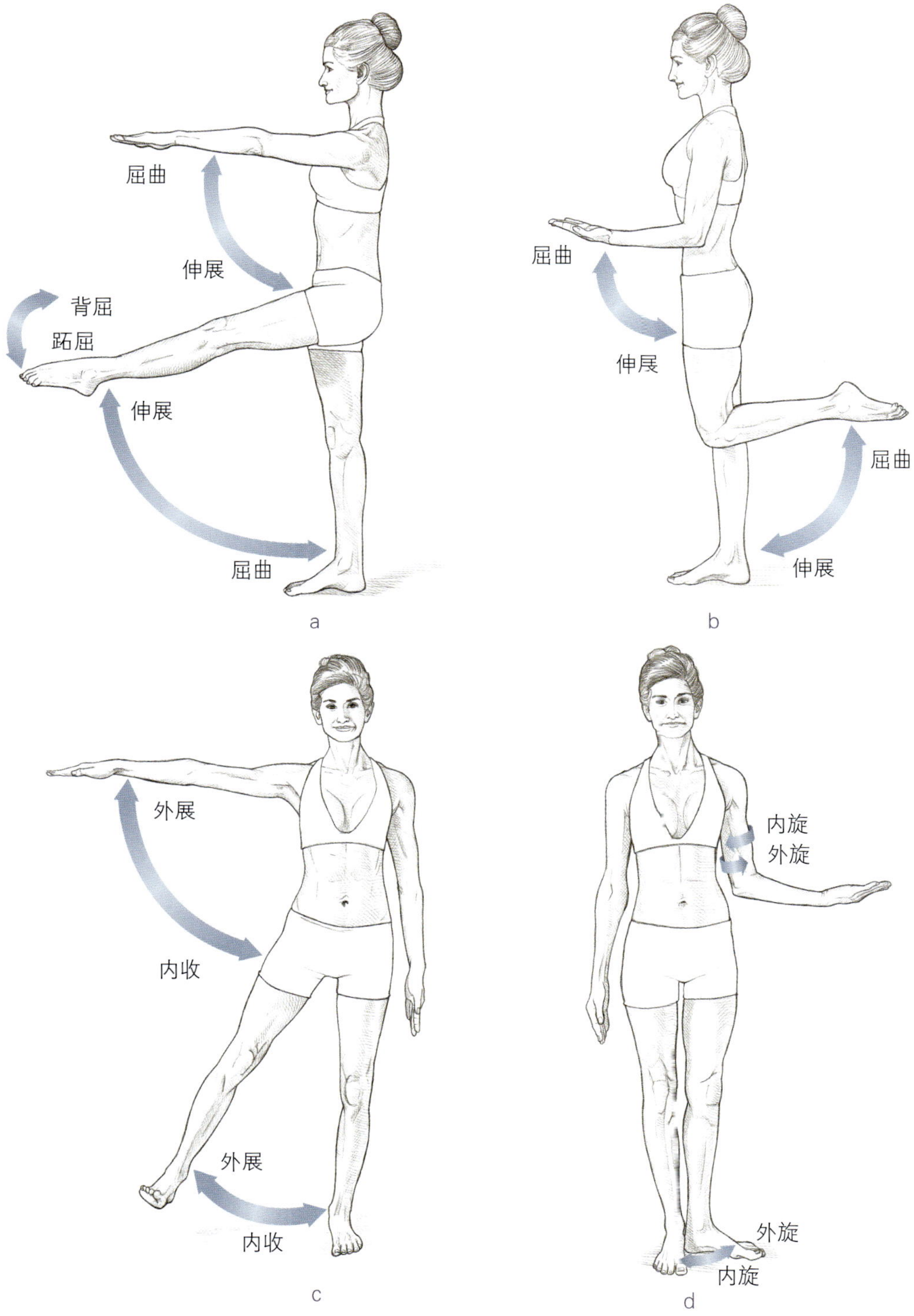

图3.2 四肢主要关节动作

a.肩关节和髋关节（伸展–屈曲），踝关节（背屈和跖屈） b.肘关节和膝关节（屈曲–伸展）
c.肩关节和髋关节（外展–内收） d.肘关节和踝关节（内旋–外旋）

如伸膝和伸肘。屈曲与伸展发生在人体解剖姿势相对的前方和后方，超出人体解剖姿势称作过伸。描述踝关节运动的术语有背屈和跖屈。背屈是指足尖上抬，足背向小腿前面靠拢；跖屈是指足尖下垂（图3.2）。

外展和内收

外展是指远离身体中线的活动，如将手臂向侧方打开（肩外展）或将腿部向侧方打开（髋外展）。内收是外展的反方向动作，或由外展位置回到人体解剖姿势。为了更好地记住这些要领，把外展想象成伸开翅膀的感觉，把内收想象成将刚刚伸开的翅膀收回去。因为脊柱位于身体中心，所以用左侧屈与右侧屈两个特殊术语来描述脊柱的类似动作（图2.4，第16页）。

外旋和内旋

关节沿垂直轴进行的运动称为扭转。外旋是指围绕骨中心轴向后外侧扭转，如将腿转离身体中心部（髋关节外旋）。内旋是指围绕骨中心轴向前内侧扭转，或由外旋回到人体解剖姿势（图3.2d）。因为脊柱位于身体中心，所以用左旋和右旋两个特殊术语来描述其动作（图2.4，第16页）。这是两种围绕垂直轴扭转的运动。

在用于描述肩关节运动的术语中，肩关节外展和内收不包括在以人体解剖姿势为基础的分类中。进行这组动作时，手臂在肩膀的高度，平行地面移动。移离身体中心为水平外展；移近身体中心为水平内收。大腿与髋关节成一直线水平移动时，也可用水平外展和内收来描述。

肌肉及其动作

肌肉细胞是唯一能产生主动张力与收缩力的细胞。收缩力是指肌肉变短的能力。人体有三种肌肉组织：平滑肌、心肌和骨骼肌。对于普拉提练习者来讲，只需要了解骨骼肌。骨骼肌附着于骨，可随人的意志而收缩。骨骼肌由肌腹和肌腱组成，并借肌腱附着于骨。肌腱无收缩功能；肌腹有收缩功能，色红、柔软。

关节处肌肉的运动可以想象为肌肉从一骨的附着处被拉向另一骨的附着处。这种想象便于学习相同部位的肌肉所能做出的不同动作。例如，一般情况下，在髋关节、脊柱、肘关节和肩关节的大肌肉中，位于身体前部的肌肉产生屈曲的动作，位于身体后部的肌肉产生伸展的动作；髋关节和肩关节身体侧面的肌肉产生外展的动作；髋关节朝向身体内侧和中线的肌肉产生内收的动作。位于同一部位的肌肉通常会承担一组动作。例如，阔筋膜张肌位于髋关节的前方和侧方，所以能产生屈曲和外展的动作。膝关节弯曲与其他关节弯曲的方向相反，所以它周围的肌肉也呈现出与其他关节周围肌肉相反的关系。膝关节前方的肌肉产生伸膝的动作，后方的肌肉产生屈膝的动作。

以简明扼要为宗旨，在接下来的第4~9部分垫上运动中，将重点介绍产生关节运动的主要肌肉。肌肉及其相应动作将列表讲述。表格还包括产生每个动作的主要肌肉和次要肌肉。主要肌肉是指对所产生动作特别重要或有效的肌肉。次要肌肉是指产生动作的力量小于主要肌肉或用于维持特定姿势的肌肉，如高速运动时或需要大量力量时维持关节姿势的肌肉。

脊柱周围肌肉

脊柱的主要关节和周围肌肉在第2部分中已有介绍，表3.1是脊柱运动及参与运动的主动肌的总结。

表 3.1　脊柱的运动及参与运动的主动肌

运动	主要主动肌	次要主动肌
脊柱屈曲	腹直肌 腹外斜肌 腹内斜肌	髂腰肌（在特定的环境下）
脊柱伸展	竖脊肌：棘肌、最长肌、髂肋肌	半棘肌 深层脊柱周围肌肉：横突间肌、棘间肌、多裂肌、回旋肌
脊柱侧屈	腹外斜肌（同侧） 腹内斜肌（同侧） 腰方肌（同侧） 竖脊肌（同侧）：棘肌、最长肌、髂肋肌	半棘肌（对侧） 深层脊柱周围肌肉（对侧）：回旋肌、多裂肌
脊柱扭转	腹外斜肌（对侧） 腹内斜肌（同侧） 竖脊肌（同侧）：最长肌、髂肋肌	半棘肌（对侧） 深层脊柱周围肌肉（对侧）：回旋肌，多裂肌

下肢的肌肉

下肢主要关节的运动及参与运动的主动肌见表3.2与图3.3。

因为髋关节是球窝关节，所以能产生内旋和外旋的动作。股直肌和深处的髂腰肌起于髋部的前面，是屈曲髋关节的主要肌肉。

大腿内侧肌群包括耻骨肌、长收肌、短收肌、大收肌和股薄肌。它们是髋关节内收肌。除大收肌，其他肌肉都可辅助髋关节屈曲。大收肌位置深，因为其附着于坐骨结节，其下束纤维可辅助髋关节伸展。

缝匠肌位于大腿前面，经大腿前面斜向内下，止于胫骨上端的内侧面。从髋部外侧看去，缝匠肌像一条长的扁带子。缝匠肌有屈曲、外展和外旋髋关节的作用。阔筋膜张肌位于大腿上部前外侧，有屈曲、外展和内旋髋关节的作用。

从后方观察臀部，可以很容易看到臀肌。位于臀部外周的臀中肌和臀小肌的主要功能是外展髋关节。臀中肌和臀小肌的前部纤维还可以产生髋关节的内旋动作。位于髋部浅层的臀大肌，作用是使髋关节伸展和外旋。臀大肌下有六块外旋肌肉，它们分布在骨盆和股骨大转子之间。

腘绳肌（半腱肌、半膜肌和股二头肌）位于大腿后部，作用是髋关节伸展和膝关节屈曲。当腿伸直时，位于较前部的腘绳肌（股二头肌）还可以辅助髋关节的外旋。半腱肌和半膜肌可以辅助髋关节内旋。

膝关节为改进版的滑车关节，能够屈曲和伸展。腘绳肌是重要的膝关节屈肌， 股四头肌是重要的伸肌。股四头肌由股直肌、股内侧肌、股中间肌和股外侧肌组成。股直肌穿过髋关节，它不仅可以伸展膝关节，还可以屈曲髋关节。经过膝关节的髋关节或踝关节的主要肌肉，可以辅助膝关节的运动。位于腿后部深处的腘肌，有辅助屈曲膝关节的作用，并在走路和膝关节大幅度屈曲时具有维持稳定性的作用。

踝关节是滑车关节，运动形式有背屈和跖屈。位于小腿前的胫骨前肌和趾长伸肌是踝关节背屈的主要肌肉。穿过踝关节的䠊长伸肌和第三腓骨肌有辅助踝关节背屈的作用。腓肠肌起自股骨内、外侧髁的后面，有内、外侧两个头，在小腿中部合成一个肌腹；比目鱼肌比腓肠肌位置深，肌腹平坦。这两块肌肉的主要作用是跖屈踝关节。跖屈踝关节的辅助肌肉包括沿踝关节外侧走行的腓骨长肌和腓骨短肌，以及在后方跨越踝关节的胫骨后肌、䠊长屈肌和趾长屈肌。

表 3.2　下肢主要关节的运动及参与运动的主动肌

运动	主要主动肌	次要主动肌
髋关节屈曲	髂腰肌 股直肌	缝匠肌 阔筋膜张肌 耻骨肌 长收肌和短收肌（下部） 股薄肌
髋关节伸展	臀大肌 腘绳肌：半腱肌、半膜肌、股二头肌	大收肌（下束纤维）
髋关节外展	臀中肌 臀小肌	阔筋膜张肌 缝匠肌 髂腰肌（上部）
髋关节内收	长收肌 短收肌 大收肌 股薄肌	耻骨肌
髋关节外旋	臀大肌 深部外旋肌群：梨状肌、闭孔内肌、闭孔外肌、下孖肌、上孖肌、股方肌	缝匠肌 股二头肌
髋关节内旋	臀中肌（前束纤维） 臀小肌（前束纤维）	阔筋膜张肌 腘绳肌：半腱肌、半膜肌
膝关节屈曲	腘绳肌：半腱肌、半膜肌、股二头肌	腘肌 股薄肌 缝匠肌 腓肠肌
膝关节伸展	股四头肌：股直肌、股内侧肌、股中间肌、股外侧肌	阔筋膜张肌（上部）
踝关节背屈	胫骨前肌 趾长伸肌	踇长伸肌 第三腓骨肌
踝关节跖屈	腓肠肌 比目鱼肌	胫骨后肌 踇长屈肌 趾长屈肌 腓骨长肌 腓骨短肌

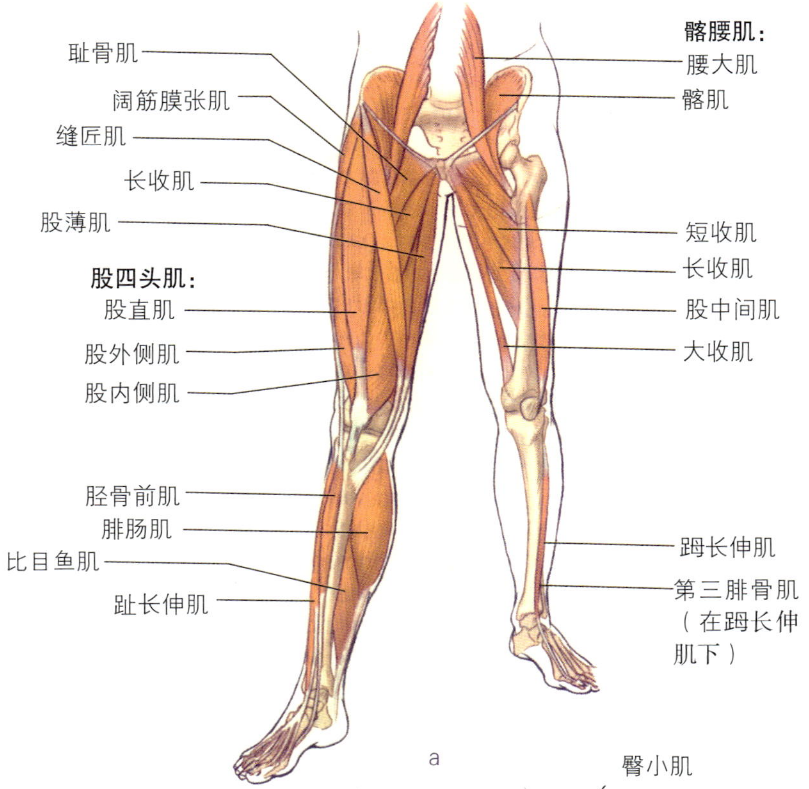

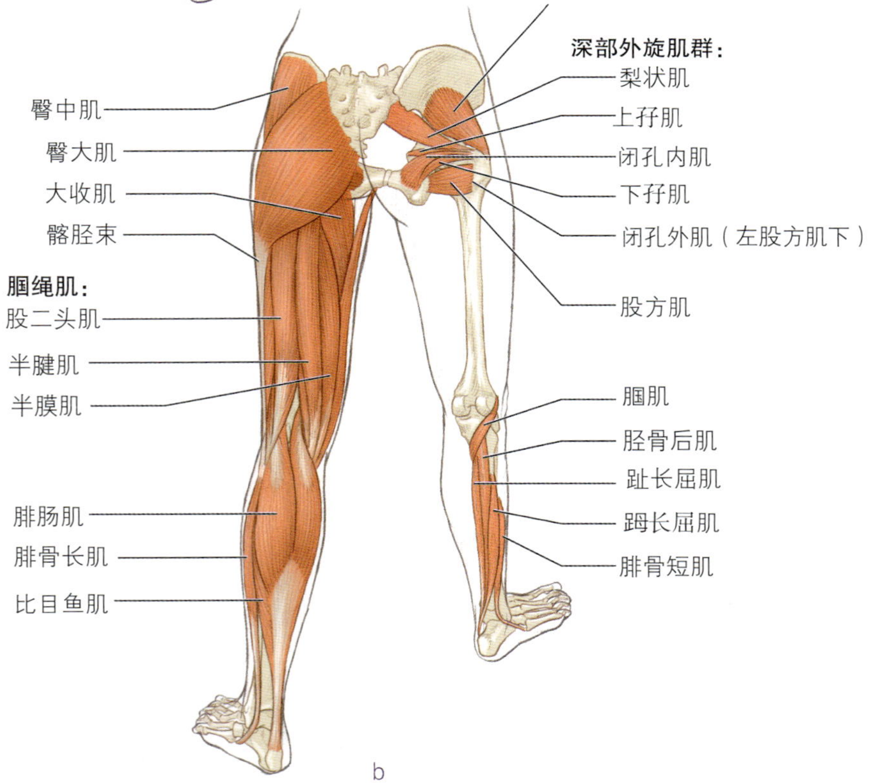

图3.3　**下肢肌肉**

a.前面观　b.后面观

上肢的肌肉

上肢主要关节的运动与参与运动的主动肌见表3.3与图3.4。

肩关节是球窝关节，能完成屈曲和伸展、内收和外展、内旋和外旋的运动。参与肩关节运动的主要肌肉有胸大肌（覆盖胸廓前壁的大部）、三角肌（形成肩膀的圆润轮廓）、背阔肌（位于背部，是全身最大的扁肌，需要大圆肌辅助）。

三角肌前束和胸大肌上部（锁骨部）共同参与屈曲肩关节、内旋和水平内收的运动；胸大肌下部（胸骨部）具有内旋、水平内收，以及当手臂抬至前方时伸展肩关节的作用。三角肌中束是肩关节外展的主要肌肉，三角肌前束和胸大肌（锁骨头）是辅助肌肉。背部的三角肌后束、背阔肌和大圆肌都有伸展和水平外展肩关节的作用。三角肌后束还有使肩关节外旋的作用。背阔肌和大圆肌止于肱骨前面，还有使肩关节内旋的作用。与髋关节不同，肩关节没有特有的内收肌群；其前部肌肉只有与后部肌肉的前部肌共同收缩才能产生内收的动作。胸大肌与背阔肌是常用的一组内收肩关节的强壮肌肉，其他肌肉组起辅助作用。

除了这些肌肉，肩袖和肩胛肌以不太明显的方式辅助肩关节的运动。肩袖由四块小肌肉组成，位于肩胛骨和肱骨上端之间，主要功能是维持肩关节的稳定。冈上肌是肩关节外展的主要肌肉，小圆肌和冈下肌有使肩关节外旋的作用，肩胛下肌有使肩关节内旋的作用。小圆肌和冈下肌也可产生水平外展的特殊动作。肩袖力量强壮对肩关节正确运动很重要，并可避免肩关节损伤。虽然传统普拉提垫上运动不强调单独加强这些肌肉的力量，但现在用弹力带增加阻力的练习中有对这些肌肉的锻炼。例如，侧弯扭转（8–6）要求用手臂支撑身体，有增强肩袖力量与稳定性的作用。

肩胛肌位于身体背部，产生肩胛骨的动作，而不是肱骨。而肩胛骨的动作（图2.11，第28页）与肩关节的动作自然联系，并能优化肩关节的动作。斜方肌和菱形肌可使肩胛骨向脊柱靠拢，使肩胛骨内收。前锯肌和胸小肌在身体前面，产生与肩胛骨内收相反的动作。肩胛提肌位于颈部两侧。肩胛提肌、菱形肌和斜方肌上部肌束的作用是上提肩胛骨。斜方肌下部肌束、前锯肌下部肌束和胸小肌有下降肩胛骨的作用。肌肉在肩胛骨的附着处决定其产生扭转的类型。前锯肌和斜方肌产生肩胛骨上旋的动作，其他肌肉，特别是菱形肌，产生肩胛骨下旋的动作。每当手臂向前或向侧方抬起时，肩胛骨都

表 3.3　上肢主要关节的运动及参与运动的主动肌

运动	主要主动肌	次要主动肌
肩关节屈曲	三角肌前束 胸大肌（锁骨端）	喙肱肌 肱二头肌
肩关节伸展	背阔肌 大圆肌 胸大肌（胸骨端）	三角肌后束 肱三头肌（长头）
肩关节外展	三角肌中束 冈上肌	三角肌前束 胸大肌 肱二头肌（当肩关节外旋时）
肩关节内收	胸大肌与背阔肌	三角肌后束 三角肌前束 大圆肌 喙肱肌 肱二头肌（短头） 肱三头肌（长头）
肩关节外旋	冈下肌 小圆肌	三角肌后束
肩关节内旋	肩胛下肌 大圆肌	三角肌前束 胸大肌 背阔肌
肩关节水平外展	冈下肌 小圆肌 三角肌后束	三角肌中束（后段纤维） 大圆肌 背阔肌
肩关节水平内收	胸大肌 三角肌前束 喙肱肌	肱二头肌（短头） （当肘关节伸展时）
肩胛上提	斜方肌上部肌束 肩胛提肌 菱形肌	
肩胛下降	斜方肌下部肌束 前锯肌下部肌束	胸小肌
肩胛外展	前锯肌	胸小肌
肩胛内收	斜方肌 菱形肌	肩胛提肌
肩胛上旋	前锯肌 斜方肌	
肩胛下旋	菱形肌	肩胛提肌 胸小肌
肘关节屈曲	肱二头肌 肱肌	肱桡肌 旋前圆肌
肘关节伸展	肱三头肌	肘肌

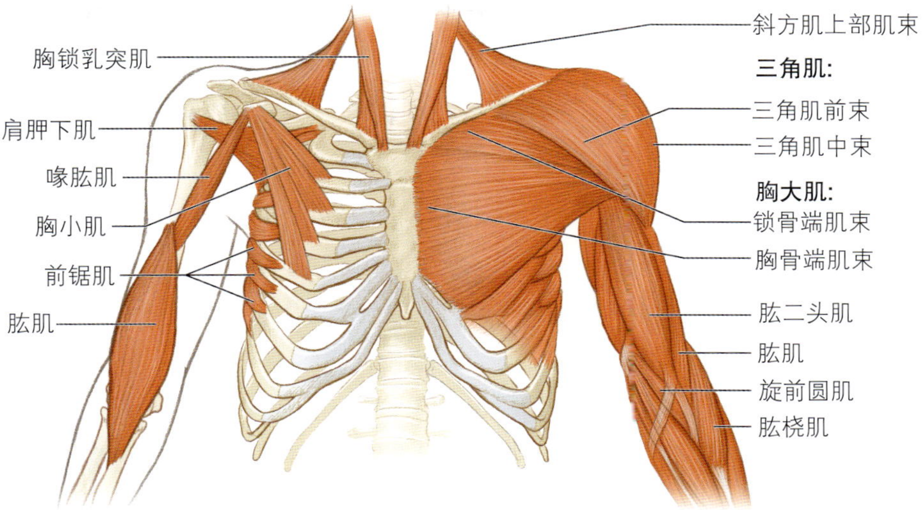

a

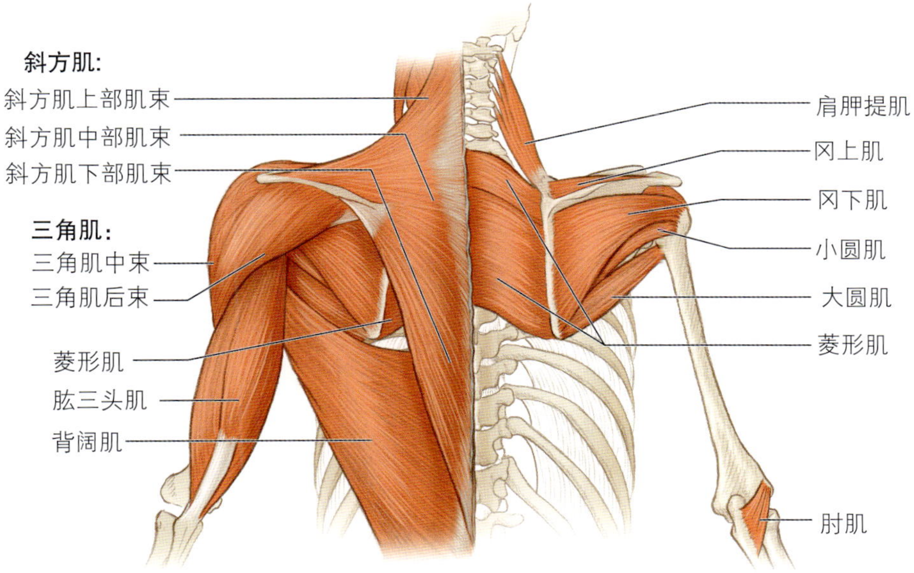

b

图3.4 上肢肌肉

a.前面观 b.后面观

需要向上旋转，因此，足够的肩胛上旋肌肌力和充分的肩胛上旋肌激活对于良好的肩部力学和功能非常重要。

肘关节为滑车关节，可以屈曲和伸展。肱二头肌和肱肌（位于肱二头肌深层）位于上臂的前面，是肘关节屈曲的主要肌肉。肱桡肌和旋前圆肌横穿肘关节前方，主要产生前臂的动作，也可以辅助屈肘。肱三头肌位于上臂后方，是肘关节伸展最有力的肌肉。肘肌位于肘关节后方，辅助肘关节伸展。肱二头肌和肱三头肌的部分肌束穿过肩关节，因此可以辅助肩关节运动。

参与全身运动的肌肉

功能性运动，如走路、跑步或复杂的垫上运动，不是靠一块肌肉独自完成的，而是需要许多肌肉共同完成。学习肌肉收缩类型及肌肉在不同运动中的作用，可以帮助我们更好地理解全身运动。

肌肉收缩类型

通常情况下，可以通过肌肉变短判断肌肉收缩，但不是所有的肌肉收缩都可以通过肉眼观察。肌肉细胞都拥有张力，根据收缩肌肉的力量与对抗力量的比例，肌肉可收缩、舒张或保持原样。肌肉收缩分为动态收缩和静态收缩。

动态收缩

动态收缩也称等张收缩，发生于明显的关节活动及肌肉长度改变时。动态收缩可以是向心收缩，也可以是离心收缩。向心收缩包括关节运动时肌肉缩短，关节运动方向与主要肌肉收缩方向一致。当重力为阻力时，关节运动方向与重力方向相反，产生向心收缩。这种情况通常发生于上抬的动作。例如，胸部抬起（4–2）的练习中，腹肌向心收缩，屈曲脊柱，上提躯干使其离开垫子。

离心收缩时肌肉变长，如肌肉在骨附着处的距离变长，关节运动与主要肌肉运动方向相反。当重力为阻力时，关节运动方向与重力的方向相同。这种情况通常发生于下降的动作。例如，胸部抬起的练习中，腹肌离心收缩来控制躯干下降接近垫子的动作。以上内容对分析动作和优化普拉提垫上运动很重要。人们可能会认为，在胸部抬起练习中，躯干下降的过程中脊柱伸肌收缩使脊柱伸展。但是，如果伸肌收缩的话，头和躯干会撞到垫子上。与上抬躯干相同，脊柱屈肌或腹肌离心收缩才可平稳下降躯干使其有控制地回到垫子上。离心收缩也常发生在快速运动改变方向前的身体减速过程。

静态收缩

静态收缩也称等长收缩，人们肉眼观察不到肌肉长度的变化和关节运动，肌肉收缩的作用是与阻力抗衡，保持身体静止。普拉提中经常会用到静态收缩，以防止身体出现不需要的动作或帮助身体做出想要的姿势。例如，在俯卧撑（7–6）的练习中，膝关节、髋关节和脊柱的肌肉都有静态收缩，以使肩关节、骨盆和膝关节保持在直线水平。

肌肉的角色

肌肉可以扮演不同的工作角色。在不同的运动中，肌肉的作用不同。

肌肉根据人体的主观意识进行工作从而影响关节产生运动。产生运动的肌肉可以分为主动肌和辅助主动肌工作的协助肌。主动肌是运动中发挥主要作用的肌肉，协助肌是运动中起辅助作用的肌肉。

运动中与主动肌作用相反的是拮抗肌。在很多运动中，拮抗肌不运动，反而是在休息。在某些类型的动作中，缺乏拮抗肌的对抗表示更高技巧和能更高效地运动。一些普拉提垫上运动归于此类，其目的是使主动肌在更佳的时间用适当的力量，使拮抗肌无须停止或帮忙控制动作。然而身体要保持稳定时（身体减速或要求极度准确时），拮抗肌往往与主动肌共同工作，称为协同收缩。协同收缩常常运用于普拉提垫上运动，如第2部分所描述的腹肌和脊柱伸肌的收缩。

协同肌能够中和主要运动肌肉的多余动作。第2部分有这样一个例子，上提肩胛骨时，斜方肌下部肌束作为协同肌中和斜方肌上部肌束过度上提肩胛骨的作用（图2.12，第29页）。

稳定肌通过等长收缩来对抗动作的不稳定力量，以支撑或稳定身体。第2部分讲述的腹肌收缩保持核心稳定性是重要的普拉提垫上训练动作。

肌肉运动中的力偶

不同位置、共同作用产生同一个动作的肌肉，称为力偶。一个很重要的普拉提垫上运动力偶是腹肌–腘绳肌力偶（图 3.5）。腹肌与骨盆相连，腹肌收缩可以使骨盆后倾。腘绳肌与骨盆的后下方相连，也可使骨盆后倾。虽然腹肌和腘绳肌在骨盆的不同位置，但是可以共同作用产生一个动作。在像骨盆卷动（4–1）这样的练习中，腹肌– 腘绳肌力偶是用来做出骨盆后倾这个动作的。但是在很多普拉提垫上训练中，腹肌–腘绳肌力偶的作用是避免骨盆过度前倾（图3.5a）和保持骨盆中立位（图3.5b）。

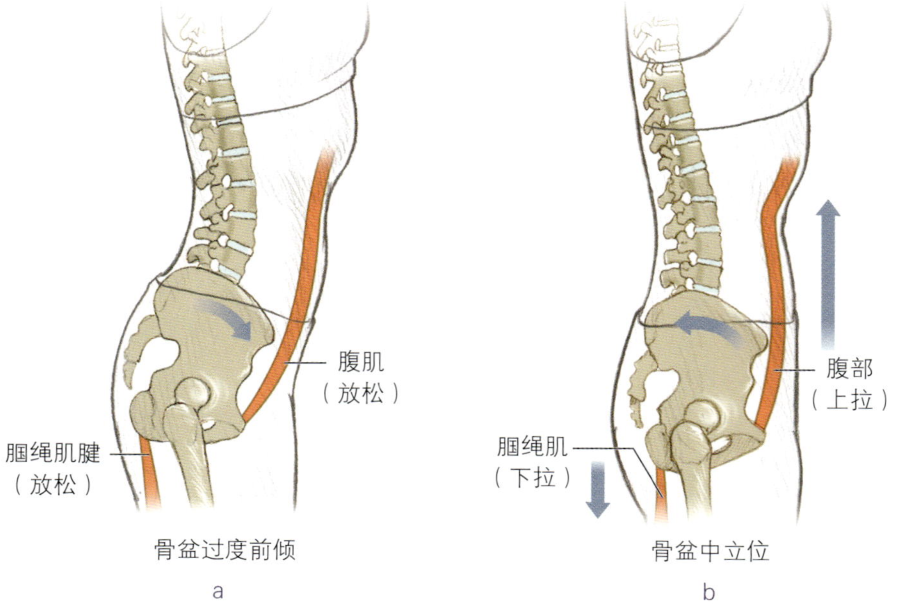

图3.5 腹肌–腘绳肌力偶

a.腹肌和腘绳肌放松，力偶是无效的　b.力偶扭转骨盆回到中立的位置

垫上运动的分析

最常用的分析方法是通过观察关节的运动，推测参与运动的肌肉。对于普拉提垫上运动，重力是主要的外部阻力。为了推测参与运动的肌肉，必须观察普拉提训练中关节在不同阶段的运动，以及关节运动和重力的关系。如果关节运动与重力方向相反，参与运动的肌肉是向心收缩。如果关节运动与重力方向相同，参与运动的肌肉是离心收缩。

以俯卧背部伸展（4–8）为例。通过观察可以发现，脊柱是主要运动的部位。在躯干上提阶段，脊椎伸展；因为这一阶段的脊柱运动方向与重力相反，所以参与运动的脊柱伸肌向心收缩。在躯干下降阶段，脊柱屈曲；因为这一阶段的脊柱运动方向与重力相同，所以参与运动的脊柱伸肌离心收缩。脊柱伸肌有竖脊肌、半棘肌、深层脊柱周围肌肉。像俯卧背部伸展这样简单上提和下降脊柱的运动，在上提时向心收缩以伸展脊柱的肌肉，下降时也会离心收缩屈曲脊柱（图3.6）。

运动阶段	关节运动	收缩类型	主动肌
上抬阶段（a到b）	脊柱伸展	向心收缩	脊柱伸肌（竖脊肌，半棘肌，深层脊柱周围肌肉）
下落阶段（b到c）	脊柱屈曲	离心收缩	脊柱伸肌（竖脊肌，半棘肌，深层脊柱周围肌肉）

图3.6　俯卧背部伸展解剖分析

除了分析主动肌，更全面的动作分析还包括稳定肌或协同肌。当拮抗肌对稳定、减速或运动的精确度有很重要的作用时，也应被包括在内。有些运动会运用大量主动肌、拮抗肌进行动态牵张，以提高身体的柔韧性。另外，肌肉比较紧的人，拮抗肌可能会约束动作的后段，限制动作的完成。

以下原则可帮助分析垫上运动。第一条原则强调找出运动的主动肌；最后两条原则提供了因主要肌肉强度与灵敏度不足而无法做出正确动作的例子，以及修正的方法。

- **肌群与具体肌肉**。动作分析首先要考虑是哪组肌肉参与了运动（如脊柱屈肌、髋关节屈肌），然后考虑参与运动的肌群包括哪些肌肉（表3.1~3.3）。这样做比较容易分辨参与运动的肌肉。

- **不同位置的运动术语**。虽然运动术语是基于解剖姿势的，但在身体空间位置发生改变时，运动术语不变。所以无论练习者是站、坐或躺，向前上抬手臂都叫屈曲肩关节。

- **运动的方向和位置**。通过眼睛观察分析参与运动的肌肉时，不应关注关节的位置，而应关注关节的运动形式。例如，在长躯席卷（5–2）第二阶段，把手臂从头上朝着天花板移动，相对于胸部，上肢是向后方移动，这时的运动形式是肩关节伸展。

- **开链运动和闭链运动**。运动链是指一系列的关节运动。大部分发生在四肢的运动，末端（手或足）可以自由地在空间移动，如向前上抬手臂，这就是开链运动。与之相反，四肢末端的动作固定，如俯卧撑，被称为闭链运动。虽然运动形式不同，但在分析运动时，都应分析四肢（这里是上肢）相对于躯干的运动方式。这两个例子中，肩关节屈肌都是主要的主动肌。很多训练方式都有闭链运动，因为其需要多关节协调运动，对提高日常活动能力有价值。

- **改变重力的影响**。一些垫上运动很复杂。改变与重力的关系不仅需要改变肌肉功能，还需要控制动作的肌肉收缩。例如，在超越卷动（6-6）的练习中，髋关节屈肌向心收缩抬腿（图3.7a）。然而，当腿与躯干垂直时，重力将使髋关节屈曲而非伸展，所以髋关节屈肌需要维持腿的稳定性，使其不会掉向垫子。髋关节伸肌等长收缩可以保持髋关节的角度（图3.7b）。当腿达到过头的位置时，髋关节伸肌离心收缩控制腿向垫子下降（图3.7c）。最后，当骨盆回到垫子上，腿再次与躯干垂直时，重力使髋关节伸展，髋关节屈肌离心收缩控制腿下降至垫子的速度（图3.7d）。根据动作的观察分析，知晓重力在动作的不同阶段对身体局部的作用，了解哪些肌肉参与运动很有必要。

图3.7 肌肉收缩与重力的关系

a.髋关节屈肌向心收缩抬腿与躯干垂直　b.髋关节伸肌等长收缩保持髋关节的角度，同时脊柱屈曲和肩关节伸展　c.髋关节伸肌离心收缩控制腿向垫子下降　d.髋关节屈肌离心收缩控制腿下降至垫子的速度

• **力矩**：当肌肉收缩时，大多数滑膜关节会产生扭转、屈曲、外展、外旋、背屈等扭转运动。产生扭转运动的有效力称为力矩。力矩是扭转运动的力量的总和，是从力线到扭转轴的垂直距离。在普拉提垫上运动中，力矩对训练效果和训练安全性都很重要。本质上，双上肢的重量相同，双下肢的重量也相同。但是动作不同（移近或移离躯干），力矩和需要的肌力则显著不同。因此，胸部抬起（4–2）时，双手抱于头后比双手放在身体两侧对腹肌更有挑战性。

力矩对下肢的训练更重要，因为下肢比上肢的重量大。例如，百次拍击（5–4），双腿离垂直轴越远（图 3.8），产生的力量和力矩越大，需要越多的髋关节屈肌收缩力来抗衡力矩。如果腹肌力量不足，髋关节屈肌，特别是髂腰肌会过度收缩，导致骨盆前倾和腰椎过伸，有损伤腰背部的可能。因此，当进行任何使腿部远离垫子的运动时，选择能保持骨盆和腰椎稳定的腿的高度，既能保护自己远离伤害又能从运动中获益。

• **多关节肌肉及其柔韧性**。像腘绳肌这样的肌肉，当它们拉伸两个或更多的关节时，很容易达到伸展性的极限。腘绳肌有伸髋和屈膝的作用，肌肉细长，很多垫上运动都会用到腘绳肌，如坐姿（坐姿脊柱前伸，6–1），将腿抬至头上（超越卷动，6–6），或腿抬离垫子同时身体保持V形（分腿滚动或V形悬体，6–5或5–9）。腘绳肌柔韧性不足的人通常可用其他方式代偿，如可稍微屈曲膝关节，或在分腿滚动时把抓脚踝上方改为抓小腿肚，这样身体的姿势不会过度变形，而且也能收到预期的效果。

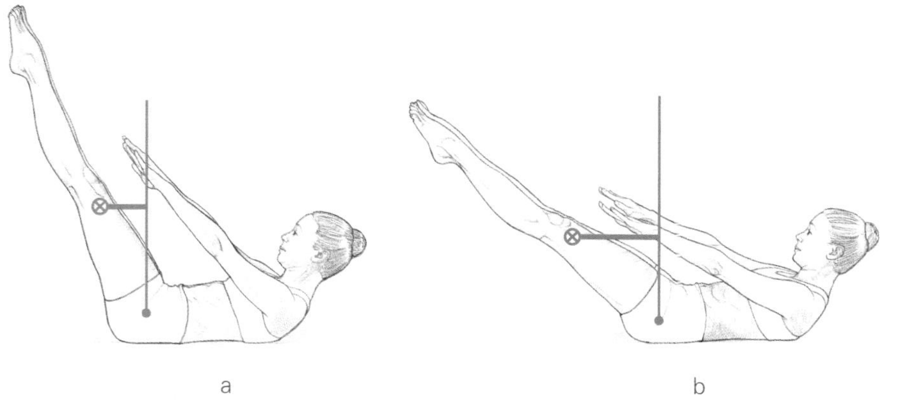

图3.8　从腿接近垂直轴（a）到腿远离垂直轴（b），力矩增加了

了解垫上运动的描述

具体的普拉提垫上运动在第4~9部分由以下方式进行描述。

- **动作名称**。本书尽可能使用由约瑟夫·普拉提在《以控制术重返生活》中使用的动作名称。有些动作名称会给出目前培训机构较为广泛引用的名称。《以控制术重返生活》中没有提到的动作名称，在“动作名称索引”中加“*”号标注。

- **运动等级**。根据运动的复杂性和难度，分为基础、中级和高级三种。然而个体的差异会大大影响同一运动的难度。因此，根据自己的身体和运动情况，来判断运动的等级十分重要。

- **动作要领**。在“动作要领”这一模块，描述每个运动的基础步骤及呼吸模式。这一部分使用简单的位置术语和关节运动术语，即使解剖知识相对薄弱的读者也不难理解。动作步骤配有插图，方便读者理解。大部分插图中练习者的姿势和动作与《以控制术重返生活》相似，有少数根据现在对安全性和身体姿势的科学理解做了调整。例如，《以控制术重返生活》中百次拍击（5–4）的起始位置是双腿与垫子垂直，而本书的起始位置为双腿与垫子成60° 角。这样做的好处是减少双腿产生的力矩，从而有助于减少腰背部的潜在压力。

- **目标肌肉和辅助肌肉**。目标肌肉即前文所讲的主要肌肉。通常情况下，介绍普拉提的书籍只分析从起始姿势开始运动的肌肉（目标肌肉），而忽略那些维持姿势的肌肉。本书不仅分析目标肌肉，还分析稳定肌和协同肌。

为了便于理解，本书重点讲述脊柱、髋关节、膝关节、踝关节和肘关节的肌肉。对于肩关节，本书重点讲述其屈曲、伸展、外展和内收。虽然肩关节在上肢运动时会有轻微的外旋或内旋，但本书不重点讲述。在上肢运动中，肩关节运动自然伴有肩胛骨的运动，肩胛骨的运动对保持肱骨头处于关节窝内和维持最佳的姿势很重要。本书仅在肩胛骨可维持直线姿势的运动中对其进行介绍。

因为约瑟夫·普拉提没有在其著作中强调盆底肌的训练，所以本书只在骨盆卷动（4–1）中对盆底肌进行介绍，让读者自己选择是否要专注于盆底肌的训练。深层核心稳定肌肉（包括腹横肌和多裂肌）在垫上运动中的作用也没有在本书中重点介绍。

如前所述，参与运动的肌肉分为目标肌肉和辅助肌肉。在插图中，目标肌肉以暗红色表示，辅助肌肉以橙黄色表示。

目标肌肉　　辅助肌肉

在每个练习的介绍中，先介绍目标肌肉，这样便于读者关注这些特别重要的肌肉。通常情况下，“目标肌肉”中发挥主要和次要作用的肌肉都会列出，而“辅助肌肉”只列出发挥主要作用的肌肉。“目标肌肉”中，发挥主要作用的肌肉在括号内列出，而发挥次要作用的肌肉则不再列出。例如，如果脊柱伸肌是目标肌肉，竖脊肌的组成肌肉——棘肌、最长肌和髂肋肌会在括号内列出，而半棘肌、深层脊柱周围肌肉的组成肌肉则不再列出。这种方法既提供了普拉提垫上运动参与肌肉的细节，又避免叙述过于烦琐冗长。

普拉提运动的关键肌肉是表3.1、表3.2和表3.3中的主要主动肌和次要主动肌。但是，在有些普拉提运动中，可能会出现主要主动肌发挥次要作用，而次要主动肌发挥主要作用的情况。在这种情况下，普拉提动作中列出的肌肉可能与上述表格中提供的略有不同。

此外，普拉提垫上运动中的最重要肌肉选择比其他训练方式（如重量训练）更主观和复杂。重量训练中，举起重物的肌肉即是目标肌肉。普拉提垫上运动除重力外没有其他外在阻力，肌肉锻炼的程度依赖于练习者的健康水平，因此肌肉锻炼的效果备受争议。正如第2部分所描述的，普拉提中许多运动都强调动作的细节与核心稳定性，随着四肢的运动，对核心稳定性的增强要大于肌力的增加。尽管困难，也要在既定训练里锻炼相关肌肉，锻炼过程中尽可能达到肌肉力量和耐力的训练标准。最常被锻炼到的肌肉是脊柱屈肌（腹肌）。

需要大范围运动的练习中，像腘绳肌腱或髋关节屈肌这样的肌肉或肌群可能承受动态牵张，有提高灵活性的潜在益处。潜在益处在“补充说明”中讲述。

- **技巧要点**。这一部分内容有助于读者以最佳的方法进行锻炼。这部分会使用更多的解剖专业术语，来精确描述关节运动和相关肌肉。这些内容是为了培养练习者的身体意识，便于练习者更好地控制肌肉。“技巧要点”还包括每个动作的动态内容。这些内容通常是以想象结尾，想象有助于读者体会文字或科学描述较少的动作。“技巧要点”有助于应用第1部分和第2部分讲述的原则。

• **补充说明**。这部分包括潜在益处和重要的运动概念。有些情况下，也会讲述相似动作的不同点。在高危动作中会有警示的内容。

• **改良动作**。有些练习者力量、柔韧度和协调性不够，这一部分提供的动作可以弥补这些缺陷。例如，如果力量不够，可以抬高双腿使其离垂直线近一些，也可以把手臂靠近躯干，这样四肢的力矩会变小。如果腘绳肌腱的柔韧度不够，可以屈曲膝关节。如果协调性不好，可以先专注练习类似的简单动作，也可以把动作分为几个阶段， 分开练习。这些改良动作有助于掌握普拉提的基础原则，避免运动损伤。

• **变式**。为了尊重约瑟夫·普拉提的原著，从第4部分开始的大多数运动都是按《以控制术重返生活》中所描述的进行讲述。但是，如今很多普拉提动作都有了变化，具体的变化会在“变式”中讲述。变化包括呼吸节奏、身体姿势、动态或重复的次数。

• **进阶动作**。有些练习给出了一个或多个进阶动作，这些动作增加了练习的难度。练习者只有对基础动作非常熟练，并且身体适合练习进阶动作时，才能考虑增加难度。有些进阶动作看起来像改良动作的反向应用。例如，可以通过将四肢移离中心，增加力矩，增大运动范围，或者通过减少手臂对腿、垫子或骨盆的支撑，来增加难度。其他增加难度的方法如结合身体的位置，需要更精细的平衡、更熟练地使用动量或更大力量的方式运动。

身体意识和安全

普拉提的重点在于如何做出准确的动作，而不是急于执行最难的动作。应重点学习动作技能，建立身体协调意识；不要只注重动作的外形或突然停止动作，以避免运动损伤。

有些练习者，可能无法采取优化技术完成某个普拉提动作，即便力量、柔韧度和协调性都提高了也不能完成某个普拉提动作。为了使读者了解以往的观点和最原始的普拉提系统，这本书包括《以控制术重返生活》中的所有垫上运动。有些运动专家和医学专家认为其中有的动作不适用于大众或风险性较高。例如：需要抬高双腿的动作，如V形悬体（5–9）；脊柱过伸的动作，如弓形摇摆（9–5）和天鹅潜水（9–6）；把全身的力量放在脖子上的动作，如倒置平衡（6–8）和空中折刀（6–9）。后者，对于骨质疏松的人有椎体骨折的风险。虽然这通常发生在年长的女性中，但有些年轻女性也会出现椎体骨折。此外，基因、运动史、饮食失调或医疗条件都是可能让年轻、看似健康的人受伤的因素。

因此，开始练习普拉提前应和医生讨论您应该避免做哪些动作，特别是上述几种动作。除此之外，还要观察自己的身体。如果感到关节不舒服，应停止锻炼。如果是轻微的不舒服，检查一下自己的姿势，做出正确的修正，减小动作的范围或利用适合的改良方式。如果身体还是感到不适或更严重了，应立刻停止运动并咨询医生这个动作是否适合您，了解怎样调整会让这个动作更适合您。如果您不确定某个动作是否适合自己，不要强行锻炼，安全永远是最重要的。把握好能做的动作，放弃那些现在不适合您的动作。在身体素质提高和动作熟练后，您可能会惊讶地发现，之前让您感到轻微不舒服的动作不再让您感到不舒服了，甚至变成了您最喜欢的动作。

- **预备**。预备期间要和医生一起选择适合自己的运动。仔细回顾第1部分中垫上运动的推荐方法。运动前，做5~10分钟的热身运动，热身运动要包括大肌肉组的重复运动，可以快走。快走可以适当加快心率和升高体温。

- **开始前**。在垫上的合适位置上站好，在脊柱或四肢运动前先考虑核心稳定性。对于很多练习来说，考虑核心稳定性意味着内收腹壁，这样会激活腹横肌。其他练习包括同时收缩腹肌和脊柱伸肌，以维持腰背部和骨盆中立位，或使动作沿既定的方向移动。普拉提练习中，不管做什么动作都要有强烈的中心感。

- **开始练习**。按所描述的方法完成动作时，要保持中心感。对普拉提初学者，练习应该从第4部分中所描述的基础运动开始，逐渐增加随后各部分的运动。学会基本的动作后， 应加入第1部分中所描述的基础原理。要经常复习第1部分的内容，重点看横向呼吸和基础原理。然后逐渐更加精确地使用第2部分讲述的核心稳定性和身体力线。当动作变得更稳定、流畅和控制更精准时，可以增加更有难度的动作。第10部分讲述的是如何制订运动计划，可以根据自身情况对参考模板进行修改。

4

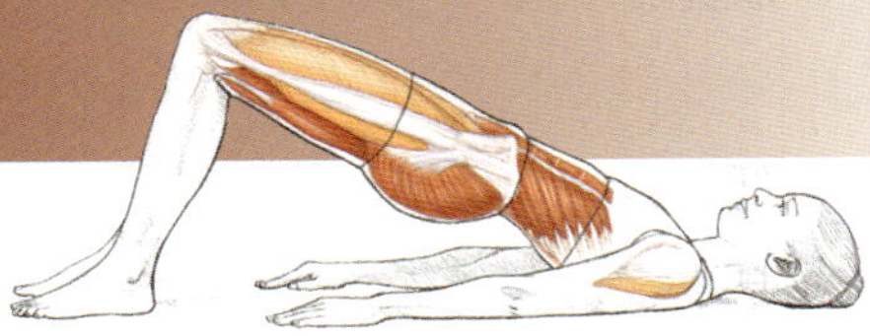

垫上基础运动

本部分主要讲述基础的垫上运动，这些练习关注的是第2部分讨论过的力量中心。作为热身运动，它们为接下来更具挑战性的普拉提练习做好准备；同时，它们使练习者更加关注自己的内心世界，忘掉每日生活中的烦恼与压力，让内心变得平静。

虽然基础运动看起来简单，但作用不小。这些基础运动符合热身运动的生理原则， 在平衡方面与后来出现的很多传统垫上运动相比，复杂程度低，挑战性小。另外，基础运动的动作可以慢一些，并且在运动时，可以逐渐从小幅度增加到大幅度，这样做的好处是容易调整难度。因此，这些运动可以使人们关注动作执行的更深层、更细节的要素，正是这些要素将普拉提与很多其他运动体系区分开来。

本部分相关的运动技术包括激活盆底肌与腹横肌，腹肌与腘绳肌协同收缩使骨盆置于合适的位置，使脊柱弯成字母“C”的形状，激活腹斜肌，以及当伸展背部的时候收缩腹肌。本部分学习目标是学会并不断练习这些运动技术，以便将它们运用到相关的练习中去。记住，普拉提强调的是如何完成动作，执行动作的质量和准确度非常重要， 因此仅仅简单地模仿运动的步骤是不够的。每项运动下面的练习注释里的“技巧要点” 和“补充说明”，对于从每项练习中获得最佳益处是至关重要的。

尽管本部分的这些练习并没有出现在《以控制术重返生活》中，不是传统技术的一部分，但是在很多普拉提学派中却是练习的经典项目，而且在垫上运动中经常使用。虽然本部分所有的运动都是基础的练习，但是仍将这些运动按照从易到难的顺序进行了排列。因此，开始时是收腹，身体保持平稳，平躺并弯曲脊柱；接着是侧躺并侧弯；之后是脊柱扭转；最后，当躯干肌充分准备好之后再进行脊柱伸展。

由于这些只是运动开始前的准备动作，所以每个动作完成时的高度要低，以便调整强度；我们所关注的是运动前的热身及技巧的内在联系，而不是获得最大的力量。尽管建议在学习这些运动所需要的技术时按照本部分给出的顺序进行，但是，一旦达到一定的熟练程度，一些练习的顺序和位置可以根据个人习惯进行调整。

4-1

骨盆卷动

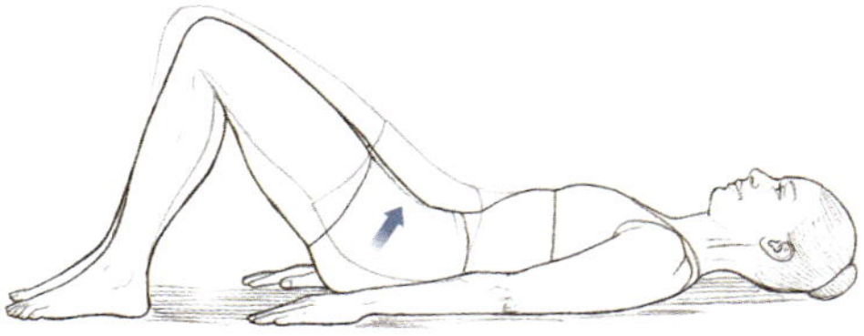

准备动作和第二步

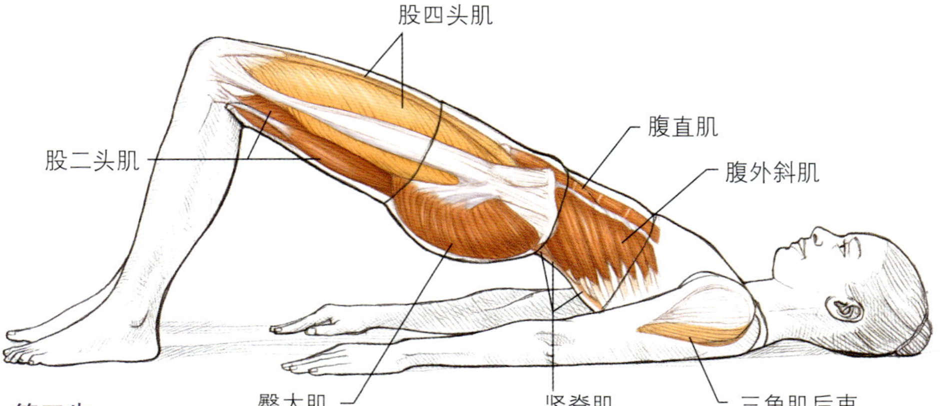

第三步

动作要领

1. *准备动作*。平躺在垫子上，双膝弯曲，脚掌平放，两脚分开同臀宽，双手放于身体两侧，掌心向下，关注自己的内心，并有意识地放松颈部、肩膀和腰背部肌肉。全过程保持骨盆中立位。

2. *呼气*。内收腹壁，缓慢卷曲骨盆，并且使背的下部、中部、上部依次离开垫子。

3. *吸气*。稍稍抬高身体的上部，让肩关节、骨盆和膝关节形成一条直线。

4. *呼气*。慢慢降低身体，依次降低每一块椎骨，回到起始位置。按照这个顺序重复10次。

目标肌肉

脊柱屈肌：腹直肌、腹外斜肌、腹内斜肌。

脊柱前稳定肌：腹横肌。

盆底肌：尾骨肌、肛提肌（耻尾肌、耻骨直肠肌、髂尾肌）。

髋关节伸肌：臀大肌、腘绳肌（半腱肌、半膜肌、股二头肌）。

辅助肌肉

脊柱伸肌：竖脊肌。

膝关节伸肌：股四头肌。

肩关节伸肌：背阔肌、大圆肌、三角肌后束。

技巧要点

- 在第二步中，开始呼气时，上提盆底肌，并朝着脊柱的方向内收腹壁。这样会先使用到腹横肌，然后其他腹肌会使骨盆倾斜，接着使脊柱从下向上卷曲并离开垫子。
- 双脚贴紧垫子，抬起骨盆底部的同时轻轻地将坐骨朝着膝关节的方向拉伸。这个动作主要使用髋关节伸肌，尤其是腘绳肌，膝关节伸肌辅助将大腿从起始位置抬起。
- 在第三步时，将胳膊贴紧在垫上，这样肩关节伸肌可以帮助抬起上身，同时，注意使用上脊柱伸肌使躯干上部、肩关节和膝关节成一条直线。
- 在第四步，从上背部椎骨逐节下沉到骶骨完全落地的过程中，需要运用腹部肌肉来控制躯干的下落。
- 在整个运动过程中，膝关节保持向前。
- *想象*。为了完成第二步中骨盆与脊柱的动作，可以把胸廓与耻骨之间的空间想象成一个浅的碗槽，使腹壁内收接触到碗槽内部，然后通过将碗底边缘朝着胸廓方向抬起，缓慢地摇动碗槽。

补充说明

骨盆卷动有助于学会深层盆底和腹横肌的使用，继而按照既定方式连结骨盆与脊柱，并协同收缩力量中心的肌肉。

注意腘绳肌的使用。恰当地收缩腘绳肌对练习中既定骨盆与脊柱的连结至关重要，腘绳肌由三块肌肉组成，它们从坐骨到膝关节依次排列在大腿的

后部（下图）。在这种运动及与此相似的其他仰卧式普拉提运动（通过抬起骨盆而不是移动双腿的运动）中，腘绳肌使髋关节伸展。注意抬起骨盆的底部，有助于使用这些重要的肌肉，并可避免出现像僵硬地抬起整个身体及拱起后背下部这样的错误。腘绳肌与腹肌的协同收缩对于帮助向后扭转骨盆的顶部使之后倾有着非常重要的作用，这项功能在运动的前半部分可以卷曲骨盆，在运动的后半部分可以使骨盆保持中立位并有助于防止脊柱过度前凸。

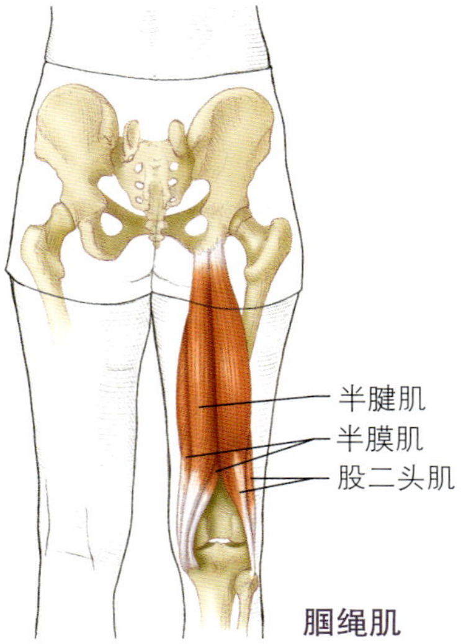

腘绳肌

个性化锻炼

改良

虽然本练习强调骨盆后倾和腰部屈曲，但是如果保持骨盆和腰部中立位（见第2部分）也可以获得宝贵的益处。对于这种方法，在第二步中，重点是背部和骨盆前部的肌肉均匀向上拉，以促进腹肌和背部伸肌共同收缩。腰椎弓起，保持中立位，略微离开垫子，不要向后下坠。当骨盆抬起和放下时，考虑在髋关节处的活动，同时保持脊柱的中立位置，而不是强调本练习原始版本中使用的椎骨逐节下沉。改良版的练习不仅对腰部问题和脊柱不能合适屈曲的骨质疏松症有益，也对练习俯卧位支撑技巧有益。

进阶

伸展一侧膝关节，伸膝的同时保持两侧髋关节处于同一水平线。在保持膝关节伸直的同时，以相同的方式将上身抬离垫子。由于此时身体重量是由一侧腿支撑，因此对支撑腿髋关节和膝关节肌肉的需求会显著增加。动作熟练后，可以双臂屈曲支撑（见下图）以增加难度。

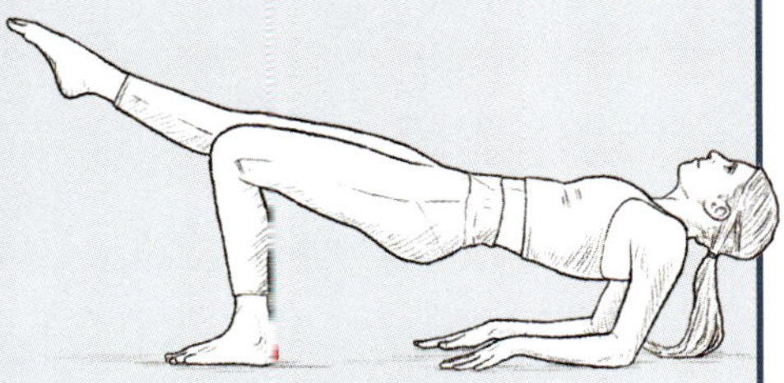

进阶骨盆卷动

4–2

胸部抬起

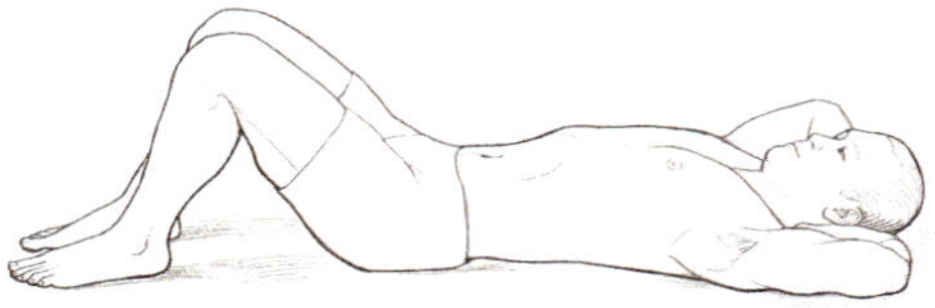

准备动作

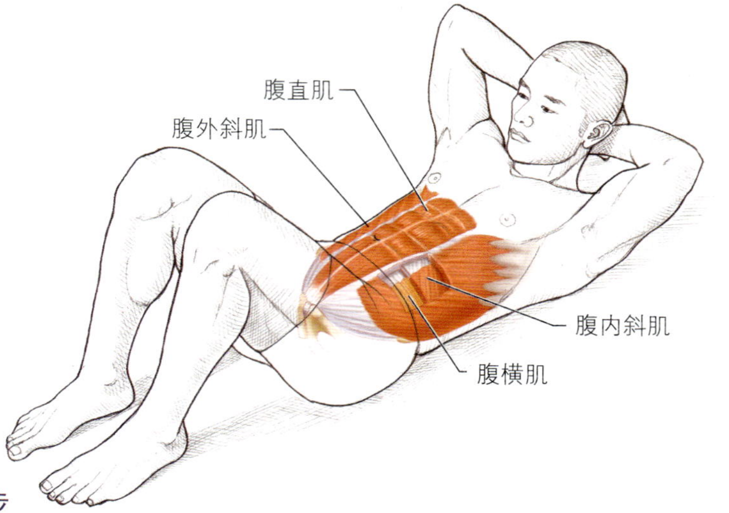

第二步

动作要领

1. *准备动作*。仰卧于垫上，双腿屈曲，脚掌放松，双脚之间及双膝关节之间的距离为一拳左右，双手交叉放在头后，屈曲肘关节并使之朝外，下巴微向胸部内收。

2. *呼气*。慢慢卷曲头部和躯干上部。如上图所示，当肩胛骨离开垫子的时候，腰部与垫子紧挨。进一步收缩腹肌，使躯干更加卷曲。

3. *吸气*。稍停，保持。

4. *呼气*。慢慢下降躯干及头部，回到起始位置。重复上述动作10次。

目标肌肉

脊柱屈肌：腹直肌、腹外斜肌、腹内斜肌。

辅助肌肉

脊柱前稳定肌：腹横肌。

技巧要点

- 在第二步，开始呼气时，朝着脊柱的方向内收腹壁，要注意在腹直肌、腹外斜肌和腹内斜肌收缩从而令骨盆微微后倾之前，先启动腹横肌，再从上到下地卷曲脊柱。
- 一旦在第二步头部抬起来后，下巴与胸部之间就要保持一定的距离，利用腹肌使胸廓下部沿着骨盆前部的方向运动。
- 为了找准腹肌，当上身抬起进行弯曲时，保持肘部后伸并与肩膀成一条直线，避免肘部向前摆动。在这一过程中，不要伸头部，不要使用过大的力气抬起上身。
- 在第三步中，在保持动作的停顿中，注意横向呼吸（见第1部分），这样腹壁可以保持收缩状态，而且在吸气的时候上身也能保持同样的高度。
- 在第四步中，用腹肌控制上身的下落，直至回到起始的位置，让脊柱一节节地由下到上回落到垫子上。
- *想象*。为了完成预定的脊柱弯曲动作，想象上身弯曲好似环绕着一个健身球。身体均匀地卷曲，而不是某个地方用力。

补充说明

胸部抬起虽然简单，但可使练习者学会有效使用腹肌获得力气的方法，以完成更具挑战性的腹肌练习。

制造“C”形弯曲。在脊柱弯曲成字母“C”的形状时，需要注意：由于胸廓与骨盆间的腹肌跨度，这个动作对腹肌来说负担过重，所以需要背部的上端与下端最大限度地弯曲，而不是颈部与臀部过度地弯曲。实现预定的脊柱弯曲度，同时收缩腹壁使之尽可能地下凹，这便叫作脊柱的“C”形弯曲。

个性化锻炼

变式

在向前抬起屈曲时，保持骨盆中立位，不要有轻微的后倾。这需要腹肌和脊柱伸肌协同收缩的技巧。

保持骨盆中立位的腹部锻炼有很多好处（见第3部分）。注意，本变式只能在腹肌可以有效激活，腰背部可以在第二步紧贴垫子，以及脊柱充分屈曲时练习。

进阶

本进阶练习有助于增加躯干前屈和实现骨盆中立位的目标。在第三步，把放于头后的双手移至大腿后面。屈曲双臂，胸部抬离垫子更高一些，骨盆中立位。然后保持脊柱和骨盆的姿势，把双手放在头后，缓慢落下上身（如同第四步）。在双手放在大腿后面（第三步）时，双臂有助于支撑腹肌的工作。它们把躯干提升至理想位置，并使骨盆处于中立位。

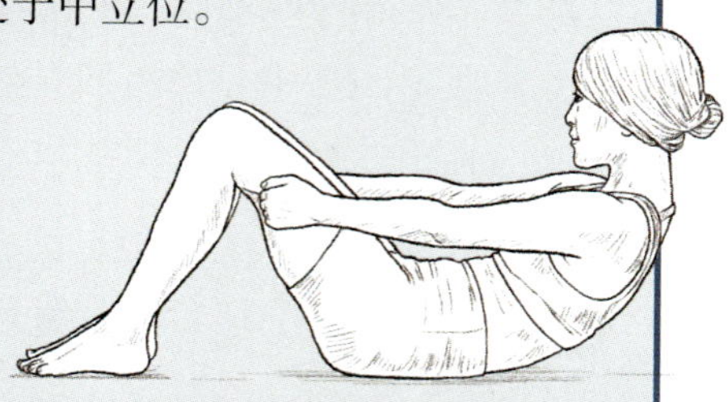

进阶胸部抬起

4–3

仰卧抬腿

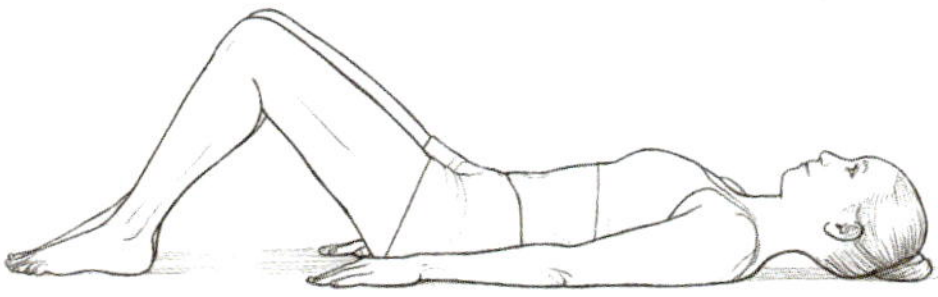

准备动作

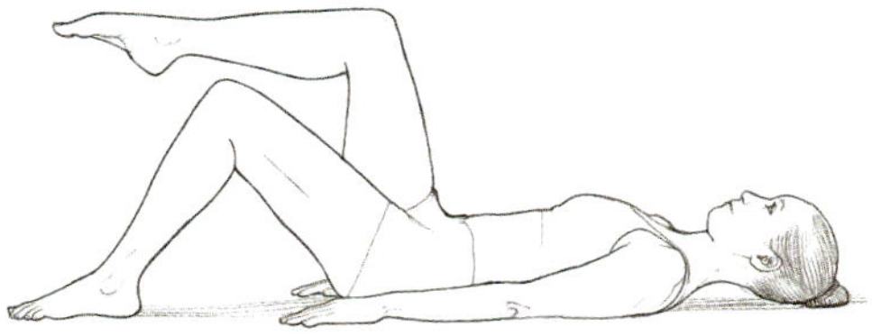

第二步

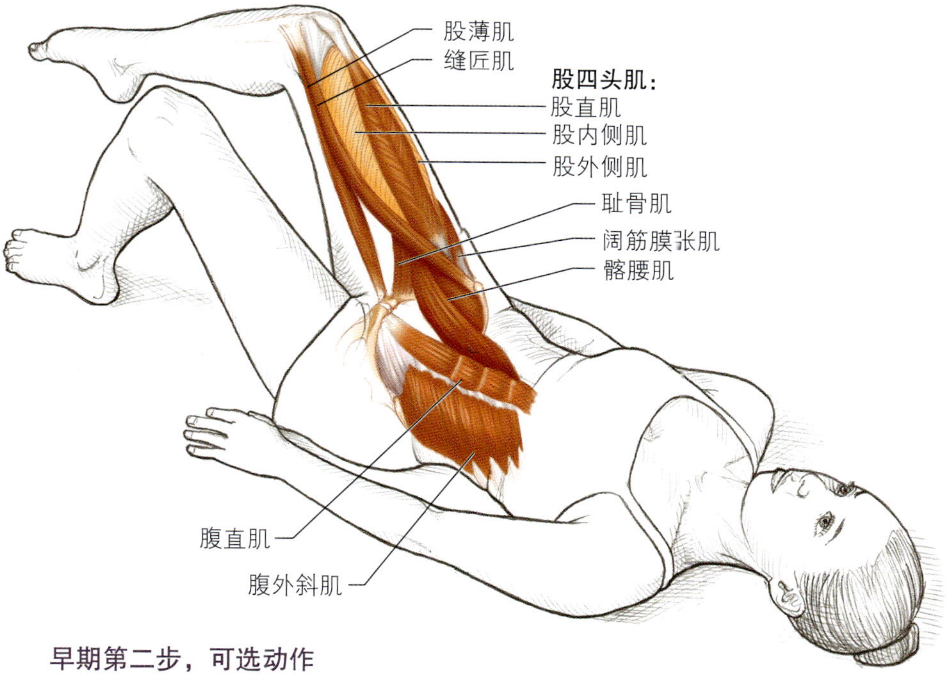

早期第二步，可选动作

动作要领

1. *准备动作*。平躺，双膝弯曲使小腿与大腿之间成90°角。双脚平放，双脚之间距离一拳左右，胳膊放于身体两侧，掌心向下。

2. *呼气*。抬起一腿，直至膝关节位于髋关节的正上方（膝关节屈曲90°），大腿与垫子垂直。

3. *吸气*。膝关节保持90°直角的同时腿落下，直到脚趾触及垫子。同一条腿重复上述动作5次。将整个脚掌降落到垫子上。同法进行另一条腿的运动。

目标肌肉

髋关节屈肌：髂腰肌、股直肌、缝匠肌、耻骨肌、阔筋膜张肌、股薄肌。

脊柱前稳定肌：腹直肌、腹外斜肌、腹内斜肌、腹横肌。

辅助肌肉

膝关节伸肌：股四头肌。

技巧要点

- 做第二步动作时，应注意：当髋关节屈肌收缩使单腿抬起时，注意保持骨盆静止不动，并使身体的重量均匀地分布于骨盆两侧，接着腿部离心收缩下落进入第三步。在腿抬起与降落的时候，避免将重量偏移到骨盆的另一侧。
- 收缩膝关节伸肌使膝关节保持90°的直角，并防止小腿由于重力而下落。
- 在运动中，髋关节相对独立，腿在抬起与降落的时候，膝关节的角度、胸廓及骨盆的位置都没有变化。
- *想象*。为了完成预定动作，可以把腿想象成一本精装书的硬封面，其可以非常容易地打开、合上，而对书的主体却没有任何影响。在这个运动中，活动腿的时候应该感到其在独立运动并十分轻盈。

补充说明

仰卧抬腿虽然简单但很有用，重点是使用腹肌使下肢运动的同时保持上身静止。

髋关节弯曲同时保持躯干稳定。在仰卧抬腿中，腹肌起稳定作用，而不是动力源。由于很多髋关节屈肌的上端附着于脊柱的下部及骨盆的前部，当它们强制收缩来抬高腿的时候，也会使背的下部弯曲，并使骨盆向前倾斜，除非腹肌为骨盆与脊柱提供充分的稳定作用。研究显示，当肢体运动的时候，腹横肌的纤维几乎是水平的，可以起到非常重要的稳定作用。因此，朝脊柱的方向收缩深层腹壁有助于使用这些肌肉来保持骨盆的中立位。培养使用腹肌和其他力量中心肌肉来保持上身稳定的技巧是普拉提运动的重要目标，并且对一些高级的、具有重要影响的普拉提动作的恰当执行非常关键。

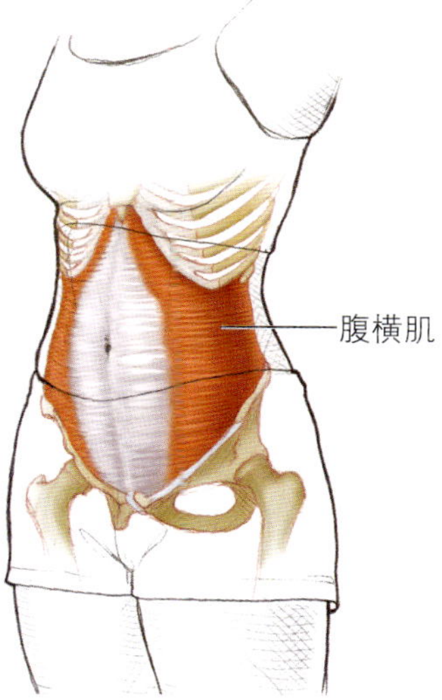

腹横肌

个性化锻炼

改良

练习者如果不能保持骨盆稳定或者出现了腰部弓起，可以把双手放到臀下。集中注意力均匀地向内拉动肚脐和耻骨联合，使臀下的手指可以感到轻微的压力。在第二步和第三步动作中保持这种压力。一旦发觉手指的压力有变化（骨盆抬起或下沉），迅速调整肌肉收缩以保持稳定性。

进阶

如果想提升躯干稳定性技巧，可以增加腿伸直的动作。在第三步脚趾触地后，让整只脚接触垫子，然后膝关节伸直，脚沿着垫子滑向远处。暂停，然后脚沿着垫子滑动、屈膝， 直至回到起始位置。将腿部重量远离身体中心可以增加稳定性难度。如果想难度更大，可以去掉双臂的辅助支撑作用，把双臂交叉放于胸前。这些进阶动作可以帮助身体准备好练习进行单腿伸直和单臂支撑的动作，如单腿伸展（5–5）。

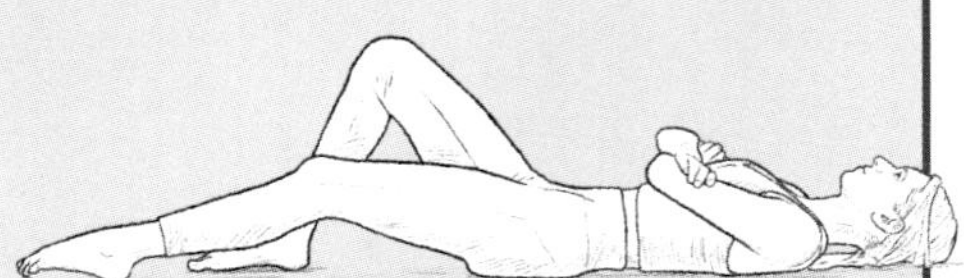

进阶仰卧抬腿

侧卧抬腿

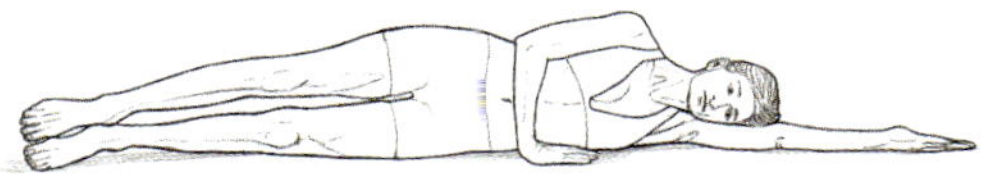

准备动作

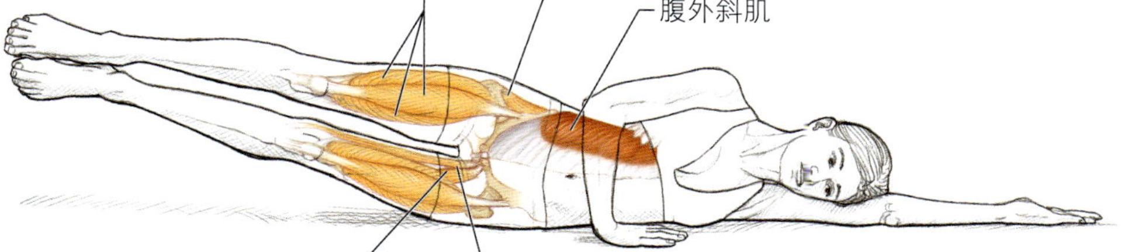

第二步

动作要领

1. *准备动作*。侧卧，手臂与双腿伸直贴在垫子上，并与躯干保持在一条直线上。头部放于贴在垫子上的手臂上。另一只手臂弯曲，置于身前，掌心向下，手指指向头部的方向。

2. *呼气*。双腿朝着天花板的方向整体上提，然后通过侧弯脊柱进一步上提腿部。

3. *吸气*。下落双腿使它们刚好位于垫子上而不接触垫子。重复上述动作10次。降低双腿，回到起始姿势。另一侧重复相同的动作。

目标肌肉

下部脊柱侧屈肌：腹外斜肌、腹内斜肌、腰方肌、竖脊肌（棘肌、最长肌、髂肋肌）、半棘肌、深层脊柱周围肌肉（多裂肌、回旋肌、横突间肌）、髂腰肌。

辅助肌肉

上腿的髋关节外展肌：臀中肌、臀小肌。

下腿的髋关节内收肌：长收肌、短收肌、大收肌、股薄肌。

膝关节伸肌：股四头肌。

踝关节跖屈肌：腓肠肌、比目鱼肌。

技巧要点

- 在第二步中，让下方的腿紧贴上方的腿，使用髋关节内收肌将双腿整体向上提起。运动时，膝关节伸肌使膝关节伸直，同时踝关节跖屈肌使脚背绷直。
- 在做准备动作时，注意保持上身静止；在腰部抬起离开垫子时髋关节运动，然后，进一步地提升双腿。在双腿朝天花板的方向提升时，注意通过让骨盆一侧与身体上胸廓接近来使用脊柱侧屈肌。在这一阶段，随着脊柱侧屈及骨盆侧斜，腰部会下降。
- 臀部收紧，上方的髋骨在下方的髋骨的正上方。双腿运动的时候，避免臀部前后摇摆。
- *想象*。双腿在向上抬起的时候，与上身形成弓的形状。为了正确地完成动作并保证动作的质量，可以想象一张弓被拉紧。

补充说明

尽管侧卧提腿可以增强髋关节外展肌和内收肌的力量，但它的主要作用还是加强脊柱侧屈肌的力量，以及练习保持中心稳定性的关键技能。

脊柱侧屈。理论上讲，侧屈是指使脊柱直接向一侧弯曲，这个动作需要肌肉很好地进行一致的协同收缩。前方的肌肉主要有腹斜肌和髂腰肌，侧方的肌肉主要有腰方肌，后方的肌肉主要有竖脊肌、半棘肌及深层脊柱周围肌肉。身体位置摆放最佳时，动作的完成主要是靠腹斜肌，后方肌肉的作用是防止躯干向前弯曲。然而，人们通常会过多地使用后方肌肉，这会造成背的

下部弯曲。在这种情况下，双脚稍稍向前，腹壁内收，整个身体微微呈现出香蕉的形状，会有助于腹斜肌的使用。

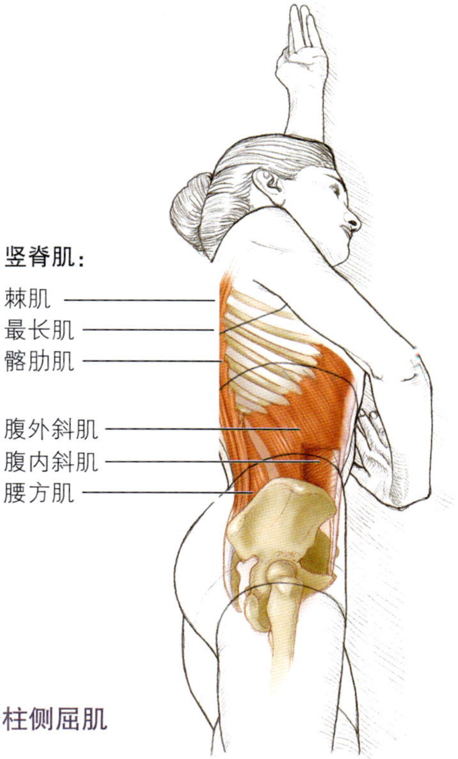

脊柱侧屈肌

个性化锻炼

改良

激活背部肌肉的锻炼很容易做错。在第二步腿上抬和第三步腿下落时如果背部弓起，可以向前伸腿（把腿伸向骨盆前方）（25厘米），此时从上方看身体的形状类似香蕉。然后向内收紧腹肌使身体呈“C”形，在此姿势下进行双腿的上抬和下落。肌肉力量增强且动作熟练后，逐渐在练习时把双腿的位置向后移动，直至双腿与骨盆成一条直线。努力实现骨盆和腰椎在前后方向上的中立位置——它们主要在冠状面的侧面方向上移动。

进阶

在双腿落下前，可以通过上抬和下落上方的腿3~5次来增加锻炼强度。这有助于激活髋关节外展肌。髋关节外展肌是一群重要的骨盆外侧稳定肌，也有助于预防膝关节损伤。注意，髋关节外展肌走行于骨盆外侧（见下图）和股骨大转子（股骨外侧的大突起）之间。髋关节外展肌力量大多薄弱，在保持骨盆不动的前提下侧卧向上抬腿（朝向骨盆抬腿）可以充分激活它们。这个动作可以同时练习目标肌肉、下部脊柱侧屈肌。

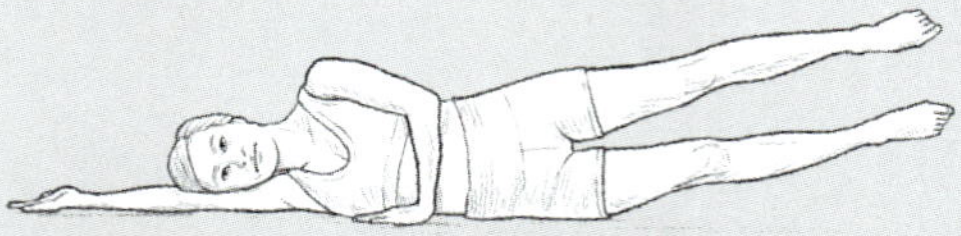

进阶侧卧抬腿

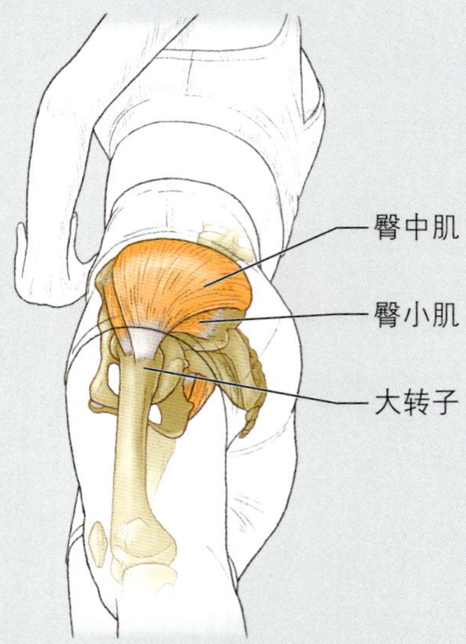

主要髋关节外展肌，上面观

侧卧下腿上提

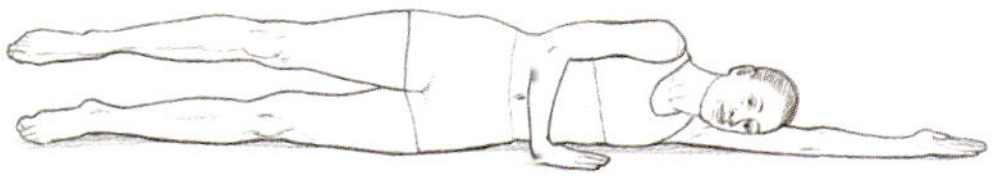

准备动作

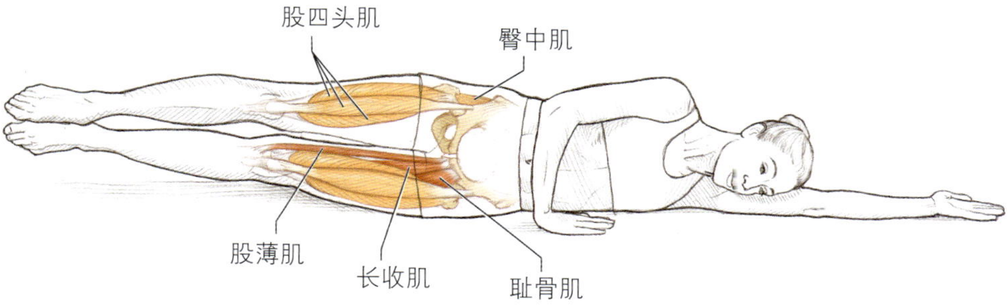

第二步

动作要领

1. *准备动作*。侧卧，下方手臂与双腿伸直，并与上身在一条直线上。头部放在下侧的手臂上。另一手臂在身前弯曲，手掌向下，手指指向头的方向。下腿放于垫上，上腿稍稍高过上臀部，脚背绷直。

2. *呼气*。下腿朝向上腿抬起，直到触及上腿。

3. *吸气*。降低下腿直至轻轻触及垫子。重复上述动作10次，在最后一次时，降低下腿使之完全放于垫上。身体的另一侧重复相同的动作。

目标肌肉

下腿的髋关节内收肌：长收肌、短收肌、大收肌、股薄肌、耻骨肌。

辅助肌肉

脊柱侧方稳定肌和下部脊柱侧屈肌：腹外斜肌、腹内斜肌、腰方肌、竖脊肌。

上腿的髋关节外展肌：臀中肌、臀小肌。

膝关节伸肌：股四头肌。

踝关节跖屈肌：腓肠肌、比目鱼肌。

技巧要点

• 注意使用髋关节外展肌使上腿保持不动。在第二步中，使用髋关节内收肌使下腿抬起。然后在第三步中，离心收缩髋关节内收肌使下腿降低。在这个过程中，膝关节伸肌使膝关节伸直，踝关节跖屈肌使脚背绷直。

• 在运动的过程中，保持腰部抬离垫子并且保持骨盆静止。腰部抬起时，通过使胸廓底部紧贴骨盆一侧，身体下侧的脊柱侧屈肌可以用来限制骨盆的侧斜，这有助于更多地使用髋关节内收肌。

• 保持髋部稳定，避免上方髋部的前后摇晃。

• *想象*。完成腿在髋关节处的动作时，想象一个张开角的量角器，量角器底边上抬使张开的角闭合。

补充说明

侧卧抬腿的目的是增强肌肉力量，同时保持躯干的稳定性。如果躯干不能保持稳定，背部弯曲或者髋部前后摇晃，可让双腿微微向前，整个身体呈香蕉状。

髋关节内收肌是一组巨大的肌群，包括长收肌、短收肌、大收肌、股薄肌和耻骨肌。除了耻骨肌，其他肌肉都是髋关节内收的主要动力。因为髋关节内收肌位于大腿内侧，所以侧卧抬腿可使大腿内侧更加有力，并且可以预防当这些肌肉随着走路出现长度变化时，可能发生的腿部颤抖。

在侧卧练习中，髋关节内收肌可以使下腿抬离垫子，如侧卧抬腿（4-4）；它也可以在很多普拉提运动中使两腿作为一个整体进行运动，如空中折刀（6-9）和空中瓶塞（8-7）。在双腿向前伸的时候，使用髋关节内收肌使双腿作为一个整体进行运动对实现双腿的修长非常关键，这对普拉提审美非常重要。

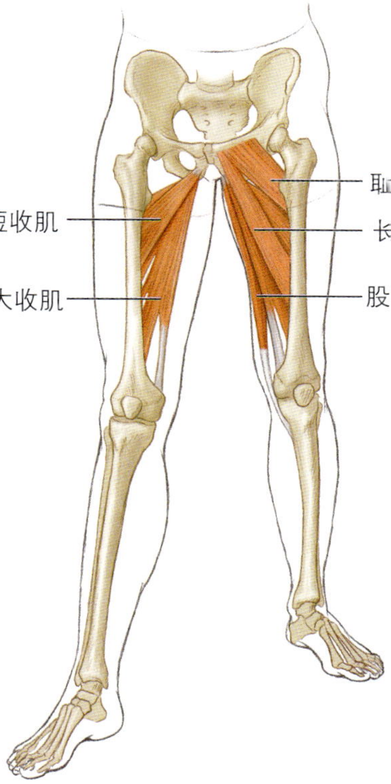

髋关节内收肌

个性化锻炼

改良

上腿可以屈曲放在下腿前面，脚掌平放在垫子上。上腿的膝关节指向天花板、髋关节外旋。这种姿势不仅可以保持稳定性，而且可以减少上腿髋关节外展肌的收缩。下腿的抬起和下落同第二步和第三步。改良的动作将更多的注意力放在了下腿的髋关节内收肌上。因为上腿将骨盆保持在了一个非常稳定的位置，所以骨盆的移位减少，下腿的髋关节内收肌的功能增强了。

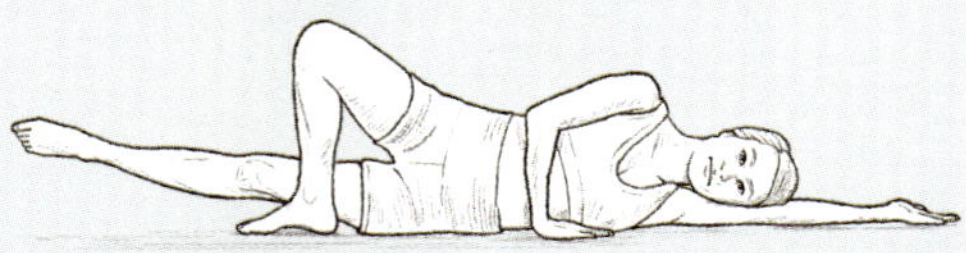

改良侧卧下腿上提

进阶

准备动作同“侧卧下腿上提”第一步，然后如第二步所示抬起下腿。尽可能保持下腿贴近上腿（如果能接触上腿更好），下腿的脚背屈。快速小距离抬起、下落下腿5~10次，每一次都较上一次抬起得更高一点并碰触上腿或者尽可能离上腿更近。下腿下落之前脚跖屈。重复5次，然后换另一侧做相同的动作。

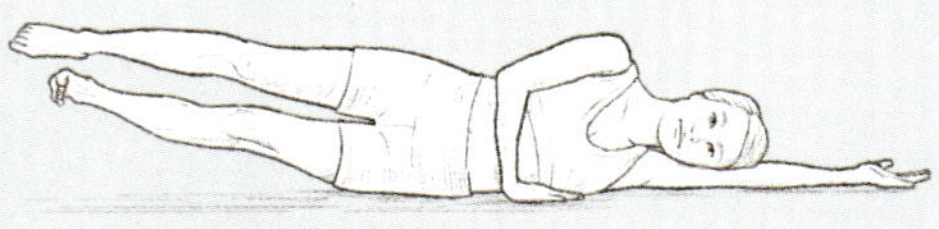

进阶侧卧下腿上提

仰卧脊柱旋转

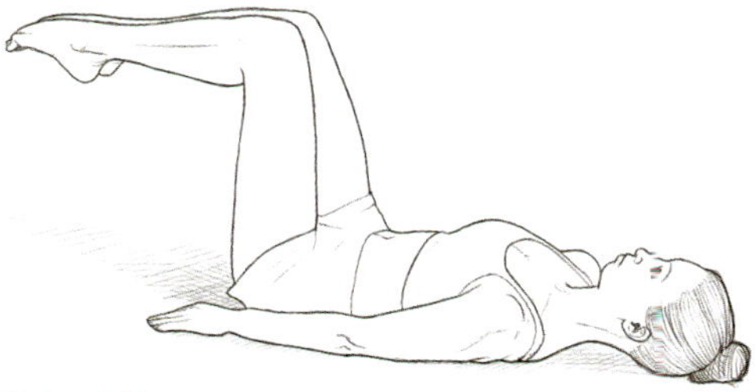

准备动作

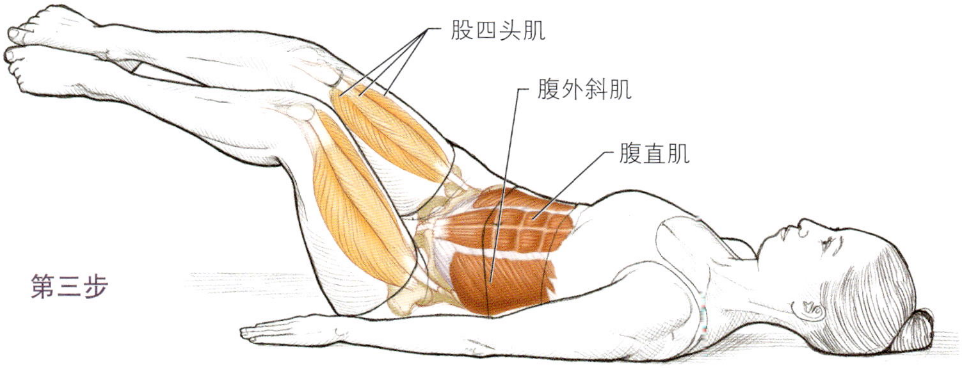

第三步

第五步

动作要领

1. *准备动作*。仰卧，髋关节与膝关节都成90° 角。膝关节位于髋关节的正上方，小腿与垫子平行，脚背微微绷直。双臂平直，位于身体两侧，掌心向下。

2. *呼气*。向内收腹壁，骨盆微微后倾，将大腿内侧轻轻拉在一起。

3. *吸气*。扭转躯干的中部与下部，使骨盆与膝关节同时向一侧运动。

4. *呼气*。将身体转回至起始位置。

5. *吸气*。将身体的中部与下部扭转至相反的一侧，骨盆与膝关节同时整体运动。

6. *呼气*。身体转回起始位置。重复上述动作，每侧5次。

目标肌肉

脊柱屈肌和旋转肌：腹直肌、腹外斜肌、腹内斜肌、腹横肌。

辅助肌肉

脊柱伸肌和旋转肌：竖脊肌。

髋关节屈肌：髂腰肌、股直肌。

髋关节水平内收肌：长收肌、短收肌、大收肌、耻骨肌。

膝关节伸肌：股四头肌。

踝关节跖屈肌：腓肠肌、比目鱼肌。

技巧要点

• 在第二步中，注意收缩腹横肌，并使用腹斜肌来扭转上身。这样第三步中，在骨盆与膝关节同时向一侧运动时，肩膀可以保持静止并停留在垫上。

• 在第四步中，在将骨盆下侧朝另一侧的方向拉回起始位置之前，进一步弯曲脊柱的下部，会更多地使用腹斜肌而不是脊柱伸肌来使身体扭转。

• 将两膝轻轻并在一起，脊柱扭转的同时，使用髋关节水平内收肌使下腿保持抬起。在运动的过程中，使膝关节与骨盆中心位于一条线上；同时，使用踝关节跖屈肌使脚背绷直。

• 在运动的过程中，要始终保持髋关节与膝关节都成90° 角。

• *想象*。为了完成骨盆与脊柱预定的动作，想象一个方向盘慢慢地朝一个方向转动，然后朝另一个方向转动。

补充说明

仰卧脊柱旋转对于学会扭转骨盆和背的下部，同时保持中心的稳定十分有用。在扭转脊柱的时候，通常犯的错误是过度地弯曲背部，从而使脊柱伸肌而不是腹肌主导运动。在做仰卧脊柱扭转的运动时，学会使用腹横肌和腹斜肌有助于保护脊柱免受伤害，尤其是在挑战性更大的运动中或者是体育运动中。

桌面姿势。第一步所显示的桌面姿势（髋关节与膝关节都成90° 角）是普拉提运动中的一个基础仰卧姿势，在这个姿势中，髋关节屈肌可以帮助髋关节保持90° 角，同时防止腿的移动。膝关节伸肌可以用来使膝关节保持90° 角，同时防止小腿下落。

个性化锻炼

变式

在脊柱扭转、骨盆倾斜至一侧的同时，保持骨盆中立位。这是将所需的肌肉募集改变为腹肌和脊柱伸肌的复杂协同收缩，从而保持所需的骨盆中立位和腰部曲线，避免骨盆前倾和下背部过度弓起。

进阶

在仰卧脊柱旋转的第三步和第五步的躯干旋转姿势中伸直双腿，保持，然后屈膝90°，分别旋转回第四步和第六步的中立位。双腿伸直会使小腿的重量远离中心，需要更大的稳定性来防止骨盆向地板旋转或下背部弓起。熟练后，可通过双臂交叉放于胸前（减少双臂的支撑）来增加难度。现在，当骨盆和下部脊柱朝相反方向旋转时，可以更深刻地体验到保持对侧肩膀向后并与地面接触所需的反向旋转。这种重要的技巧在更高级的练习（如空中瓶塞，8–7）中会用到。仰卧脊柱旋转应从一个可以保持良好状态的小范围开始，并在技能允许的情况下逐渐增加范围。安全起见，最初只进行基础练习，而不是进阶练习。因为双腿伸直的进阶练习会产生工作阻力，而基础练习的脊柱旋转中这种潜在脆弱位置的骨盆前倾和腰部弓起的风险较小。

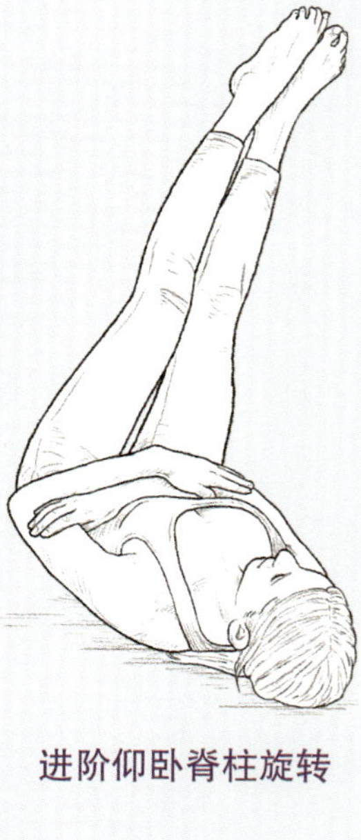

进阶仰卧脊柱旋转

卷腹旋体

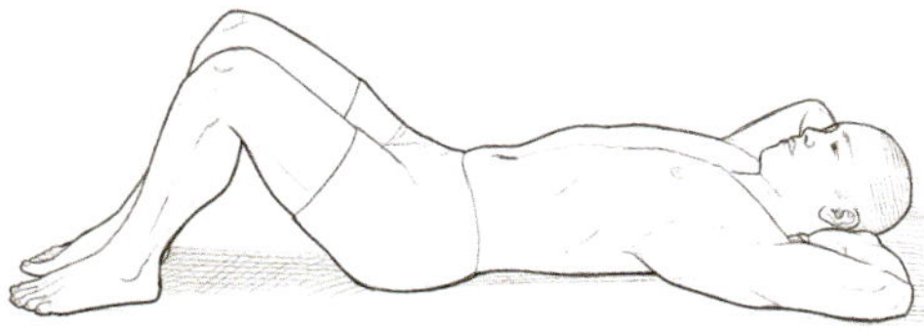

准备动作

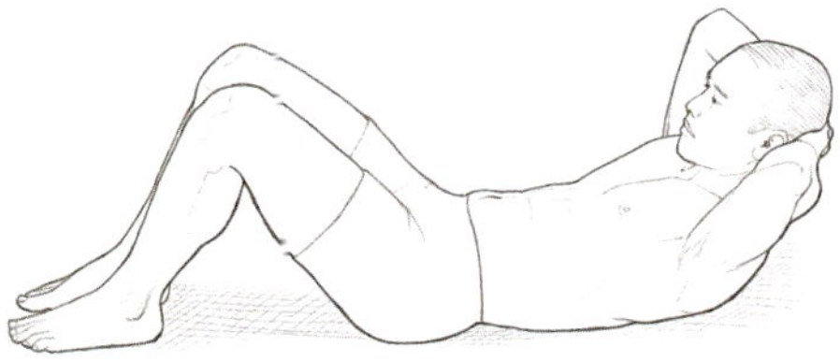

第二步

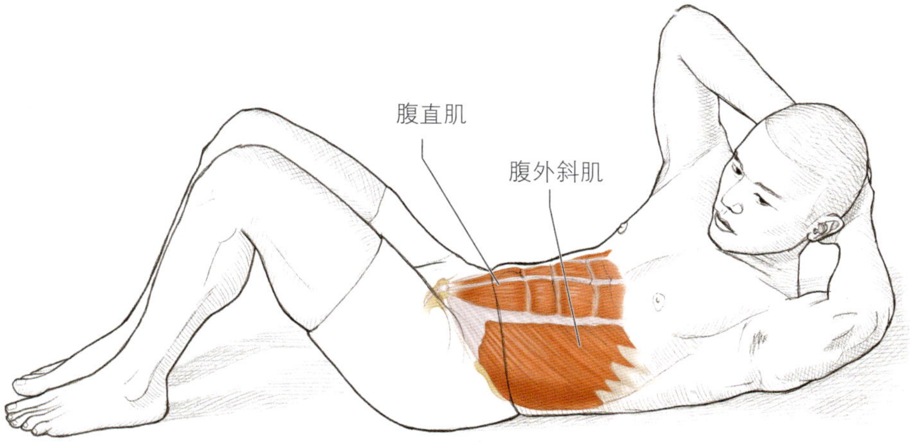

第四步

动作要领

1. *准备动作*。准备动作同胸部抬起（4–2）。仰卧位，两膝弯曲；两脚平放在垫子上，分开与臀同宽。手指交叉置于头后部，肘关节弯曲并使之朝外。下巴略收向胸部。

2. *呼气*。慢慢抬起头部，躯干上部如图所示向上抬起，肩胛骨抬离垫子，腰背部接触垫子。

3. *吸气*。稍停，保持。

4. *呼气*。上半身向身体一侧转动。

5. *吸气*。扭转回中间位置。

6. *呼气*。上半身向身体另一侧转动。

7. *吸气*。扭转回中间位置。头部和躯干上部保持离开垫子，交替扭转10次（每侧5次）。最后一次重复时，在中间位置停顿，把小腹收得更紧，然后慢慢呼气，同时将躯干和头部回落至起始的姿势。

目标肌肉

脊柱屈肌和旋转肌：腹直肌、腹外斜肌、腹内斜肌、腹横肌。

技巧要点

• 躯干上部从一侧扭转到另一侧时，使用腹肌保持骨盆轻微后倾，保持所需的“C”形脊柱曲线和所需的躯干上部距离垫子的高度。

• 自第二步头部抬起开始，保持颈部弯曲度不变，以及肘和肩膀在一条直线上。这样在第四步至第七步中骨盆保持稳定的同时，可重点关注运用腹斜肌扭转躯干。

• 避免前拉肘关节，前伸头部，或把下巴压得太低或太靠前。

• 在第七步结束时，离心收缩腹肌维持稳定性，相继降低躯干和头部使其回到起始位置。

• *想象*。为了实现所需的躯干扭转，把抬起扭转的躯干想象成波浪。保持躯干两侧笔直，避免向一侧弯曲。

补充说明

卷腹旋体对于锻炼腹斜肌、塑造腹部完美线条是有价值的。在保持躯干稳定和预防背部受伤方面，腹斜肌也发挥了关键作用。强健的腹肌是大多数体育运动的基础。

腹斜肌中心法。因为许多肌肉都可以产生扭转，保持脊柱“C”形弯曲，而不是扁平形状，将有效地锻炼腹斜肌。此外，注意腹外斜肌的上部从胸廓的外部向下面的中央腱（白线）斜行。腹内斜肌向上斜行，附着在中央腱和胸廓的下面。所以，当向左侧扭转躯干上部时，注意使胸廓的右侧朝向中心扭转，中心朝向对侧的髋骨（左髂前上棘），这样能帮助激活所需的右腹外

斜肌和左腹内斜肌。当躯干上部扭转时，可感觉到腹部两侧运动。维持胸廓下端和骨盆两侧距离的相对稳定。

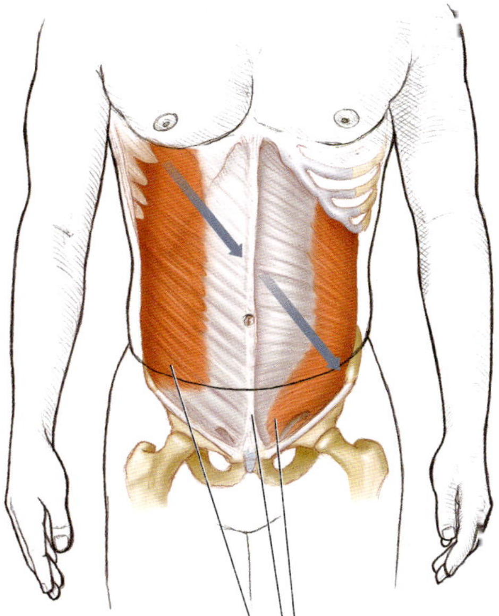

斜肌

个性化锻炼

改良

卷腹旋体是一项需要掌握的重要运动，因为它为涉及脊柱屈曲和旋转的所有更高要求的练习奠定了基础，这类练习有很多。这也是许多日常和体育活动中常见的运动模式：从汽车后备箱里拿出物品、打网球、挥动高尔夫球杆、打排球、划站立式桨板等。练习时手臂前伸比双手抱头难度低。手臂前伸会降低手臂的有效重量，进而降低运动强度。在第四步到第六步，身体从一侧转向另一侧时，保持躯干最大屈曲、双臂伸直且彼此平行。双手抱球或其他类似器械有助于保持手臂位置，把注意力集中在躯干旋转、手臂与肩膀成一条直线上。

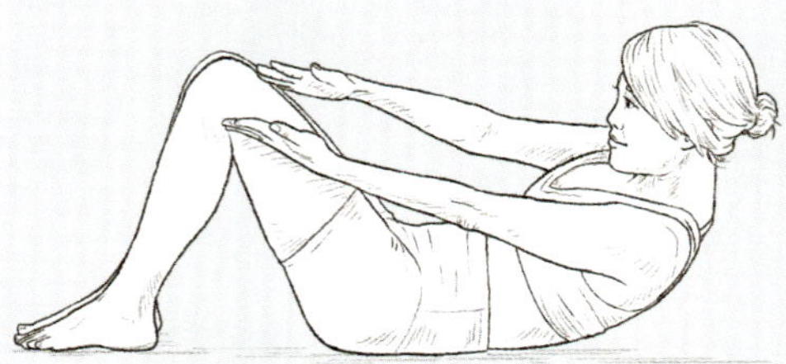

改良卷腹旋体

变式

随着身体升高至向前弯曲，保持骨盆中立位，不要向后倾斜。

俯卧背部伸展

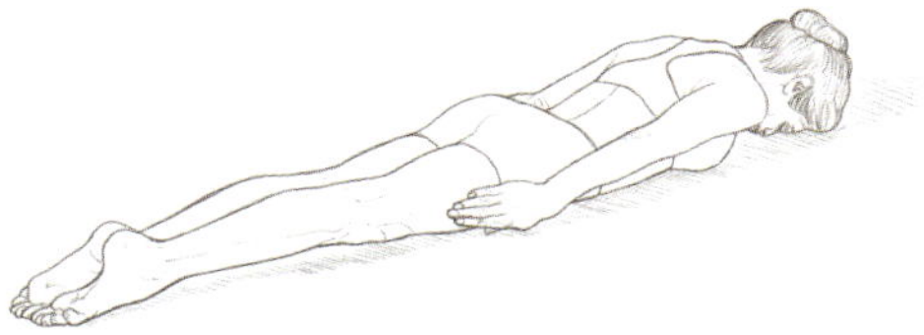

准备动作

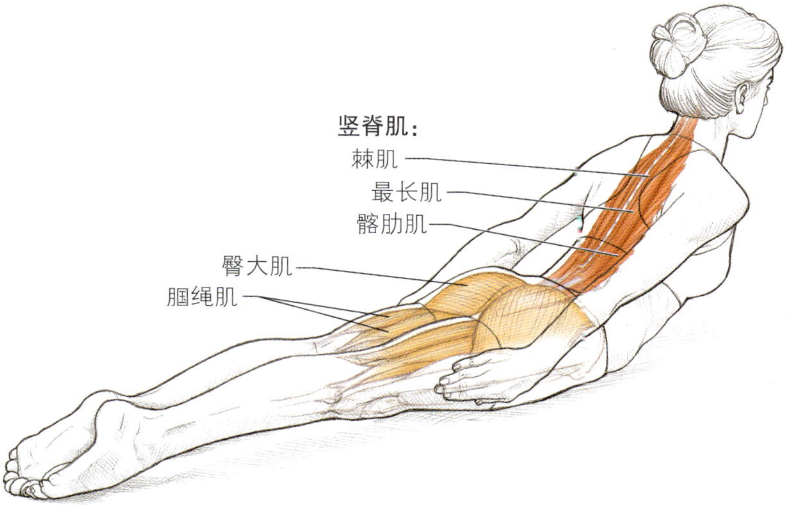

第二步

动作要领

1. *准备动作*。俯卧于垫子，额头触垫。胳膊和手掌紧贴双腿两侧，肘伸直。两腿和脚轻轻伸直。

2. *呼气*。抬起头，躯干上部和中部离开垫子，保持两腿并拢和手臂紧贴双腿两侧。

3. *吸气*。慢慢降低躯干和头，回到起始位置。重复上述动作10次。

目标肌肉

脊柱伸肌：竖脊肌（棘肌、最长肌、髂肋肌）、半棘肌、深层脊柱周围肌肉。

辅助肌肉

脊柱前稳定肌：腹横肌、腹内斜肌、腹外斜肌、腹直肌。

髋关节伸肌：臀大肌、腘绳肌。

肩关节内收肌：背阔肌、胸大肌。

肘关节伸肌：肱三头肌。

技巧要点

• 在第二步中，保持腹部肌肉的支撑，当脊柱伸展提高躯干上部时，双腿保持并拢并接触垫子。

• 重点是连续伸展每一块椎骨，从顶部开始，要注意躯干上部、中部和头部在一条直线上。

• 持续使用肩关节内收肌（特别是背阔肌和胸大肌），把胳膊贴在腿的两侧。背阔肌和胸大肌也可以帮助下压肩膀，肘关节伸直时指尖朝向脚的方向有助于激活它们。背阔肌的募集是必要的，因为它是保持躯干稳定的关键肌肉。

• 在第三步中，使用脊柱伸肌控制躯干的降低。这个动作是连续地从下到上运动，腹肌为其提供持续支撑。

• *想象*。为了实现所需的伸长的感觉，想象把一个固定住一端（脚）的橡皮筋向另一端（头顶）拉伸。

补充说明

这项运动的目的是锻炼脊柱伸肌，特别是竖脊肌，同时也需要运用腹肌来帮助保护腰背部。

脊柱伸展的腹部支持。因为腰背部或腰椎曲度的凹处是向后的，而躯干上部或胸椎曲度的凹处是向前的，所以做类似脊柱伸展的运动时人们往往会弓起腰背部。弓起的腰背部与倾斜骨盆的顶部构成骨盆过度前倾（第一幅图）。然而，上提腹部时可以使骨盆向相反的方向扭转，造成骨盆向后倾（第二幅图）。当想要小腹向脊柱提起收紧以限制骨盆前倾的角度并减少脆弱的腰椎承受的压力时，可以考虑轻轻将耻骨贴着垫子。腰背部的稳定也促进了背部上部肌肉的加强，这些动作是防止背部下落的关键。臀部伸展也可以帮助稳定骨盆和防止其过度前倾（见第3部分“腹肌–腘绳肌力

偶”）。在这个基本的练习中，学习使用腹肌稳定腰背部，对于更好地进行更具有挑战性的脊柱伸展动作［如双腿踢（9–3）和俯身游泳（9–4）］是必不可少的。

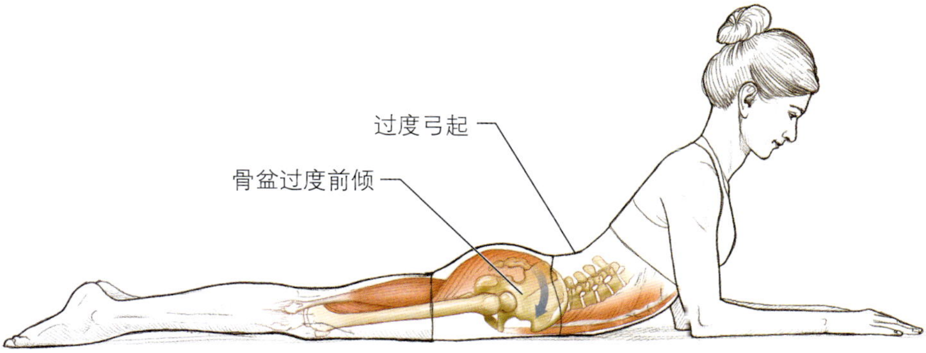

腹肌支撑不足

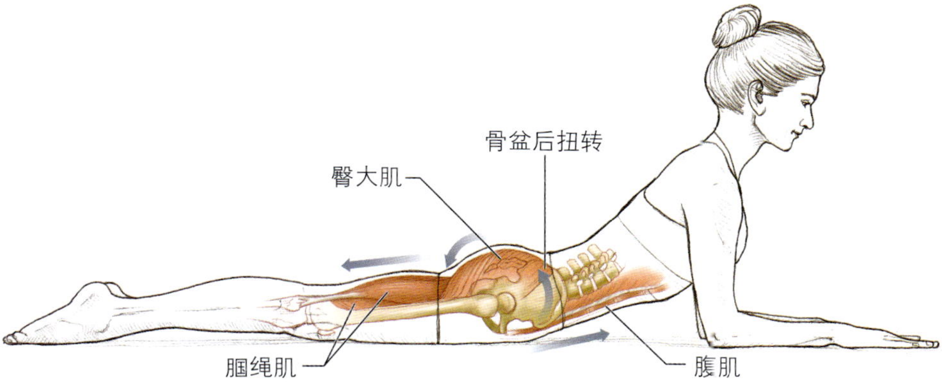

理想的腹肌–腘绳肌支撑

个性化锻炼

改良

背部伸展不适合练习时出现腰部不适或者有腰部问题的练习者。可以更多地使用前面描述的腹肌支撑技巧，从而进一步减少或实际消除腰部伸展，并且伸展仅限于上背部。可以把指尖放在骨盆前面上方的髂前上棘下，在耻骨压向地板时保持髂前上棘抬起，并且背部伸展时只抬起头部和上背部。想象把胸骨底压向垫子，只在此点上方弓起。

进阶

在基础练习的第二步，向两侧伸展双臂直至双臂与肩膀成一条直线，保持躯干的高度。暂停，然后在双臂回至身体两侧之后再进行第三步（降低躯干和头，回到起始位置）。双臂离开腰部增加了练习的强度。双臂向两侧伸展时想象脊柱抬得更高一点可以避免脊柱下落这一常见错误。当练习者可以在脊柱向两侧伸展时保持脊柱高度，就可以进行强度更大的练习——双臂在肩膀高度弧形越过头顶。

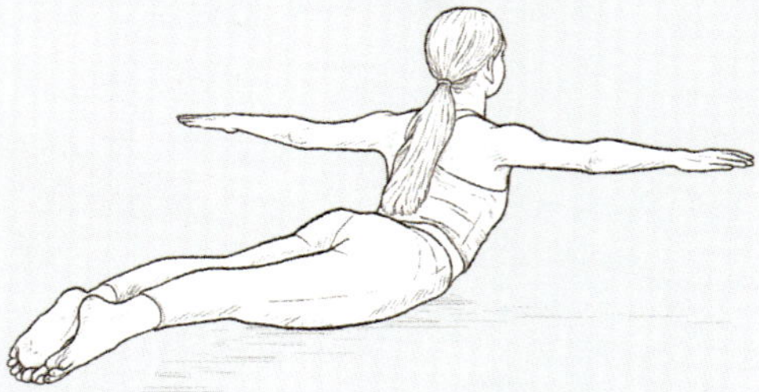

进阶俯卧背部伸展

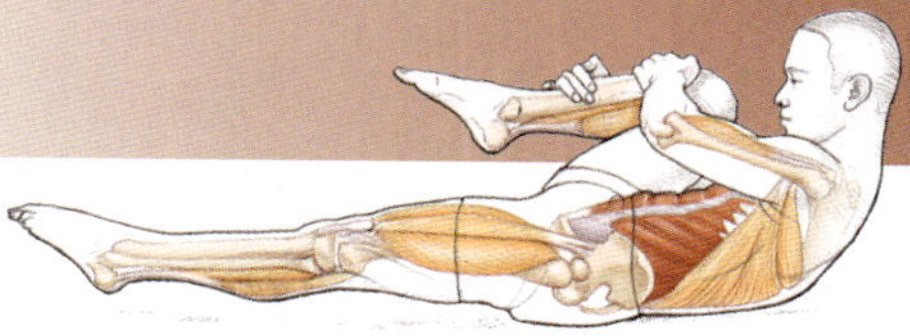

5

增加肌肉力量和稳定性的腹肌训练

就像我们在第2部分讨论的那样，腹肌在普拉提中提供核心力量。最新的观点认为，腹肌对在运动中保持平衡也起着至关重要的作用。因而腹肌不管是对康复锻炼的人，还是对职业运动员，都很重要。很多普拉提动作都提倡运用腹肌。在这一部分，我们主要关注在脊柱屈曲时腹肌力量的加强，以及如何用腹肌保持平衡。之后的几部分中，我们还会重复这一部分谈到的腹肌力量和维持平衡。不过那时动作对腹肌的要求会更高。我们也会对椎骨关节做进一步阐释，还会介绍更复杂的动作。

练习者一定要特别关注动作的技巧和准确性，这样才能有效地锻炼力量。动作做得不标准不仅不能达到预期效果，还有可能受伤。有些运动并不适合所有人，练习者在练习前应咨询医生，必要时可对动作做一些改变。从适合自己的程度开始练习，慢慢进步，这样就能有更强的力量、更好的技术，使普拉提效果更加显著，不论是在日常生活中还是在职业运动领域均可受益。正确的力量和技术，还可以保护背部，防止背部受伤。在本部分中，我们将谈论多种腹部运动方式。

单腿画圈（5–1）：当一条腿向各个方向运动时，腹肌控制骨盆的运动。长躯席卷（5–2）和引颈前伸（5–3）：腹肌在脊柱屈曲时是主动肌，同时在保持双腿伸直时也是稳定肌。

在下面的动作中，腹肌等长收缩维持脊柱屈曲的姿势。百次拍击（5–4）：双腿伸直抬起时，腹肌等长收缩；单腿伸展（5–5）、单腿朝天（5–6）、双腿伸展（5–7）：双腿悬空时，腹肌等长收缩。百次拍击和双腿伸展还要求在保持脊柱弯曲的同时，双腿同时伸直离地，这就比其他动作更难。十字交叉（5-8）比单腿伸展难度大，它要求脊柱屈曲的同时转动躯干。V形悬体（5-9）是最复杂的动作。双腿同时抬起，腹肌要使躯干上下运动，而不是仅仅将其保持在空中。

本部分的很多动作，彼此之间密切相关。只有在运动时注意它们的相同点和不同点， 才能在增加腹肌力量和稳定性的训练上取得好的效果。通过这种联系的观点看问题，有助于将本部分和以后几部分的动作联系起来，并对第10部分讨论的普拉提计划的制订有帮助。

单腿画圈

准备动作

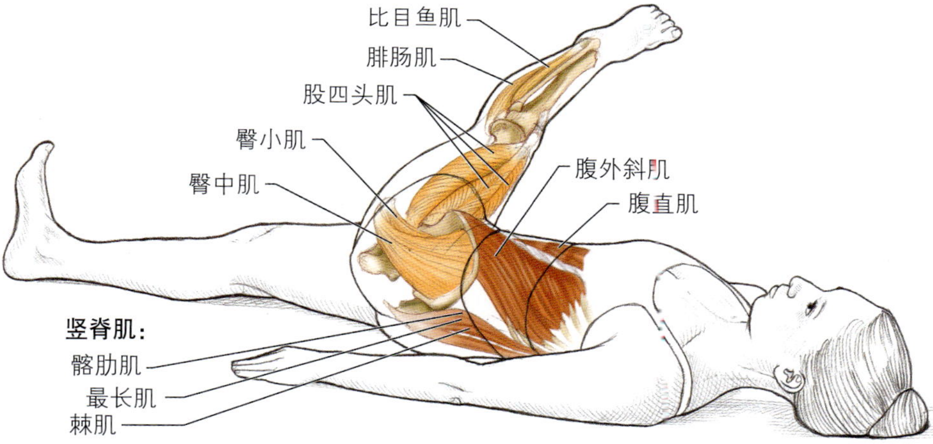

第二步

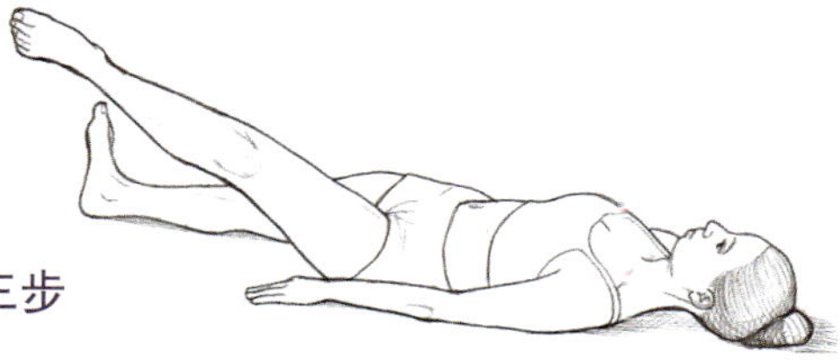

第三步

动作要领

1. *准备动作*。仰卧平躺，双臂置于身体两侧，掌心朝下，双腿伸直置于垫子上。一腿屈膝至胸前，然后此腿伸直向上，并与垫子垂直，脚尖绷直。另一只脚保持足背屈。

2. *吐气*。向上伸直的腿以身体中线为轴扭转画圈。当腿越过身体中线时，一侧骨盆离开垫子。继续将腿绕过另一条腿，使骨盆回到最初的平放位置。

3. *吸气*。继续扭转腿部至开始时的姿势。另一条腿重复该动作。两腿交替，每条腿画圈5次。

目标肌肉

脊柱前方旋转肌和稳定肌：腹直肌、腹外斜肌、腹内斜肌、腹横肌。

脊柱后方旋转肌和稳定肌：竖脊肌（髂肋肌、最长肌、棘肌）、半棘肌、深层脊柱周围肌肉。

辅助肌肉

髋关节屈肌：髂腰肌、股直肌。

髋关节伸肌：臀大肌、腘绳肌。

髋关节外展肌：臀中肌、臀小肌。

髋关节内收肌：长收肌、短收肌、大收肌、股薄肌。

膝关节伸肌：股四头肌。

踝关节跖屈肌：腓肠肌、比目鱼肌。

踝关节背屈肌：胫骨前肌、趾长伸肌。

技巧要点

- 在第一步中，骨盆的前部和后部要同时抬起，这样腹肌和背阔肌才能防止骨盆过度倾斜，从而使得骨盆慢慢扭转，辅助腿部运动。
- 绷紧膝关节和踝关节，在全过程中保持向上的绷直，踝关节跖屈。垫子上的腿保持踝关节背屈。
- 要注意同时配合使用臀部肌肉，从而平稳地画圈。例如，在第二步中，髋关节内收肌可以在动作开始时帮助大腿转向躯干上方，髋关节外展肌在画下半圈时起控制腿下落速度的作用。在第三步中，髋关节外展肌把腿移到侧面。髋关节屈肌在向上画圈的过程中起到了关键的作用。

• 动作一定要连贯。同时每当做完一次动作，腿在垂直位置时，稍做停顿，再做下一次动作。

• *想象*。在练习时想象你如同一个挂线木偶，被天花板上垂下的一根细线吊着你的腿部画圈。与此同时，骨盆和脊柱像钟锤一样离开中心位置。摆动的“钟锤”和画圈的腿协调动作，流畅、平顺地不间断运动。

补充说明

尽管此动作中用到很多髋部肌肉，但由于对抗阻力不足，因此并不能有效地发展这些肌肉的力量。取而代之的是，此套动作可增强髋部的灵活性，包括腘绳肌的动态伸展；在某些情况下，可缓解髋部和腰背部的肌肉紧张或痉挛；此外，还能锻炼多方向运动的腿和骨盆运动的协调能力。例如，当腿向下时，骨盆放松并前倾，和腰形成一个弓形。这时就需要腹肌的力量强制骨盆向后。同样，当腿抬到身体上方和躯干交叉时，脊柱旋转肌先收缩使骨盆扭转，然后松弛以防止在腿转动的同时骨盆过度扭转。最后，当腿回到垂直位时，脊柱伸肌和腹肌一起收缩，以防止骨盆过度倾斜。

个性化锻炼

变式

很多人都能做5~10次后再两腿交换。也可以将双臂上举至肩的高度（“T”形），手心向上，这样做更容易保持平衡，防止肩部扭转。此外，骨盆和脊柱也可以完全不动，这样可增加骨盆保持平衡的难度。最后，也可以延长呼吸节奏，每画一圈吸气一次，接着再画一圈时呼气一次。

进阶

双手越过头顶，双臂贴在垫子上，双肘屈曲，双手指尖接触，使双臂与身体成三角形可以增加动作难度。这种姿势可以显著减少腿部画圈时双臂对身体的稳定作用。双臂的这种姿势可以很好地拉伸肩关节、增加肩关节外旋，并对稳定性有少许辅助作用。如果柔韧性允许，双臂背侧贴着垫子伸直，掌心向上，或者保持双臂在垫子上方（不贴垫子）。这种姿势难度更大，会进一步减少双臂的支撑作用、增加肩关节的拉伸。

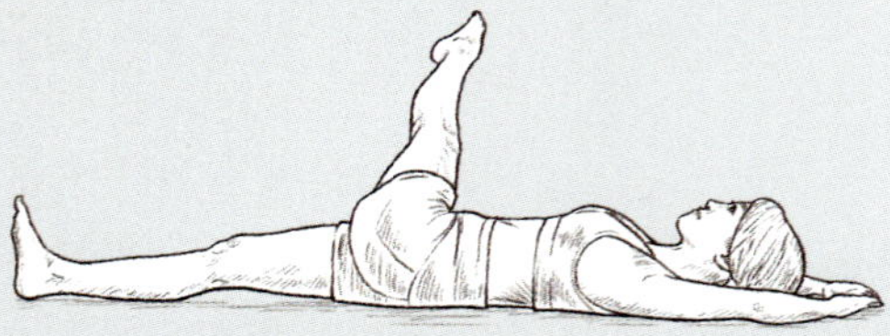

进阶单腿画圈

长躯席卷

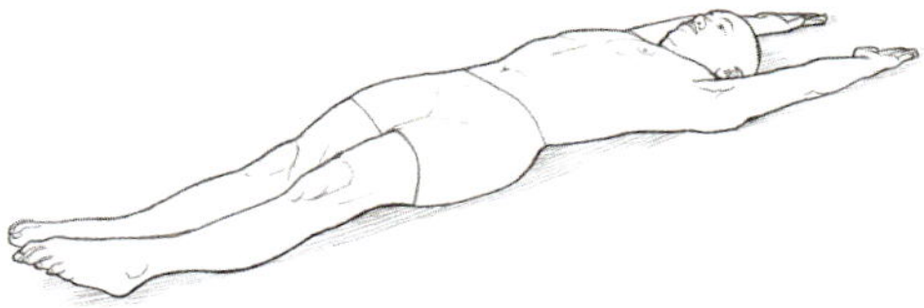

准备动作

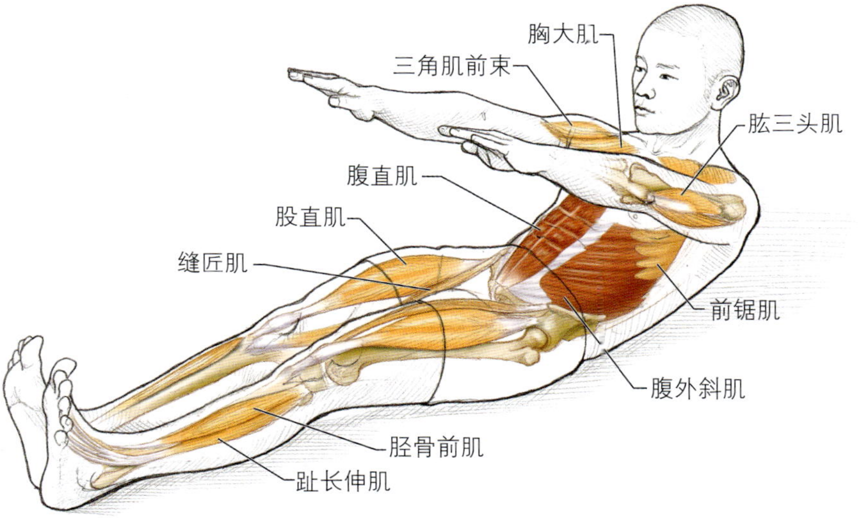

第三步早期

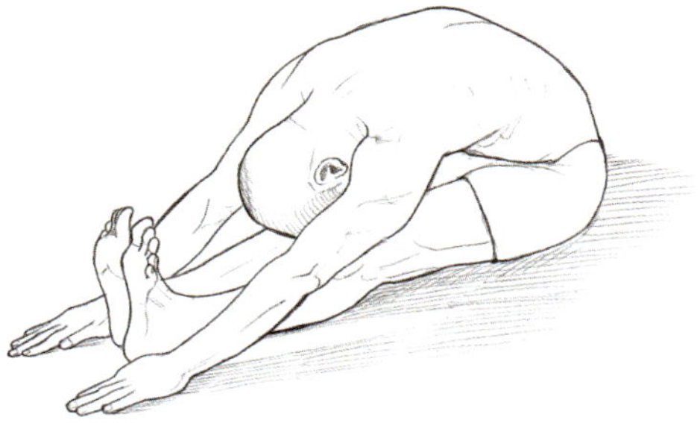

第三步后期

动作要领

1. *准备动作*。仰卧平躺，双腿伸直，脚尖微微下压。手臂伸直过头，掌心朝上。

2. *吸气*。内收腹壁，然后朝向空中上抬手臂；抬头及肩胛骨离开垫子时，下巴向胸前内收，踝关节背屈。

3. *呼气*。继续卷腹，直至躯干与双腿垂直坐起，手指指向脚尖。如果柔韧性好，手掌可以触及脚的两侧或置于垫上（如图所示）。

4. *吸气*。向后躺下，直到骶骨与垫子接触。

5. *呼气*。完全躺下后，手臂回到最初伸直过头的位置。重复上述动作10次。

目标肌肉

脊柱屈肌：腹直肌、腹内斜肌、腹外斜肌。

辅助肌肉

脊柱前稳定肌：腹横肌。

脊柱伸肌：竖脊肌。

髋关节屈肌：髂腰肌、股直肌。

髋关节伸肌：臀大肌、腘绳肌。

踝关节背屈肌：胫骨前肌、趾长伸肌。

肩关节屈肌：三角肌前束、胸大肌（锁骨端）。

肩关节伸肌：背阔肌、大圆肌、胸大肌（胸骨端）。

肩胛骨下降肌：前锯肌，斜方肌下部肌束。

肘关节伸肌：肱三头肌。

技巧要点

- 坐起和躺下时动作要平稳。在第二、三步要能感受到椎骨一节节抬起，在第四、五步要能感受到椎骨一节节落下。
- 在第三步后期，当髋关节伸肌和脊柱伸肌控制躯干平稳下降，头、手离开中心时，要注意内收下腹部。在手触及脚的两侧或垫子时，保持头在双臂之间，脚跟紧贴垫子。
- 通过使用肘关节伸肌维持肘关节伸直，通过使用肩胛骨下降肌避免肩胛骨耸起。在第二步，肩关节伸肌使手臂向前；在第三、四步，肩关节屈肌对抗阻力，防止手臂掉向垫子；在第五步，肩关节屈肌上抬双臂过头顶。

- *想象*。在第三步，把胸廓下部向下和向后牵拉时，想象躯干卷过一个很大的健身球，保持相邻椎体棘突之间的距离。

补充说明

长躯席卷中双腿伸直做动作，可以很好地锻炼腹肌和脊柱关节。一些练习者在双腿伸直的姿势下，从仰卧体位起身时对保持骨盆后倾和脊柱下部屈曲会感到困难。直腿体位下的训练还有提高腘绳肌和腰背部灵活性的潜在好处。

个性化锻炼

改良

如果不能像第三步那样卷起，背部弓起较高，双腿略微抬起，动作不平稳，建议练习长躯席卷的改良动作。这种情况可能是腹肌力量或腹肌激活不足造成的。双踝上各戴1千克重的沙袋有助于保持躯干的平衡。背部弓起较高时髋关节屈肌比较活跃，在胸骨靠近耻骨联合时，把注意力集中在通过向内拉腹壁来加深脊柱屈曲上。

此外，腘绳肌或腰部肌肉过紧也会导致第三步的前屈问题。微微屈膝可以放松腘绳肌，把双手放在大腿后部可以加深脊柱屈曲，降低上半身卷起的难度。加深腰椎屈曲有助于提高下背部的动态灵活性（下背部通常很紧），使躯干上部的重量更接近中心，更容易卷起，并对下半身的平衡需求较少。

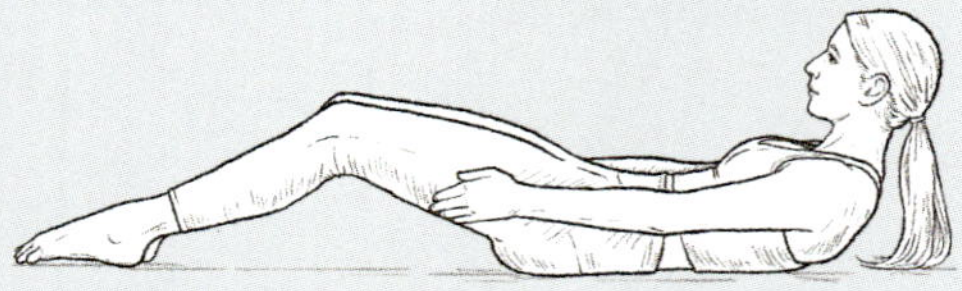

改良长躯席卷

变式

这个动作也可以改为脚尖绷直，手心相对。不做第三步末期的动作，只做到如图所示的肩关节位于髋关节之上的“C”形弯曲即可。

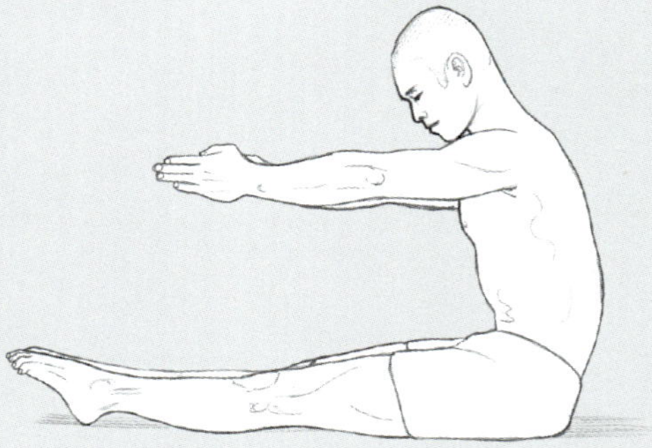

长躯席卷变式

进阶

如果可以流畅地完成卷起的动作，把手臂保持在头顶位置（悬空）可以增加难度。双臂在头顶上可以提供更有效的阻力，不仅可以锻炼肌力，还有助于为引颈前伸（5–3）做好准备。

引颈前伸

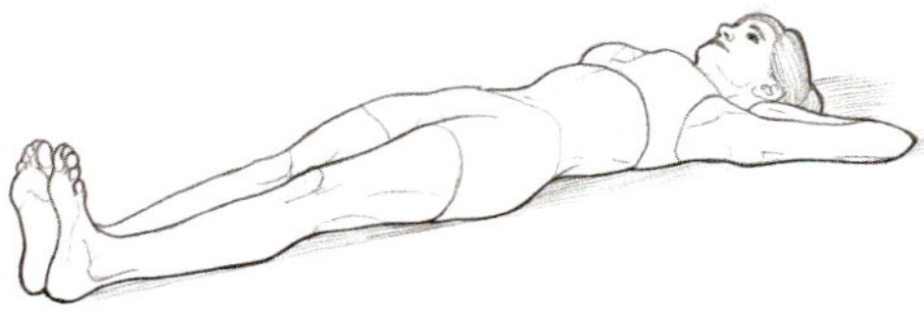

准备动作

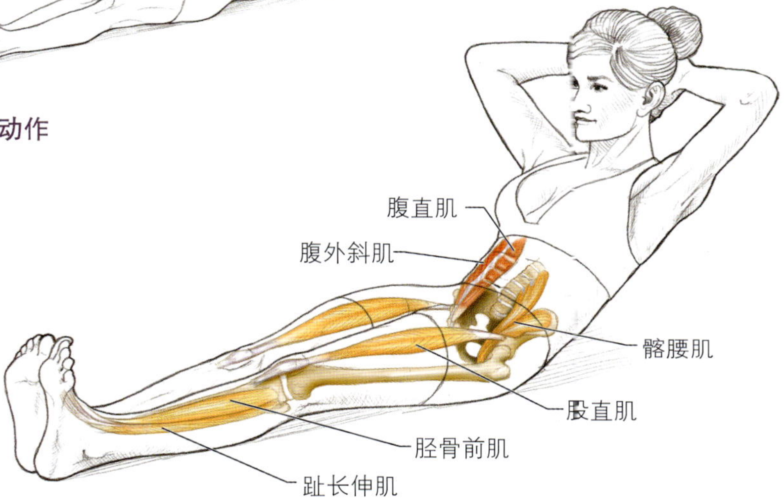

第二步

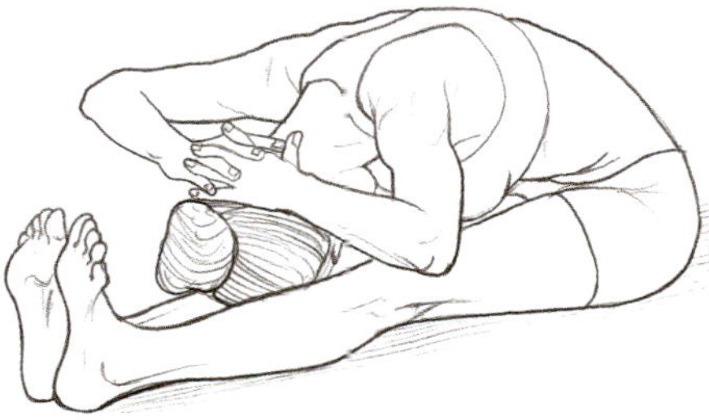

第三步

动作要领

1. *准备动作*。仰卧平躺，双脚并拢伸直，足背屈，双臂屈曲，手指交叉，置于头后。

2. *吸气*。内收腹壁，然后上抬头部和躯干上部离开垫子，下巴向胸部内收。

3. *呼气*。继续卷腹直到上身贴腿。

4. *吸气*。身体呈“C”形向后回躺。

5. *呼气*。回到起始姿势。重复上述动作10次。

目标肌肉

脊柱屈肌：腹直肌、腹内斜肌、腹外斜肌。

辅助肌肉

脊柱前稳定肌：腹横肌。

脊柱伸肌：竖脊肌。

髋关节屈肌：髂腰肌、股直肌。

髋关节伸肌：臀大肌、腘绳肌。

踝关节背屈肌：胫骨前肌、趾长伸肌。

技巧要点

• 专注于运用腹部肌肉，在卷起和卷落时椎骨平顺地依次有序运动。

• 在第三步，髋关节屈肌变得更活跃时，使用腹肌向后下方拉动胸廓前下部靠向耻骨联合，卷腹以防止腰背部过平或过弯，以使脊柱的屈曲达到最大限度。

• 在第三步最后，通过髋关节屈肌和脊柱屈肌的离心收缩，产生平稳、可控的移动。在第四步开始再通过这些肌肉向心收缩上提躯干。

• 在第五步中，尽量久地用腹肌拉住躯干，保持身体成“C”形。

• 整个过程中，尽可能地保持肘关节屈曲外展。在卷腹时不要用收臂的方式保持平衡，也不要拉自己的头。

• *想象*。为了取得理想效果，在第一至第三步时想象有一排波浪形成、到达顶峰， 而后开始回落。在第四步时想象脊柱被一股浪潮抬起。在第五步时想象被一股浪潮推回大海。

补充说明

此动作比上一动作更难，因为把手放在脑后使身体维持平衡更费力。这一点我们在第3部分也谈到过。腰背部通常很紧张，很难控制，容易受伤，这个动作可以使腰背部得到锻炼。在第三步结束时，手臂姿势为腘绳肌和脊柱伸肌提供了更多的动态拉伸。

个性化锻炼

改良

引颈前伸的难易程度受练习者体型的影响很大，双腿相对较短的练习者和上身较重的练习者会觉得这个练习比较难。这样体型的练习者重心相对较高，再加上双手在脑后的有效阻力，结果是引颈前伸成了具有挑战性的练习。引颈前伸最难的部分是第三步躯干从垫子上抬起。双臂暂时前伸可以帮助克服这种困难。一旦躯干离开垫子，立即把双手放回头后。

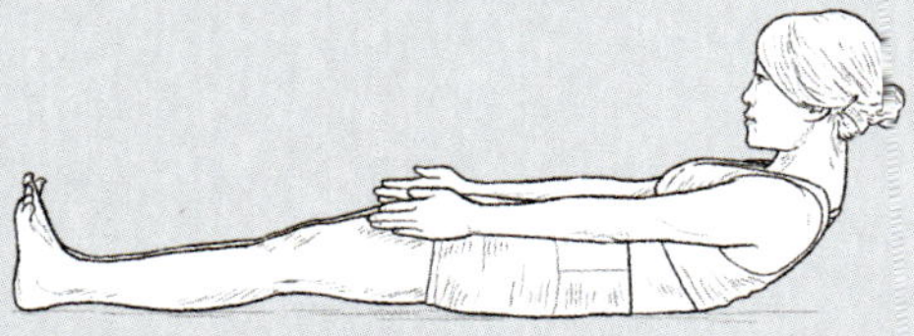

改良引颈前伸

变式

变式的前半部分动作和基础引颈前伸一样。但是身体不呈“C”形向后回躺，而是先滚动到平背姿势、坐直。背部保持平坦向后倾斜一个角度，然后背部呈弧形滚动到起始位置。也可以在练习引颈前伸时绷脚。

5-4

百次拍击

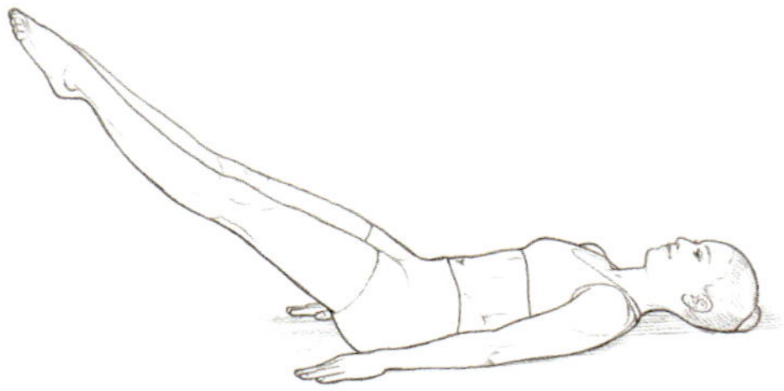

准备动作

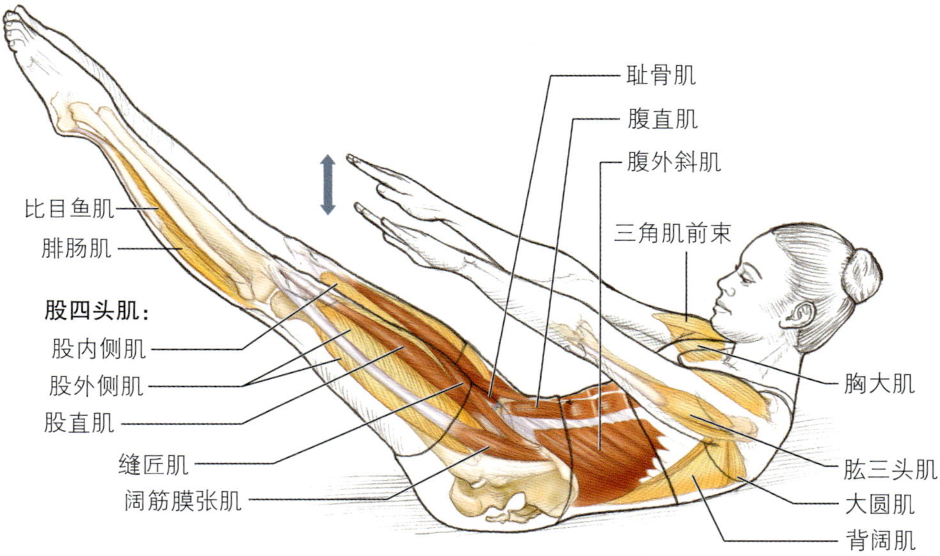

第三步

动作要领

1. *准备动作*。仰卧平躺，双腿伸直上抬至少60°，尽量保持骨盆稳定性。脚尖绷直。双臂放在体侧，手掌向下。

2. *呼气*。内收腹壁，上半身提起如胸部抬起（4-2）的位置。向前抬起双手，高过大腿6~8英寸（15~20厘米；1英寸≈2.54厘米），掌心朝下。

3. *吸气*。双臂小幅度上下拍击5次，像第1部分（第9页）讲述的那样主动呼吸。

4. *呼气*。双臂小幅度上下拍击5次。身体保持最佳姿势，以5次呼气、5次吸气为一组重复拍击动作，最大完成10组（即100次拍击）。做完后慢慢躺下，回复至起始姿势。

目标肌肉

脊柱屈肌：腹直肌、腹外斜肌、腹内斜肌。

髋关节屈肌：髂腰肌、股直肌、缝匠肌、阔筋膜张肌、耻骨肌。

辅助肌肉

脊柱前稳定肌：腹横肌。

髋关节内收肌：长收肌、短收肌、大收肌、股薄肌。

膝关节屈肌：股四头肌。

踝关节跖屈肌：腓肠肌、比目鱼肌。

肩关节伸肌：胸大肌（胸骨端）、背阔肌、大圆肌。

肩关节屈肌：胸大肌（锁骨端）、三角肌前束。

肘关节伸肌：肱三头肌。

技巧要点

- 在第二步开始呼气、肩关节屈肌开始上抬手臂时，内收腹壁，以便在运用其他腹肌之前运用腹横肌屈曲脊柱。
- 为在第二步结束时达到既定姿势，用力收缩腹肌使腰与垫子接触，保持骨盆稳定性。通过髋关节屈肌保持双腿抬起，膝关节伸肌保持膝关节伸直，踝关节跖屈肌保持脚背绷直。在保持腿部线条优美的同时，要稍微收缩大腿内侧以激活髋关节内收肌。
- 在第三步和第四步中要保持稳定的深“C”形。
- 使用肘关节伸肌保持肘部伸直，指尖向前。
- 当肩关节伸肌和屈肌共同作用使手臂快速运动时，注意肩关节的分离运动，尽量使用经过腋窝的肌肉，以激活背阔肌和胸大肌。
- *想象*。想象摆动手臂下压时就像按压蹦床一样，手臂自然回弹几厘米。

补充说明

百次拍击是经典的普拉提动作。因为要在双手臂有力来回运动的同时保持双腿上抬伸直及脊柱屈曲，所以这个动作对身体核心稳定性的要求很高。正因如此，百次拍击可以稳步提升肌肉力量和动作技术。但是那些力量薄弱、技术不熟练者并不适合练习这个动作，对他们来说，这是高风险动作。对大多数人而言，他们都无法在双腿微抬时完成这个动作。这时，可以使用可选动作，慢慢进步达到标准动作的水平。

在百次拍击中，髋关节屈肌收缩对抗阻力上抬双腿。我们在仰卧抬腿（4–3）中已经提到，由于这些肌肉（尤其是髂腰肌和股直肌）附着于脊柱下部及骨盆前部，它们收缩很可能造成腰背部弓形抬起，引起骨盆前倾。只有在腹肌有足够的力量保持平衡时，这种情况才不会发生（见下图）。在百次拍击中，双腿上抬，膝关节伸直，正如第3部分所讨论的，双腿会产生更强的力矩。这时就需要髋关节屈肌更有力地收缩，将腿抬离垫子。这对维持核心稳定性和防止腰背部过弯的腹肌也是很大的挑战。腿离垫子越近，对相关肌肉的力量要求就越高。

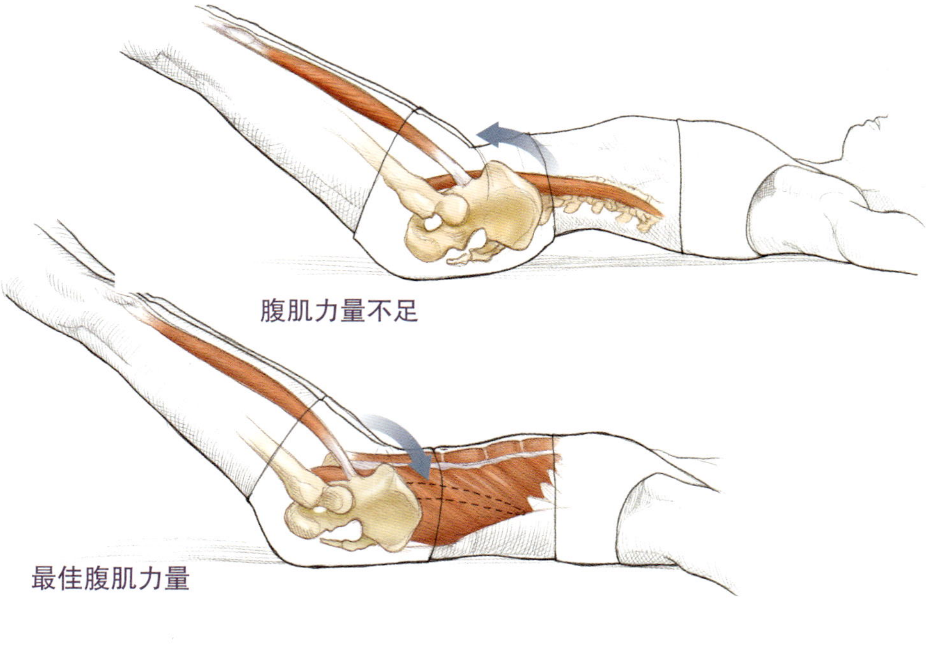

个性化锻炼

改良

将腿抬至与垫子垂直，以保持骨盆和腰背部的稳定。如果腘绳肌很紧，可让双腿伸至刚好感到腘绳肌绷紧；随着稳定性的增加，再把腿慢慢下移。

如果按照以上描述练习仍然不能保持核心稳定性，可以屈双肘并把双肘放在垫子上，双手示指分别放在两侧髂前上棘处（如图所示），以给背部提供支撑。只要腘绳肌的柔韧性允许，尽可能地竖直伸直双腿。然后逐渐落下双腿的同时，想象使用腹肌上拉耻骨联合、后拉髂前上棘。用指尖控制髂前上棘，避免其向前滚动，保持骶骨贴在垫子上。双腿下落至腹肌紧张但骨盆能保持稳定的位置。在此位置保持姿势10个数（1组），逐渐增加至10组。技巧和力量提升，以及在第一组时牢固的骨盆稳定性建立后，双臂前滑，不再给背部提供支撑。然后，增加经典的双臂上下拍动的动作。

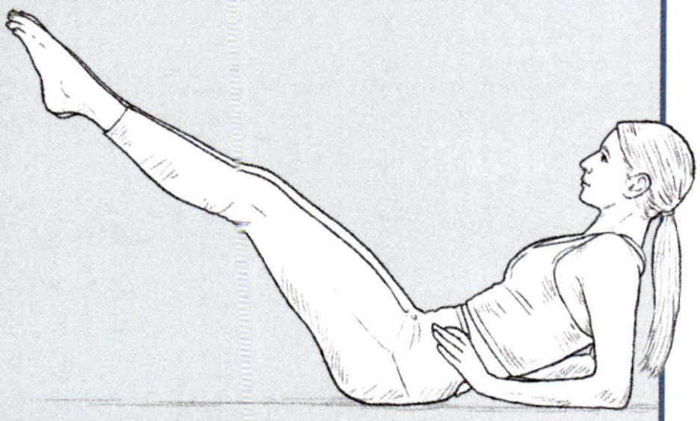

改良百次拍击

变式

在骨盆稳定性即将难以保持，但仍然可以保持躯干挺直、双臂小幅度拍击时，将腿抬至桌面姿势，减少有效阻力，可以提高腹肌的耐力。双臂拍动一两组后，双腿伸直至可以保持稳定的合适姿势。以这种方式重复练习几次后，逐渐增加双腿桌面姿势下的双臂拍击次数。

想要增加呼吸的变化，可以在第三步吸气时停一会儿，在呼气时开始双臂拍击。呼气有助于进一步轻微内收腹壁，以及在第一组呼气时的5次拍击中建立骨盆稳定性。一旦稳定性建立，在随后的吸气并5次拍击，以及接下来的9组拍击中保持这种姿势。

5–5

单腿伸展

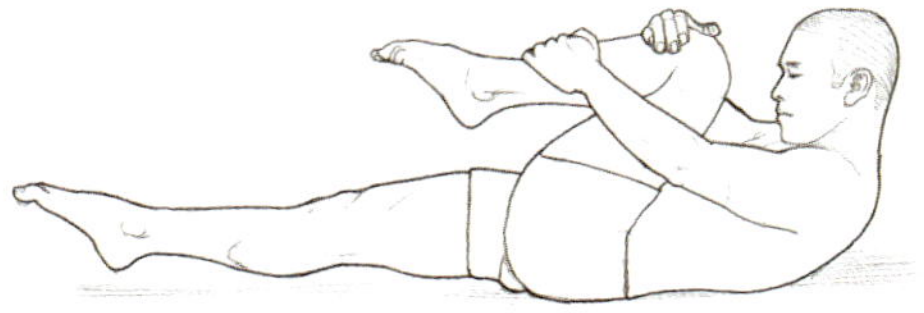

准备动作

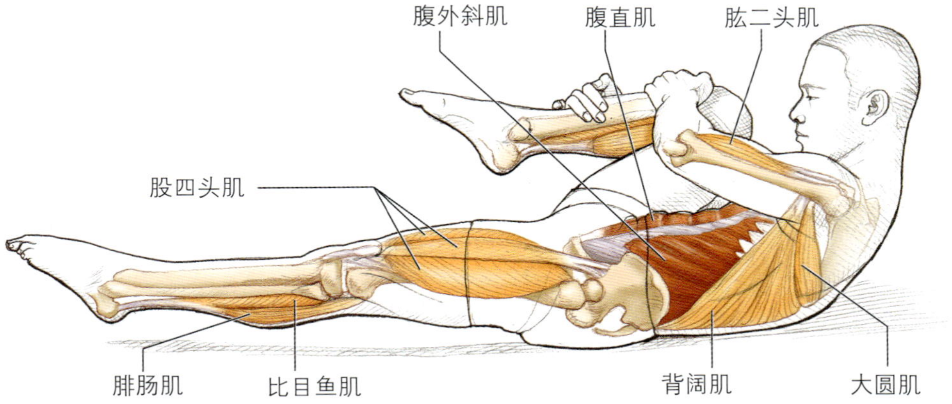

第三步

动作要领

1. *准备动作*。仰卧平躺，头和肩胛骨抬离垫子（同胸部抬起，4–2），一条腿屈膝靠向前。同侧手握住近踝处胫骨。另一只手放在膝关节上。另一条腿伸直稍上抬，腰背部贴在垫子上。双脚脚尖微微绷直。

2. *吸气*。屈曲伸直的腿，伸直屈曲的腿。

3. *呼气*。完成双腿交替动作。当腿完全伸直时，呼气，并将双手放在另一条腿上。姿势同准备动作。每条腿重复动作5次，共10次。每次双腿交换完毕时呼气。

目标肌肉

脊柱屈肌：腹直肌、腹外斜肌、腹内斜肌。

辅助肌肉

脊柱前稳定肌：腹横肌。

髋关节屈肌：髂腰肌、股直肌。

髋关节伸肌：臀大肌、腘绳肌。

膝关节伸肌：股四头肌。

踝关节跖屈肌：腓肠肌、比目鱼肌。

肩关节屈肌：胸大肌（锁骨端）、三角肌前束。

肩关节伸肌：背阔肌、大圆肌、胸大肌（胸骨端）。

肘关节屈肌：肱二头肌、肱肌。

肘关节伸肌：肱三头肌。

技巧要点

• 在第一步中，紧紧内收腹壁。在整个动作中，腰背部和骶骨要紧贴垫子。在第二步和第三步中使用髋关节屈肌和伸肌交换双腿时，要保持髂前上棘不动。

• 运动中注意持续收缩腹肌，以免在双腿交换动作时背部下降。

• 在保持身体平衡时，抬起一条腿，并伸直。膝关节伸肌伸直膝关节，踝关节跖屈肌绷紧脚背，它们共同产生运动中的腿部线条。

• 肩胛骨中立位，在肩关节屈肌帮助双手由一条腿交换到另一条腿时，肩胛骨不要朝耳朵方向耸起。肘关节伸肌使手伸向脚踝，肘关节屈肌弯曲手臂帮助其交换到另一侧膝关节处。双肘关节屈肌帮助手臂将膝关节拉向胸前。然后保持膝关节不动，双手下压，肘关节向下朝向垫子，这样有助于肩关节伸肌帮助保持躯干离开垫子的转矩。

• *想象*。想象双腿像活塞一样运动，身体就像引擎，是动力来源，但要保持不动。

补充说明

单腿伸展是很好的增强腹肌力量的练习。在保持躯干上部离开垫子、维持腰背部和垫子接触、内收腹壁中，腹肌起了很多作用。腹肌收缩有助于维持在双腿交替运动时很难维持的骨盆和脊柱的稳定性。

个性化锻炼

变式

也可以把屈曲的腿屈到垂直位置，而不用贴近胸部。双手都放在膝关节上，小腿和垫子平行。这个姿势可以使躯干抬得更高，使腹肌得到更好的锻炼，并可使腰椎和骨盆中立位置的保持得到锻炼。

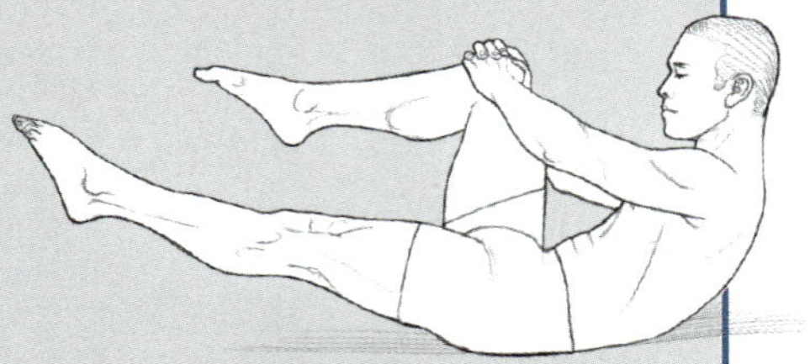

单腿伸展变式

进阶

使用单腿伸展变式的姿势，不同的是，双手放在头后，双肘向两侧伸展。头部舒适地枕在双手上，让双手分担头部的重量，不要把全部头部重量都放在颈部。双手放在头部较放在膝部增加了有效阻力，而且失去了抱住屈曲腿的支撑作用，因此这种姿势增加了肌肉激活和负荷方面的难度。但是，这种姿势为头部提供了支撑，有助于缓解因肌肉过度紧张而引起的颈部不适。

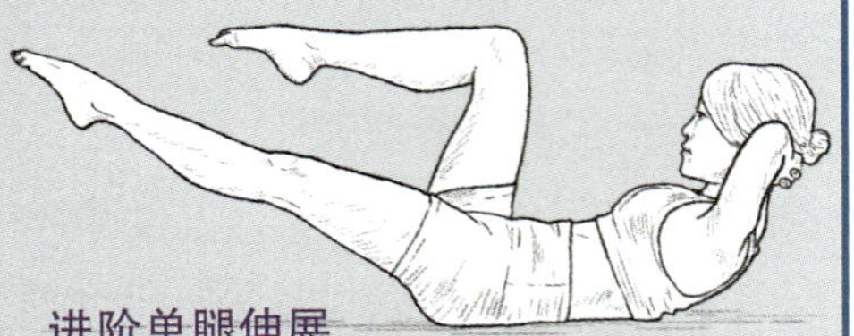

进阶单腿伸展

单腿朝天（胭绳肌伸展）

准备动作

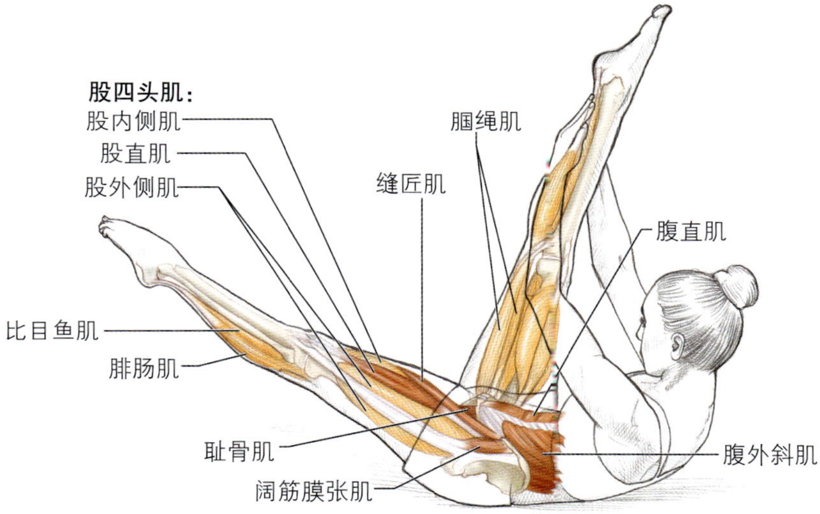

第四步

动作要领

1. *准备动作*。仰卧平躺，头和肩胛骨抬离垫子（同胸部抬起，4-2）。一条腿抬向额头，双手抓住其近踝处。另一条腿在腰背部可以与垫子接触并保持平衡的情况下，抬起一定高度。双膝伸直，双足微微绷直。

2. *呼气*。微微内收腹壁。与此同时，将抬起来的腿拉近前额。如此拉2次，同时呼气2次。

3. *吸气*。保持双腿伸直的同时，交换双腿，双手握紧另一条腿近踝处。

4. *呼气*。如图所示，再次将腿拉近前额。拉腿2次，同时呼气1次。每条腿做5次，共做10次。吸气时换腿，而后拉腿2次，同时呼气2次。完成后，回到起始位置。

目标肌肉

脊柱屈肌：腹直肌、腹外斜肌、腹内斜肌。

髋关节屈肌：髂腰肌、股直肌、缝匠肌、阔筋膜张肌、耻骨肌。

辅助肌肉

脊柱前稳定肌：腹横肌。

髋关节伸肌：臀大肌、腘绳肌。

膝关节伸肌：股四头肌。

踝关节跖屈肌：腓肠肌、比目鱼肌。

肩关节屈肌：三角肌前束、胸大肌（锁骨端）。

技巧要点

- 在第一步中，紧紧内收腹壁。在整个动作中，尤其是交换双腿时，腹肌等长收缩，保持腰背部紧贴垫子、躯干上部上抬和骨盆稳定性。
- 在保持核心稳定性的同时，向空中伸直腿部。使用膝关节伸肌伸直膝关节，踝关节跖屈肌绷紧脚背，它们共同产生运动中的腿部线条。
- 第三步起始时，在保持腿部线条的同时，使用髋关节屈肌上抬下边的腿，髋关节伸肌下降上边的腿。当上边的腿下降到垂直位置以下时，髋关节屈肌在控制这条腿不受重力影响落下的过程中尤为重要。
- 在第四步，在抬起的那条腿朝向前额运动的过程中，注意下边的腿保持在一个不变的高度。这样会动态牵张腘绳肌。使用肩关节屈肌拉上边的腿时，肘关节朝向两侧。
- 注意保持肩胛骨处于中立位，避免前引或上提。
- *想象*。想象双腿在快速、敏捷地运动，就像张开又合上的剪刀。专注于髋关节的运动，在腿上下运动时，骨盆和躯干尽可能保持稳定。

补充说明

单腿朝天与单腿伸展（5–5）密切相关，唯一的不同就是在单腿朝天中两条腿都是直的。腘绳肌通常很紧张，保持上边的腿伸直，可以动态拉伸腘绳肌。直腿放下需要腹肌有更强的收缩，以保持骨盆和腰背部的稳定性。

个性化锻炼

改良

如果腘绳肌太紧，可以把双手的握点向下移动，或者在抬起的腿向前额移动时，微微弯曲该腿的膝关节。

变式

如图所示，可以将下面的腿放在垫子上。这种姿势可以限制骨盆向后倾斜的程度，增强抬起腿的腘绳肌的拉伸。持续朝向前额拉动上腿可能会增加骨盆前倾。下腿压在垫子上可能会使髋关节屈肌得到动态拉伸（与个体柔韧性有关）。骨盆姿势可以调控腘绳肌拉伸和髋关节屈肌拉伸的相互影响。随着骨盆后倾的增加，下腿髋关节屈肌会有明显的拉伸感；随着骨盆位置越来越中立，上腿腘绳肌也会有明显的拉伸感。

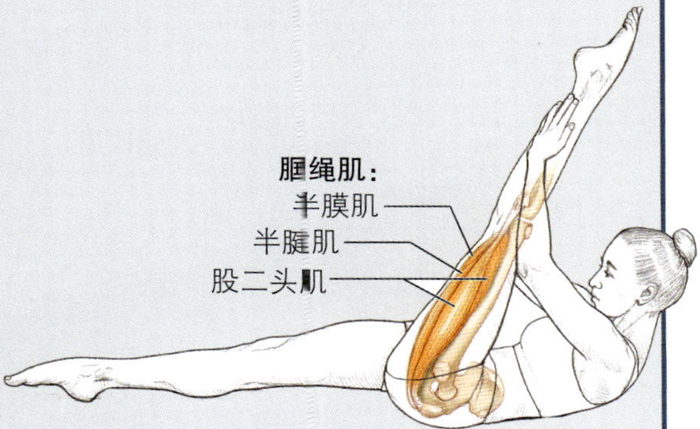

单腿朝天变式

进阶

使用基础单腿朝天的姿势或单腿朝天变式的早期姿势。如同进阶单腿伸展（5–5），双手放在头后，双肘向两侧伸展。头部枕在双手上，让双手承担头部部分重量，减少颈部对头部的支撑。这种姿势较双手抓腿的姿势增加了有效阻力，加上身体失去了双手抓腿的支撑作用，这两点增加了单腿朝天的难度。但是，这种姿势为头部提供了支撑，有助于缓解因肌肉过度紧张而引起的颈部不适。

进阶单腿朝天

5-7

双腿伸展

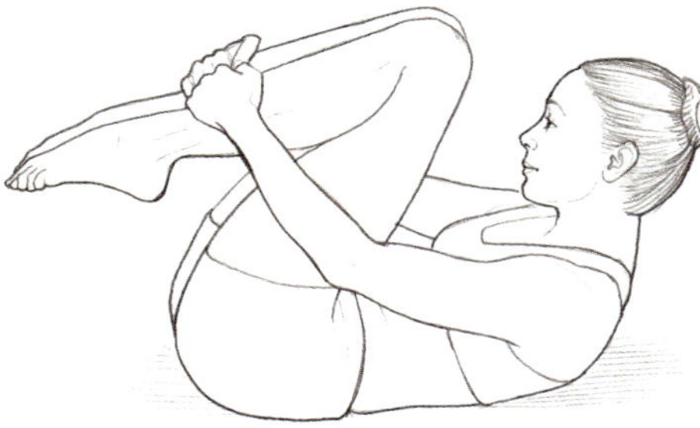

准备动作

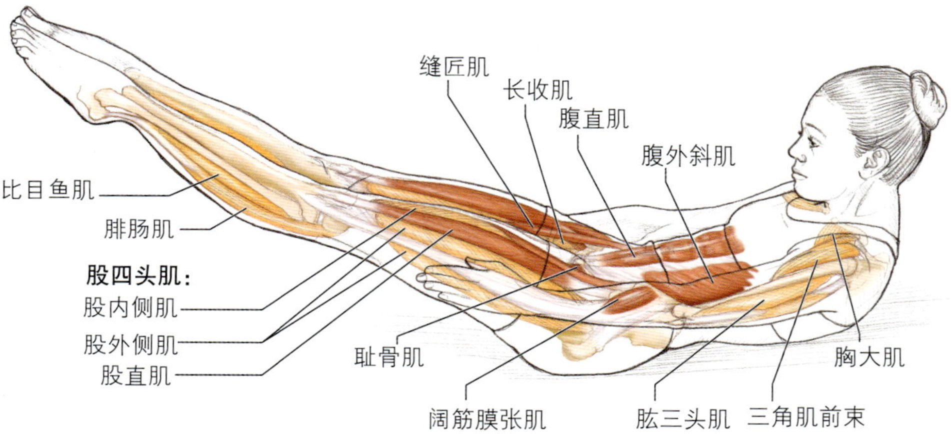

第二步

动作要领

1. *准备动作*。仰卧平躺，头和肩胛骨抬离垫子（同胸部抬起，4-2）。屈曲双膝靠向胸前，双手分别放于两侧胫骨上。

2. *吸气*。如图所示，双手放于双腿两侧。与此同时，在腰背部与垫子接触的情况下，双腿伸直并抬高至一定高度。

3. *呼气*。屈曲双膝靠向胸前，同时双手回到起始位置，放于两侧胫骨上。重复这个动作10次。

目标肌肉

脊柱屈肌：腹直肌、腹外斜肌、腹内斜肌。

髋关节屈肌：髂腰肌、股直肌、缝匠肌、阔筋膜张肌、耻骨肌。

辅助肌肉

脊柱前稳定肌：腹横肌。

髋关节伸肌：臀大肌、腘绳肌。

髋关节内收肌：长收肌、短收肌、大收肌、股薄肌。

膝关节伸肌：股四头肌。

踝关节跖屈肌：腓肠肌、比目鱼肌。

膝关节屈肌：腘绳肌。

肩关节屈肌：三角肌前束、胸大肌（锁骨端）。

肘关节屈肌：肱二头肌、肱肌。

肘关节伸肌：肱三头肌。

技巧要点

- 在第一步中，骨盆处的下腹肌和肋骨处的上腹肌都要用力，把腹壁内收成“C”形。在整个动作中，腰部都要贴在垫子上。
- 伸直双腿，以在身体蜷缩时保持躯干稳定。髋关节伸肌可以使大腿离开胸前。之后，髋关节屈肌是维持该姿势、抵抗重力、防止双腿落在垫子上的关键。在膝关节伸肌伸直双腿时，运用髋关节内收肌微微内收双腿。同时，双脚在踝关节跖屈肌的作用下绷紧，从而得到第二步中所要求的腿部线条。之后在第三步中，髋关节屈肌和膝关节屈肌使腿收回。
- 在第二步双臂移动时，肘关节伸肌伸直手臂，指尖向前。在第三步中，肘关节屈肌屈曲肘关节。在整个动作中，肩关节屈肌的作用是对抗重力，防止双臂下滑。
- *想象*。整个动作应该是快速伸缩的过程。四肢就像弹簧一样，伸直时被拉长，在身体收缩时弹簧弹回到自然状态。

补充说明

双腿伸展比单腿伸展（5–5）要难得多。在伸展的动作中，双腿伸得离动作中心很远。这就要求腹肌有一定的力量和技巧来维持所要求的姿势。尽管对一些人来说这个动作挑战一下还是可以完成的，但是就像百次拍击（5–4）一样，这个动作对很多人来说不太适合。如果需要，可以参考其他降级动作。

个性化锻炼

改良

双腿伸直往上抬，抬到骨盆可以保持平衡而腰背部又不弓起为止。如果感到腘绳肌很紧，双腿可以稍微弯曲。

如果无法在上述改良动作中保持核心稳定性，则将双手掌心向下放于臀下。通过腹肌上拉耻骨联合，加上双手位于臀下，骨盆呈现轻微的后倾。骨盆尽量保持不动，练习第二步和第三步的动作。通过双手的压力感知骨盆，如果骨盆位置出现变化，应尽快调整。熟练后双手滑出臀下，双腿运动时双臂在前方保持不动。如果这样练习仍然可以保持稳定性，可以在第二步和第三步双腿运动时加上双臂的运动。

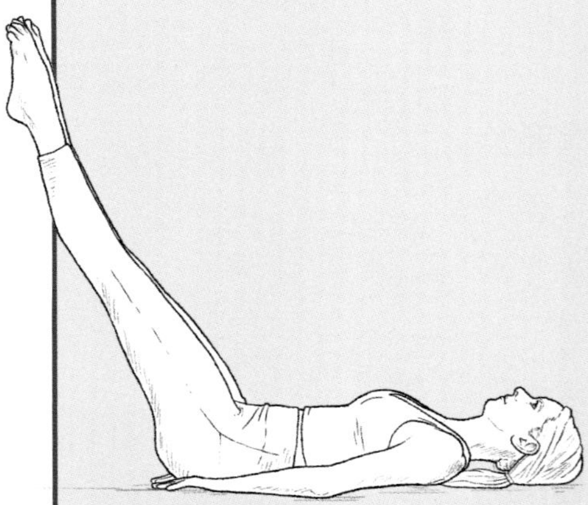

改良双腿伸展

变式

在双腿伸展时把双臂抬过头顶（如下图所示），可以增加有效阻力。然后在双腿收回时双臂画圈回至起始位置。如果想进一步强化腹肌、进一步练习骨盆中立位，可以在屈膝过程中大腿保持在刚越过垂直位置时，像单腿伸展（5-5）变式那样卷起躯干。

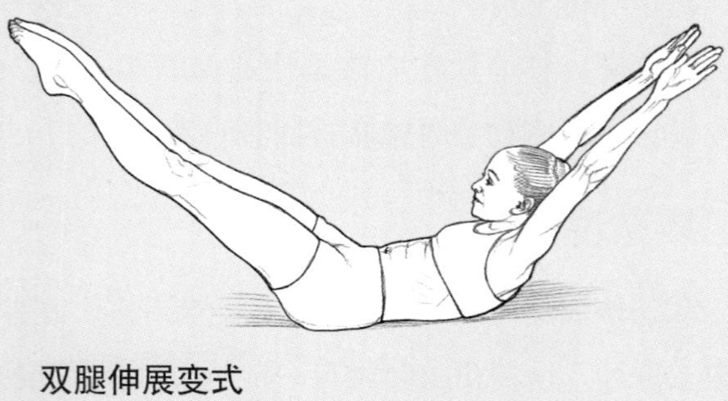

双腿伸展变式

十字交叉

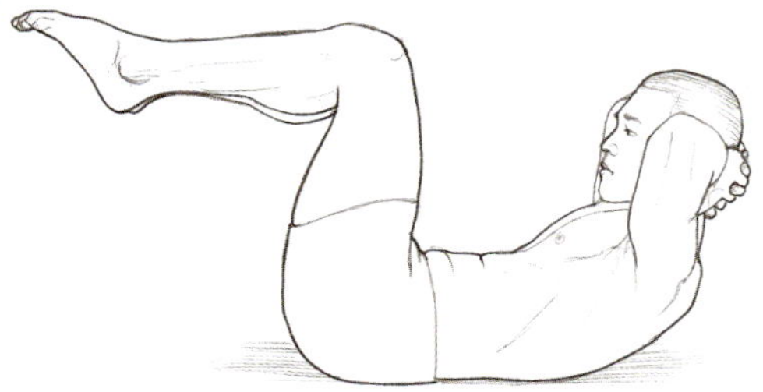

准备动作

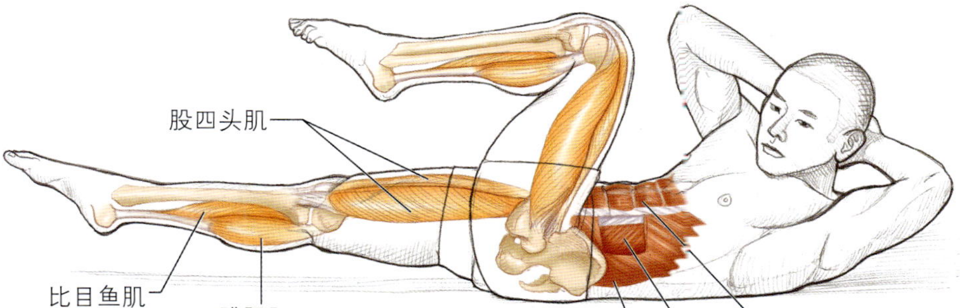

第二步

动作要领

1. *准备动作*。仰卧平躺，头和肩胛骨抬离垫子（同胸部抬起，4-2）。双腿呈桌面姿势，膝关节微收向胸前，双脚微微绷直。双臂弯曲，双手交叉置于脑后。

2. *呼气*。如图所示，伸直一条腿，同时躯干向另一条腿的方向扭转。

3. *吸气*。伸直第二步中屈曲的腿，屈曲第二步中伸直的腿，躯干回到起始位置。

4. *呼气*。双腿动作交换时，躯干转向另一侧。一条腿完全伸直，另一条腿收于胸前。该动作每条腿做5次，双腿总共10次。完成双腿交换和躯干扭转一次，呼气一次。

目标肌肉

脊柱屈肌和旋转肌：腹直肌、腹外斜肌、腹内斜肌、腹横肌。

辅助肌肉

髋关节屈肌：髂腰肌、股直肌。

髋关节伸肌：臀大肌、腘绳肌。

膝关节屈肌：股四头肌。

踝关节跖屈肌：腓肠肌、比目鱼肌。

技巧要点

• 在单腿伸展（5-5）中详细讨论过以下几点，在此动作中依然要注意。在第一步中，紧紧内收腹壁。在整个动作中，腰背部和骶骨要紧贴垫子。

• 在腹斜肌和腹横肌收缩扭转躯干上部时，不要让骨盆转动，以防止骨盆朝所转动方向抖动。骨盆应均匀地贴在垫子上。

• 腹肌收缩以帮助躯干上部扭转时抬起，维持躯干“C”形弯曲。

• 在保持核心稳定性的同时，伸出一条腿。使用髋关节伸肌将大腿拉离胸前。完美地使用膝关节伸肌伸直腿部，使用踝关节跖屈肌绷直双脚，得到要求的腿部线条。

• 保持肩胛骨中立位，避免耸肩。

• *想象*。把腿伸到空中，就好像有一根线拉着脚趾，协调髋关节屈肌的运动。髋关节屈肌收缩以防止腿由于重力落在垫子上，并在第三步中把伸直的那条腿收回胸前。

补充说明

十字交叉和单腿伸展（5-5）的动作很像，但因为双手放到了头后，所以比单腿伸展对腹肌力量的要求更高。又因为增加了扭转的动作，所以更难保持平衡，对腹斜肌和腹横肌的要求也更高。这些肌肉是在运动中保持脊柱稳定性的关键，尤其是在四肢的运动，如抬重物、跑步、弹跳等。

腹斜肌和腹横肌协同作用需要一定的技巧。就像在卷腹旋体（4-7）中所描述的，维持“C”形姿势的同时将一侧胸廓朝向另一侧髋关节扭转有助于做出要求的动作。要围绕中心扭转，防止把胸廓变成中心区的一边。还有一个常见的错误，就是朝一侧骨盆转（脊柱侧屈）。

个性化锻炼

改良

十字交叉是一个技巧性强、难度大的练习，也是一个重点锻炼腹斜肌的练习。和所有练习一样，准确性是关键。稍微错位即会显著降低效果和益处，并可能过度压迫腰部，进而危及背部安全。请练习者认真、准确地跟随下面的说明进行练习。为了获得正确的位置，重要的是，保持躯干的高度，用手抓住屈曲大腿的后部，并将躯干朝膝关节旋转。如右图示例，在躯干向左旋转时，左手在左大腿外侧、右手在左大腿内侧，双手手指在左大腿下部交错放置。在躯干向右旋转时，抓住右大腿的下部。

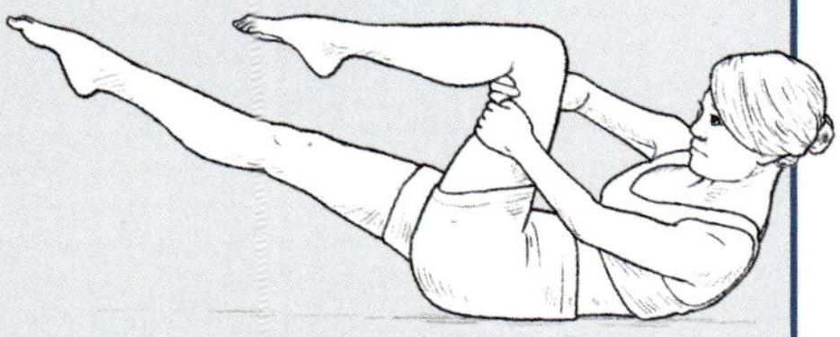
改良十字交叉

进阶

想要增加这个技巧性已经很高的练习的难度，可以像单腿伸展（5–5）一样保持双脚水平。双手放在头后，保持旋转姿势片刻。把对侧手放在对侧大腿下（向左旋转时，把右手放在左大腿下；反之亦然）。利用手的支撑和手臂轻微屈曲，使躯干屈曲更多一些（没有必要旋转更多）。在手放开回到头后时尽量保持高度。然后向另一侧旋转并重复同样的动作。每侧反复练习2~3次。

进阶十字交叉

5-9

V 形悬体

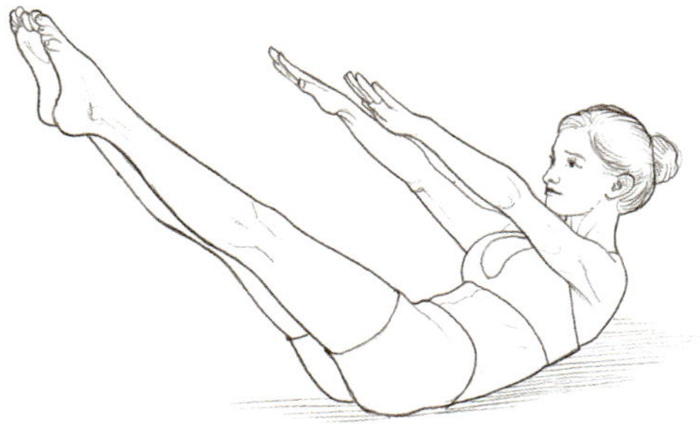

准备动作

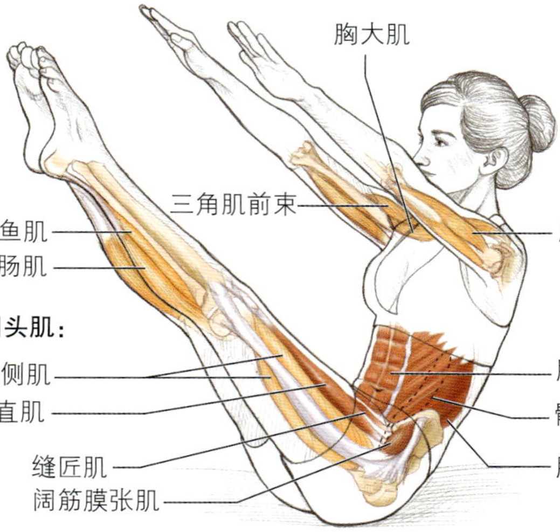

第二步

动作要领

1. *准备动作*。仰卧平躺，头和肩胛骨抬离垫子，内收腹壁靠向脊柱。在可以保持平衡的情况下，伸直双腿，绷直双脚，双腿抬至与垫子约成60°角。手臂前伸，掌心朝下，使双手与双腿平行。

2. *吸气*。如图所示，向斜上方抬起躯干，直到臀部可以使用上图所示肌肉保持身体平衡。保持双臂与双腿平行。

3. *呼气*。躯干回落至起始姿势。重复该动作5次。

目标肌肉

脊柱屈肌：腹直肌、腹外斜肌、腹内斜肌。

髋关节屈肌：髂腰肌、股直肌、缝匠肌、阔筋膜张肌、耻骨肌。

辅助肌肉

脊柱前稳定肌：腹横肌。

髋关节内收肌：长收肌、短收肌、大收肌、股薄肌。

膝关节伸肌：股四头肌。

踝关节跖屈肌：腓肠肌、比目鱼肌。

肩关节屈肌：三角肌前束、胸大肌（锁骨端）。

肘关节伸肌：肱三头肌。

技巧要点

• 注意用力保持腹壁卷曲的姿势。这样可以防止在髋关节屈肌（特别是髂腰肌）用力收缩维持双腿上抬的姿势时，腰背部弓起或骨盆前倾。特别是在第二步和第三步中，髋关节屈肌帮助躯干上抬或下降时。

• 整个动作中，保持双腿不动；使用髋关节内收肌并拢伸在空中的双腿，膝关节伸肌伸直双腿，踝关节跖屈肌绷直双脚。

• 注意使用腹肌平稳地上抬和下降躯干。在第二步中，脊柱一节节从上到下连续地抬离垫子；在第三步中，脊柱一节节从下到上回到垫上。要避免直接从臀部抬起，否则，就是髋关节屈肌用力过度了。

• 注意使用肘关节伸肌保持手臂绷直。同时，在使用肩关节屈肌维持手臂的姿势时，使用肩关节下降肌避免上抬肩胛骨。

• 手臂和双腿协调运动过程中保持两者平行。

• *想象*。想象有人轻握您的脚趾，在您的躯干上抬和下落时，帮您维持双腿不动。

补充说明

V形悬体是一个普拉提标志性动作。这个动作可以加强腹肌和髋关节屈肌的力量和耐力。练习这个动作，需要使脊柱、膝关节的动作相协调，保持平衡。V形悬体整合了长躯席卷（5-2）中脊柱关节的动作，以及百次拍击（5-4）和双腿伸展（5-7）中抬起双腿的动作。如果躯干抬起得过高，使得腘绳肌太紧，身体很有可能会向前落下。如果双腿上抬过高，而感到腘绳肌紧张或腹肌力量不足，躯干则有可能会向后下落。要想成功做出这个动作，身体各部位需要协调平衡，腹肌和髋关节屈肌的配合会很重要。分腿滚动（6-5）是有效的平衡训练方法。

把V形悬体放在本部分的最后，是因为这个动作需要很多前面动作的训练才能成功做出来。如果力量和技术不够，可采用可选动作直到可以完全胜任本动作。双腿的重量很大，如果骨盆和腰背部不能保持稳定，很有可能造成腰部拉伤等损伤。V形悬体对康复期的患者来说很危险。如果背部不舒服或禁忌做这样的动作，请不要进行该项练习。

个性化锻炼

改良

如果不能平稳地把身体屈成“V”形，可以在第二步上抬躯干和第三步躯干回落时微微屈膝。这么做可以使腘绳肌放松，从而可以把躯干抬得更高，并可通过双腿轻微靠近骨盆减少双腿的重量（减少力矩），从而降低髋关节屈肌的难度。但是，如果双腿过于靠近骨盆则不能给脊柱提供保持平衡的力量，因此练习者应在练习时找到适合自己的姿势。如果微微屈膝仍不能平稳地把身体屈曲成“V”形，在躯干抬起困难时暂时把双手放在大腿下方帮助躯干抬起。也可以从向上的姿势开始（第二步末的姿势，但是双膝屈曲），然后躯干向后卷落至半途或卷落至可以平稳地回到向上的位置。随着力量和技巧的提升，逐渐增至躯干全范围的卷起和回落。最后，逐渐伸直双腿。

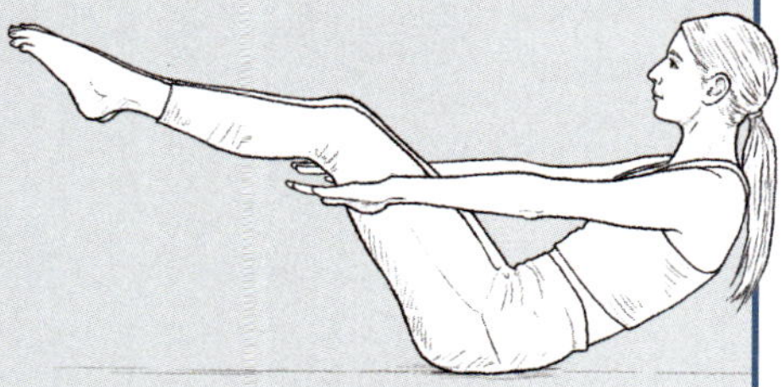

改良V形悬体

变式

很多普拉提培训学校在“V”形姿势结束时使用的是背部伸展而不是屈曲的姿势。这为下垂姿势（后凸），以及腹肌与脊柱伸肌共同收缩的练习增加了宝贵的对抗，以产生所需的胸椎伸展，而不会产生不希望的腰椎过度伸展。对于有足够力量和腘绳肌柔韧性好的练习者来说，目标是整个脊柱伸展，而不仅是上背部伸展。对于这些练习者，重点是从骶骨上部一直抬起背部，且利用位于骨盆前部的腹肌帮助抬起，以实现平坦的背部姿势，使骨盆在坐骨上保持中立位的平衡。这

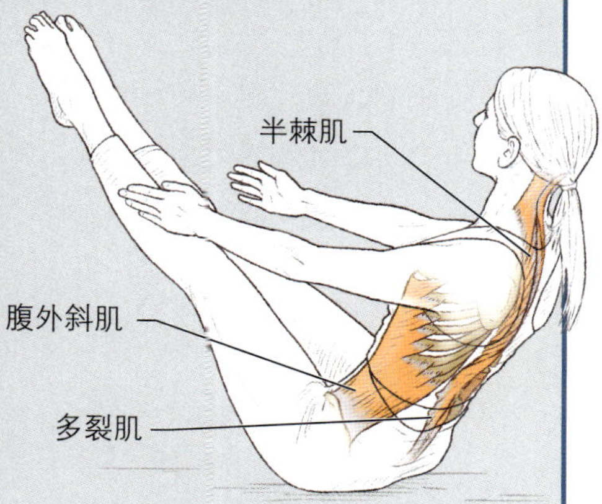

脊柱伸肌和腹肌协同收缩

是一个高阶且有价值的、在髋关节屈肌努力保持双腿高度时的支撑练习。

也可以如下图所示在“V”形姿势时，或者在第三步末力矩位置较低时，双臂于头上伸直。增加双臂头上伸直动作有助于达到理想的上抬姿势，而不会出现背部弓起。

V形悬体变式

6

通过椎体逐节活动提高脊柱灵活性

脊柱的运动是一个复杂的过程。正如之前第2部分所描述的，分别位于颈、上背部、腰背部的具有活动性的颈椎、胸椎和腰椎有24块。它们通过椎体部的椎间盘和位于椎弓部的小的滑车关节连接。无数的韧带和肌肉与脊柱相连。五块骶椎融合成一块骶骨，并向上承接第五腰椎。

普拉提的练习目的，就是完成骨与骨之间精细而连贯的活动。这个理想的精细动作叫作脊柱的逐节活动（spinal articulation）。在解剖学中，articulation指的是关节，但它还有其他用法，如“清晰发出乐谱中的每个音符”或“结合或相互关联的行为方式”。这些用法更像这个动作在普拉提中的功能。术语良好契合（fine articulation）（本部分锻炼的目标之一）就是指脊柱运动良好的协调性。

脊柱运动是多方向的，普拉提的目的在于使脊柱在所有方向的运动中都能达到良好的协调性。脊柱的灵活性很重要，这也是本部分的重点。许多人的腰背部缺乏灵活性，很难完成一般动作。因为腰背部自然后弯（呈凹状），所以锻炼脊柱灵活性的目的在于开阔腰背部曲线，帮助恢复健康的活动度。尽管有些人的腰背部有足够的灵活性但缺乏较好的控制。

因为腹部的肌肉为脊柱屈肌，所以第5部分的锻炼和本部分较为相似，有许多共同的益处。第5部分的动作更注重肌肉的伸展与耐力，本部分的动作则强调脊柱的移动和接合。坐姿脊柱前伸（6–1）在坐姿中应用了精巧的脊柱弯曲。接下来的四个动作需要在翻滚中保持弯曲的姿势，并且要求维持脊柱的良好接合。后滚（6–2）练习了基本技巧，而海豹拍鳍（6–3）因增加腿部的快速动作而提升了难度。蟹式（6–4）包含更多动作——向前、向上和过膝。

分腿滚动（6–5）要求在翻滚时保持双腿呈“V”形。下面四个动作能有效锻炼腘绳肌和腰背部。超越卷动（6–6）先展示了基本技巧，回力飞镖（6–7）结合了腿部伸展和V形悬体（5–9）的平衡挑战，倒置平衡（6–8）需要上抬一条腿，空中折刀（6–9）需要抬起双腿并保持脊柱弯曲的姿势。

本部分涵盖了一些最有争议的普拉提动作，包括一些脊柱极限弯曲的动作。在这些动作中，自身重量由肩膀和颈部承担。尽管许多普拉提从业者宣扬这些练习的益处，但仍有很多医学专家对其风险发出了警告。做这些动作时一定要格外小心。练习之前要先去咨询医生，以确定这些动作及改良动作是否适合您。在进行这些锻炼前一定要充分热身，并且在掌握基本动作之前不要尝试更高阶的动作。这些动作需要颈部承重，因而医学人士通常会建议孕妇、围绝经期或绝经后的妇女、有骨质疏松或颈部问题的人避免进行这些动作的锻炼。虽然脊柱屈曲的练习会改善一些腰背部不适，但也可能会加重某些类型的腰背部问题。

坐姿脊柱前伸（脊柱前屈）

准备动作

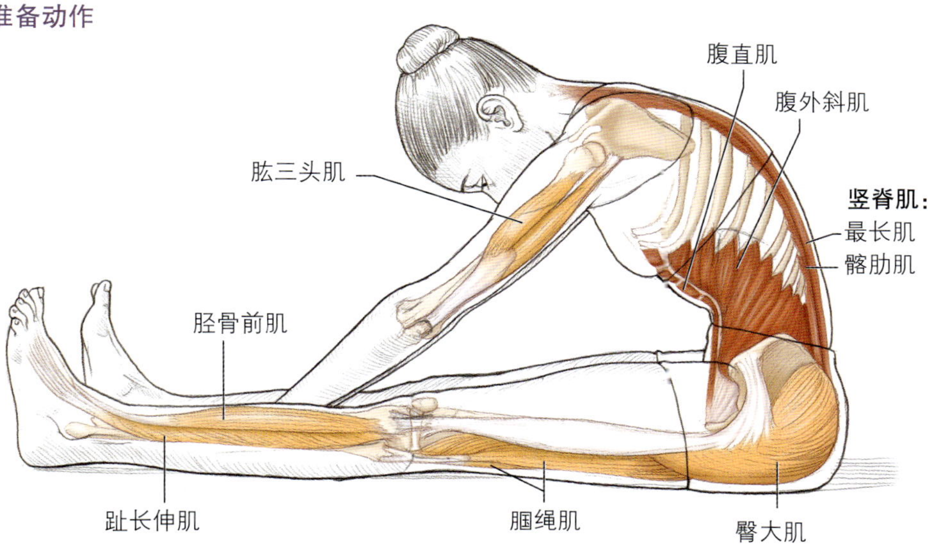

第二步前期

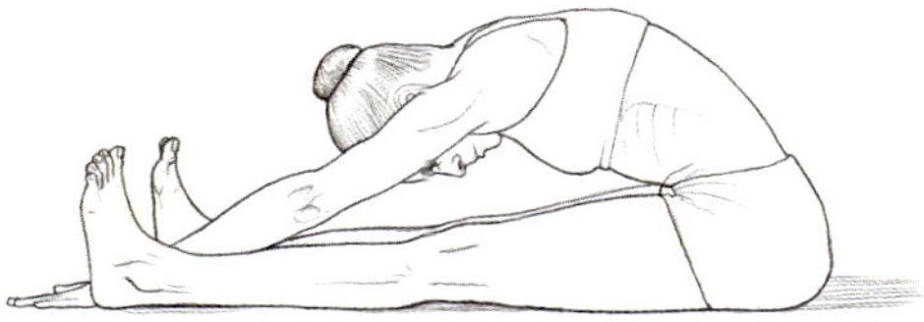

第二步后期

动作要领

1. *准备动作*。躯干直立坐姿。膝关节伸直，双腿分开略比肩宽，踝关节背屈。保持手臂伸直位于身体两侧，手掌放于垫子上。

2. *呼气*。如上图所示，在头和脊柱上部下卷时收紧腹壁，手向前伸，双手在腿内侧于垫子上向前滑行。

3. *吸气*。向后上方卷起脊柱，回复起始姿势。重复上述动作5次。

目标肌肉

脊柱伸肌：竖脊肌（棘肌、最长肌、髂肋肌）、半棘肌、深层脊柱周围肌肉。

脊柱屈肌：腹直肌、腹外斜肌、腹内斜肌。

辅助肌肉

脊柱前稳定肌：腹横肌。

髋关节伸肌：臀大肌、腘绳肌。

踝关节背屈肌：胫骨前肌、趾长伸肌。

肩关节屈肌：三角肌前束、胸大肌（锁骨端）。

肘关节伸肌：肱三头肌。

技巧要点

- 第二步开始时，在身体下卷的过程中保持头部靠近躯干。运用腹肌内收腹壁并下拉胸廓前部，在坐姿中回到脊柱弯曲程度最大的状态。当腹肌收缩使躯干下方呈现环抱的形状时，运用脊柱伸肌抵抗重力影响，平稳地控制躯干上方的下降趋势。持续下降脊柱，在下降过程中感受每块椎骨的运动。
- 开始时注意保持骨盆垂直。当躯干前伸时，髋关节伸肌等长收缩以阻止骨盆顶部相对于大腿前移（避免髋屈曲）。
- 在第二步结束的时候，稍稍前倾骨盆顶部，利用手臂前移来更大限度地拉伸腘绳肌。利用踝关节背屈肌使足部做出充分足背屈，加强前倾腿部的锻炼。在保持脚跟紧贴垫子的同时，专注脚跟向前延长。
- 要达到理想的手臂延长的目的，需要保持肩胛骨下沉并处于中立位。同时利用肩关节屈肌帮助手臂向前滑动，利用肘关节伸肌伸直肘部，感觉手臂被拉长。
- 在第三步上卷的过程中，利用腹肌将腹壁向内收紧。同时想象每一次移动都是在骶骨上移动一块椎骨；然后再从腰椎开始向上堆叠，直到脊柱伸肌带动脊柱回到垂直状态。
- *想象*。在下卷和上卷的过程中，想象有一条带子拴在腰上，拖着腰部向后拉，在手臂和腿部向前伸展时加深环抱动作。

补充说明

通过在稳定的坐姿中利用两个关键的脊柱姿势——挺直和卷曲，脊柱伸展为锻炼精细的脊柱关节提供了非常好的机会。在普拉提中脊柱屈曲的共同目标是强调卷曲腰背部而不只是上背部。因为上背部（胸椎）自然地前凹，所以这部分脊椎很容易过度前弯。脊柱伸展有助于腰背部获得充分的弧形，以及使腘绳肌和脊柱下部伸肌获得动态拉伸。

个性化锻炼

改良

如果练习者感觉腘绳肌比较紧，或者感觉起始位置时髋关节屈肌需要收缩才能防止躯干后倾，或者第二步向下卷动时躯干很难在髋关节前面下卷，可以微屈双膝，但脚跟需要保持在垫子上。在练习中屈曲双膝，直至脊柱可以平稳地向前卷动、手指前伸越过膝关节。

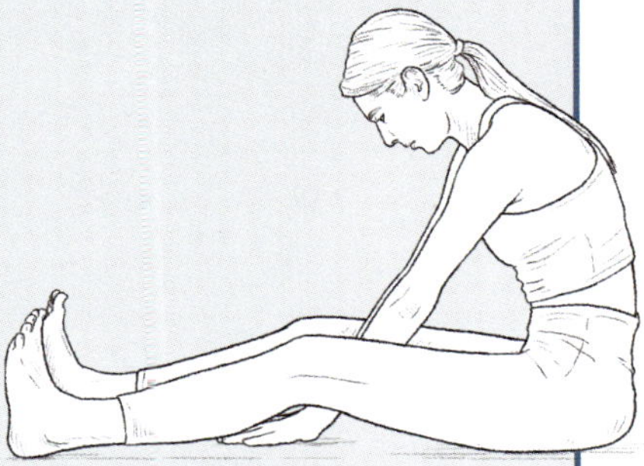

改良坐姿脊柱前伸

变式

在第二步结束时增加平背姿势，可以进一步锻炼腰椎，帮助形成平背或圆背姿势。在骨盆顶部稍微向前倾斜及手臂前伸后，从腰部底部开始，缓慢逐节伸展椎骨，直至上背部和颈部。然后，如基础练习描述的一样逐节卷动椎骨至第三步。关注逐节伸展和屈曲椎骨的不同感觉和控制需求。

6-2

后滚（滚动如球）

准备动作末期

第二步

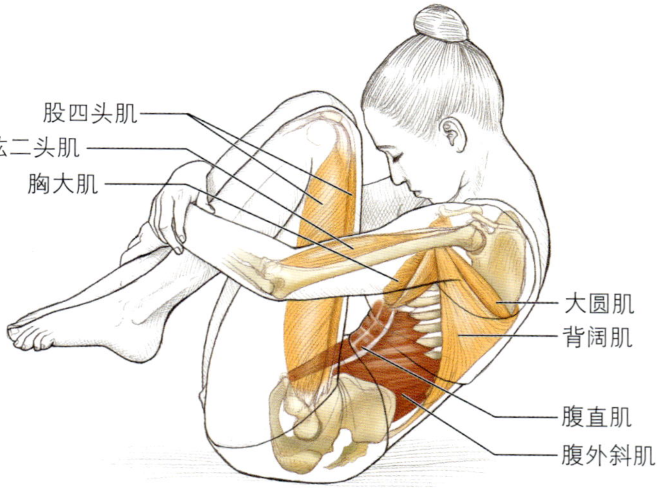

第三步

动作要领

1. *准备动作*。膝盖和双腿靠近胸廓坐下，像皮球一样，双脚放在垫子上。在身体柔韧度允许的范围内尽可能地使头部靠近膝盖。紧紧抱住小腿。向后滚动一点，重心放在坐骨上，这样双脚略悬于垫子上方时也能够保持平衡。

2. *吸气*。如上页图所示，向后滚动直到重心移动到上背部。

3. *呼气*。向前滚动（如上页主要肌肉图所示）回到起始姿势。连续重复动作10次。

目标肌肉

脊柱屈肌和前稳定肌：腹直肌、腹外斜肌、腹内斜肌、腹横肌。

辅助肌肉

髋关节屈肌：髂腰肌、股直肌。

髋关节伸肌：臀大肌、股后肌群。

髋关节内收肌：长收肌、短收肌、大收肌、股薄肌。

膝关节伸肌：股四头肌。

肩关节伸肌：背阔肌、大圆肌、胸大肌（胸骨端）。

肘关节屈肌：肱二头肌、肱肌。

技巧要点

- 在第一步，向内收紧腹壁，从头到尾骨形成一个大的“C”形。髋关节屈肌帮助大腿离开垫子。
- 在第二步开始时，进一步收紧腹壁，这样才能使髂前上棘和身体躯干向后滚动。用刚好足够的动力将重心转移到上背部。
- 在锻炼过程中，注意尽量不要改变髋关节、膝关节、肘关节的角度。想象身体作为一个整体在滚动。为了达到运动过程中稳定的形态，平衡等长收缩腿部和臂部来维持张力，但不要有明显的移动。尝试利用膝关节伸肌将膝盖略微带离身体，小腿向臀部靠拢，利用肘关节屈肌对抗这些潜在的移动。
- 运用髋关节内收肌在身体滚动过程中保持双腿靠拢。
- *想象*。想象自己处在一个训练球里，随着球来来回回缓慢滚动，依靠球的弧度保持脊柱的弧形。

补充说明

后滚以一种不同的方式作用于脊柱关节。它的目的是保持脊柱的弯曲形态，在身体后滚的过程中持续作用于每一块椎骨，片刻后再向前滚动。这个动作要求切换肌肉动力和平衡的方式，这种富有挑战性的技巧会在本部分或其他部分的许多锻炼中应用到。

个性化锻炼

改良

如果腰部和臀部较紧绷，回到起始姿势很困难或小腿有多余摆动，开始时手可以放在大腿后方接近膝盖处。

变式

将双手放在脚踝上，手肘外展，脊柱呈更平缓的“C”形，同时加大腰部的弯曲，减少上背部的弯曲。

进阶

在起始位置脊柱保持同样的姿势，但是双手不抱腿，取而代之的是双臂向前伸直。保持肘关节伸直，双臂与地面平行，掌心相对。在前后滚动时尽量保持包括双臂在内的全身每个部位姿势的稳定性。进阶姿势失去了基础姿势所描述的双臂对等长收缩的辅助。等长收缩在身体保持理想姿势方面具有显著作用，特别是在向前滚动和后滚至起始位置时。

进阶后滚

海豹拍鳍（海豹宝宝）

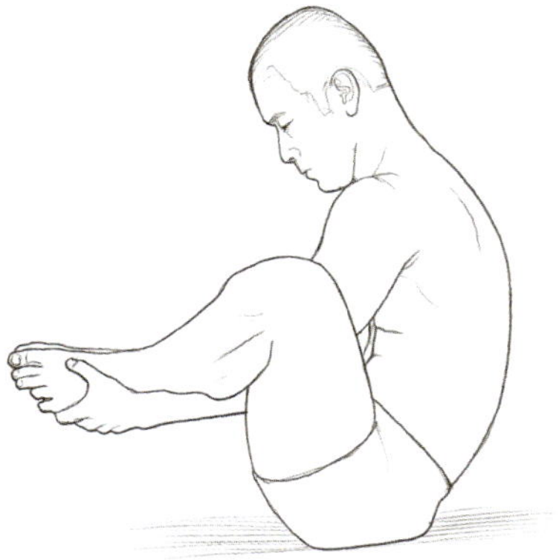

准备动作

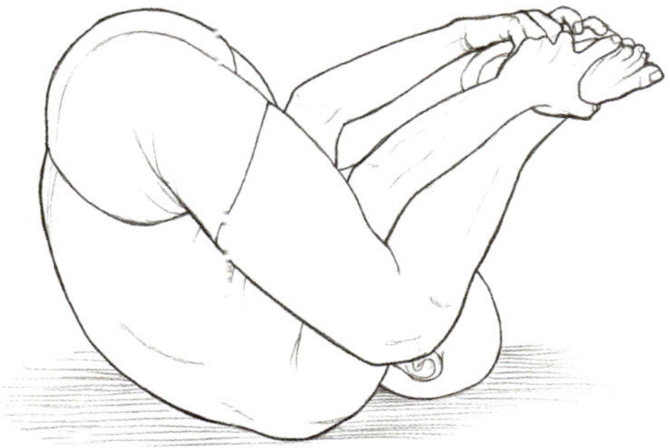

第二步

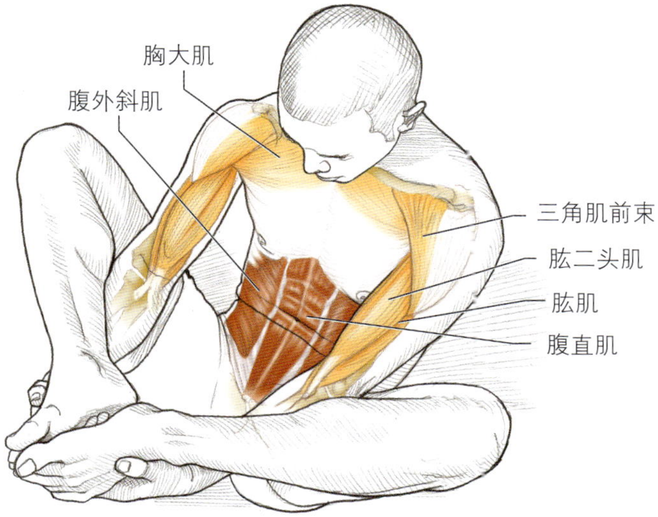

第三步中期

动作要领

1. *准备动作*。坐下，膝关节向胸部弯曲，双膝打开略比肩宽。脚后跟靠拢，脊柱呈“C”形弯曲。手臂从两腿之间置于小腿下方，双手分别握住双脚外侧。举高双脚，远离垫子，升高膝关节使其过肩膀。然后上体后仰，利用坐骨平衡。

2. *吸气*。如图所示，向后滚动，使上背部着地。

3. *呼气*。向前滚动（如主要肌肉图所示）回到起始姿势。拍动双脚2次。连续重复整个锻炼动作10次。

目标肌肉

脊柱屈肌和前固定肌：腹直肌、腹外斜肌、腹内斜肌、腹横肌。

辅助肌肉

髋关节屈肌：髂腰肌、股直肌。

髋关节外展肌：臀大肌、臀小肌。

髋关节内收肌：长收肌、短收肌、大收肌、股薄肌。

膝关节伸肌：股四头肌。

肩关节屈肌：三角肌前束、胸大肌（胸骨端）。

肘关节屈肌：肱二头肌、肱肌。

技巧要点

• 在第一步中用腹肌使骨盆后倾，从头部到尾骨形成“C”形。与此同时，内收腹壁，这样躯干前方可以内收成环抱状。用髋关节屈肌保持双腿离开毯子、大腿靠近胸部的姿势。肩关节屈肌和肘关节屈肌可帮助手臂保持双腿靠近肩膀，同时髋关节外旋的姿势。

• 在第二步开始时，进一步收紧下腹壁，使髂前上棘后旋，身体慢慢向后滚动，重心移到上背部。

• 为了便于在第三步中完成反向动作，需要利用髋关节伸肌将大腿带离胸部，双手向下推动双腿（手臂可以阻止实际中髋关节角度的改变）。与此同时，利用腹肌加深腰部弯曲，提升躯干上部，将身体作为一个整体完成正确的前滚动作。

• 在身体滚动的时候，尝试保持身体形态不变，运用这种概念完成这个动作和后滚（6–2）。

• 一旦达到了初始姿势的平衡状态，轻轻拍动双脚2次，利用髋关节内收肌来分开或闭合双腿。这里需要强调的是，闭合大腿时应猛地发力，动作要快速。

• *想象*。为了平缓流畅地正确完成身体滚动，想象脊柱的弯曲弧度像球、轮子或者铁环，并在滚动时保持这种弯曲弧度。

补充说明

海豹拍鳍因拍动双脚的动作而得名，这个动作像是海豹在拍鳍一样。海豹拍鳍与后滚（6–2）在益处和挑战性方面有许多共同点，如脊柱伸肌的动态伸展，在翻滚时都需要腹肌来保持脊柱“C”形，动力的技巧性应用，上体后仰时利用坐骨平衡等。在动作的最高点，海豹拍鳍的拍动双脚增加了动作的难度，因其很容易破坏“C”形姿势的动力、平衡和持久性。

个性化锻炼

改良

如果因髋关节和腰部缺乏平衡力或灵活性而不能完成海豹拍鳍，可以用双臂在膝关节上方由双大腿外侧抱住大腿（如图所示）。在第二步和第三步注意保持肘屈曲的角度，以及大腿和胸部之间的距离不变。熟练之后，可以逐渐使膝关节贴近胸部——先把双手下移放在小腿处，然后逐渐朝向踝关节下移，双臂仍然位于双大腿外侧。

改良海豹拍鳍

进阶

通过使双膝距离肩膀更近和脚踝距离臀部更近来增加难度。在身体前后滚动时尽量保持这种紧张的髋关节和膝关节屈曲度。不要让小腿在前后滚动时远离臀部。在最低点和最高点动作中各拍脚3次，在身体滚动前暂时停顿，可以更进一步地增加难度。

蟹式

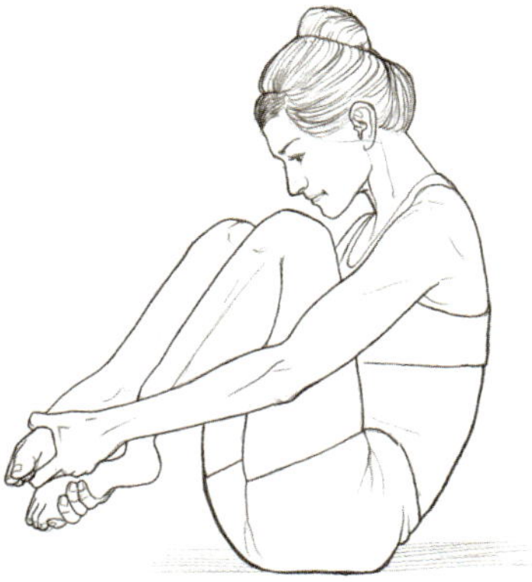

准备动作

第二步

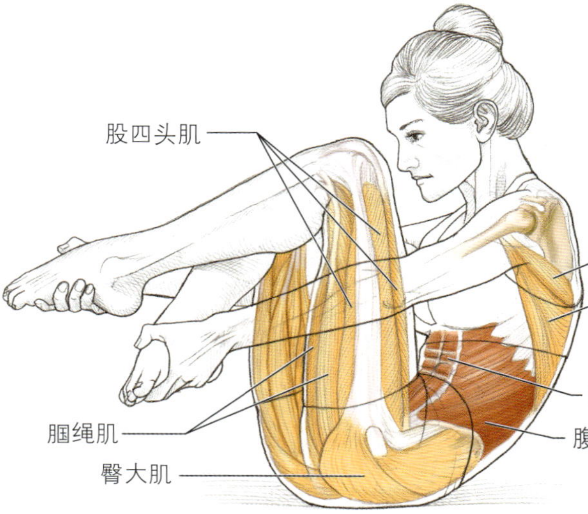

第三步中期

第三步末期

动作要领

1. *准备动作*。坐下，膝关节弯曲，脚踝交叉。脊柱弯曲成“C”形。手臂绕过大腿， 双手交叉握住对侧脚（用右手抓住左脚，左手抓住右脚），肘关节略微弯曲外展。大拇指放在脚的内侧，其他手指绕过足弓握住脚。提升双脚离开垫子，向肩部抬高膝关节。上体后仰时利用坐骨平衡。

2. *吸气*。如图所示，向后滚动，使上背部着地。

3. *呼气*。向前滚动回到准备动作（如主要肌肉图所示），再将头部如上页图所示靠到垫子上，然后滚动回到准备动作。连续重复动作6次。在重复动作的最后要回到准备动作的平衡位置。

目标肌肉

脊柱屈肌和前固定肌：腹直肌、腹外斜肌、腹内斜肌、腹横肌。

辅助肌肉

髋关节屈肌：髂腰肌、股直肌。

髋关节伸肌：臀大肌、股后肌群。

髋关节外旋肌：臀大肌。

膝关节伸肌：股四头肌。

肩关节屈肌：背阔肌、大圆肌、胸大肌（胸骨端）。

肘关节屈肌：肱二头肌、肱肌。

技巧要点

- 在第一步中用腹肌使骨盆后倾，从头部到尾骨弯成“C”形。与此同时，内收腹壁，这样躯干前方可以内收成环抱状。用髋关节屈肌保持双腿离开毯子、大腿靠近胸部的姿势。髋关节略微外旋可以帮助膝关节向肩膀内侧靠近。

- 在第二步开始时，进一步收紧下腹壁，使髂前上棘后旋，身体慢慢向后滚动，重心移到上背部。努力保持脊柱的“C”形弯曲并尽力维持髋关节和膝关节角度不变。

- 为了方便在第三步中完成反向动作，尝试利用髋关节伸肌将大腿带离胸部，并利用肩关节伸肌将双脚压向臀部。像后滚（6–2）描述的那样，同时协调好膝关节伸肌和肘关节屈肌的收缩，将关节角度改变最小化，帮助身体作为一个整体向前滚动。开始滚动时用腹肌加深腰椎弯曲，然后再在滚动动作中向上带起躯干上部（第三步中期）。

• 在第三步末期身体重量转换到膝关节上时，试着抬高骨盆过膝，同时收缩髋关节伸肌、膝关节伸肌和腹肌。这里膝关节的弯曲角度会减小，让躯干前靠使头部可以触及垫子，并利用髋关节外展肌的作用来保持膝关节面向外的姿势。

• 第三步末期在头部触及垫子时，小心控制向前运动的力量和速度，这样作用于颈椎的力量会非常小。

• 在回到准备动作时，膝关节伸肌和髋关节伸肌的良好离心收缩对控制骨盆下降和保护膝关节来说非常重要。

• *想象*。在翻滚过膝关节、头放到垫子上这一富有挑战性的过程中，想象有一个小伙伴在向上、向前拉您牛仔裤的皮带扣，提起您的骨盆。在向后滚动时同样这么想象。这种想象有助于流畅轻盈地正确完成动作，产生一种被举起来的感觉。

补充说明

蟹式是因为在锻炼时双腿和膝关节在两侧、双脚在中心的造型和螃蟹很相似而得名。蟹式是一个高级动作，应该只能让普拉提的技巧性学员和能完美完成后滚（6-2）和海豹拍鳍（6-3）的学员尝试。蟹式拥有后滚和海豹拍鳍共同的益处，包括脊柱伸肌的动态伸展、在翻滚时保持身体呈球形的腹肌和其他肌肉的协调作用、动力的应用技巧和支撑基础上的精妙的平衡力。

蟹式的难度更大——身体向前的动作中，通过膝关节的深度弯曲来承重，膝关节处于易受伤的位置。此外，膝关节朝向身体两侧某个方向而不是正面向前，如果没有良好的形态，会有潜在的膝关节扭转问题。再者，结束的姿势中如果没有保持良好的控制力，颈部伸展的方式可能会变得非常危险。因此，膝关节、颈部有问题或者存在其他身体状况、可能增加相关损伤的潜在风险的人不可进行这项锻炼。

个性化锻炼

改良

由于蟹式动作中躯干需要深度屈曲，所以本动作有一定难度。特别是双臂较短的练习者，会因为抓住双脚的动作而感到整个练习都有难度。可以如后滚（6-2）描述的利用肩关节伸肌、肘关节屈肌和髋关节伸肌等长收缩，把双手放在膝关节前方。向后滚动时抓住双膝。向前滚动时，双手松开双膝放在骨盆后边的垫子上，以通过推压垫子帮助身体向上、向前移动。在骨盆位于上方而膝关节贴住垫子时，双手位于肩关节正下方。回到起始位置时，双手先放在骨盆后边的垫子上，在骨盆回落至垫子上后，把双手放在膝关节上，准备再次开始练习。

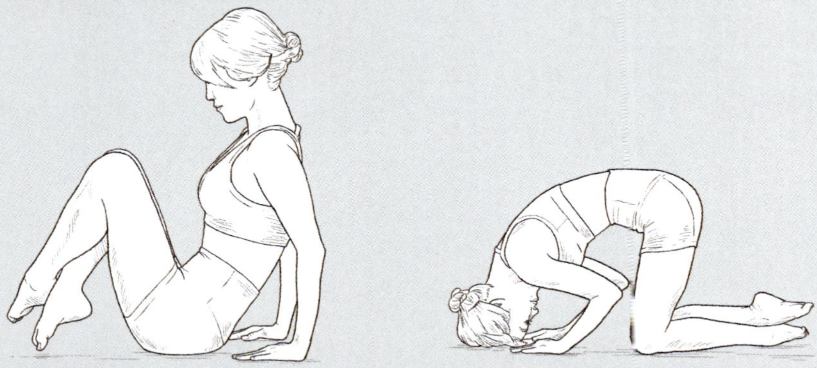

改良蟹式

变式

练习蟹式时，在后翻滚的姿势中重复交叉双腿。如下图所示，膝关节弯曲或者伸直，然后再一次弯曲。这个有趣的变式为蟹式增加了难度。腿部和手臂的快速动作要求许多相关肌肉的协调应用来避免打破核心稳定性和动作流畅性。变式中手的位置也稍有变化，一些人可能会发现这样有助于他们将双脚保持在中立位。在最有难度的动作最高点姿势进行呼气，花一些时间来小心适应新的动作变化，正确调整呼吸。在后滚时呼气，双腿动作变化时吸气，前滚时呼气，颈部缓缓伸直时吸气。

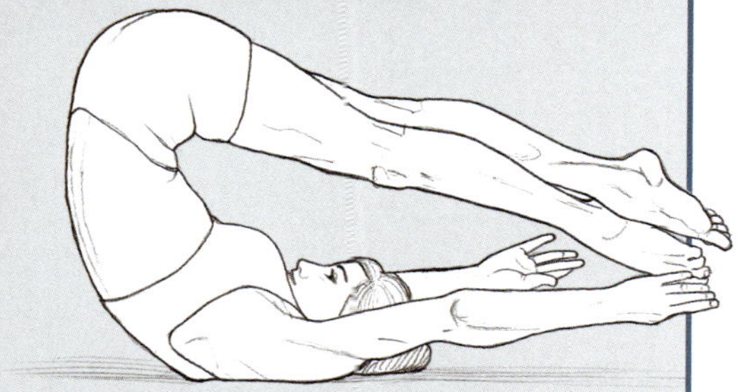

蟹式变式

6–5

分腿滚动

准备动作

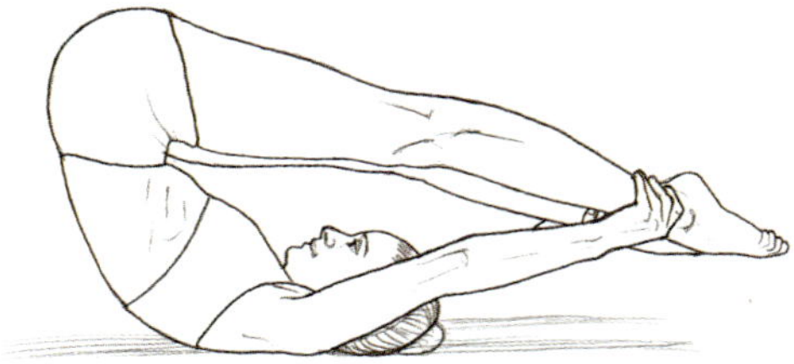

第二步

第三步

动作要领

1. *准备动作*。上体后仰，用坐骨保持身体平衡，膝关节靠近胸部，两膝分开略比肩宽，腰背部呈“C”形弯曲。双手握住双踝关节略上方。伸直双膝使身体呈“V”形。

2. *吸气*。如上页图所示，向后滚动，重心移到上背部。

3. *呼气*。如主要肌肉图所示，向前滚动回到“V”形姿势。连续重复动作5次。

目标肌肉

脊柱屈肌和前固定肌：腹直肌、腹外斜肌、腹内斜肌、腹横肌。

髋关节屈肌：髂腰肌、股直肌、缝匠肌、阔筋膜张肌、耻骨肌。

辅助肌肉

脊柱伸肌：竖脊肌。

髋关节伸肌：臀大肌、股后肌群。

髋关节外展肌：臀中肌、臀小肌。

膝关节伸肌：股四头肌。

踝关节屈肌：腓肠肌、比目鱼肌。

肩关节屈肌：三角肌前束、胸大肌（胸骨端）。

肘关节伸肌：肱三头肌。

技巧要点

• 在第一步中，收缩腹肌，使骨盆后倾。髋关节伸肌收缩辅助大腿的支撑过程中，尤其是在膝关节伸肌作用下伸直双腿时，要防止腰背部拱起。髋关节内收肌在“V”形姿势中保持双腿分开，同时手臂会阻止双腿分得太开，肩关节屈肌辅助髋关节屈肌来维持双腿离开垫子的姿势。

• 在第二步开始时，使下腹壁进一步内收，以便于髂前上棘后旋，促进身体平缓流畅地翻滚至上背部贴地。

• 在身体向后滚动时，保持肘关节伸展，用髋关节伸肌来支持双腿，不要让双腿向胸部滑落。

• 在第三步开始的时候，手臂会阻止髋关节角度的变化，可以尝试利用髋关节伸肌来移动双腿，使其离开胸部，帮助身体朝正确方向滚动。之后在第三步身体向前滚动时，尝试加深“C”形弯曲来帮助翻滚。同时为了帮助躯干上部卷起达到“V”形的平衡，需要利用腹肌使胸廓前面往下压。

- 在整个锻炼的过程中，利用膝关节伸肌来保持膝关节伸直，利用踝关节屈肌缓缓绷紧双脚，这样才能长时间保持大腿线条。想象双腿一直伸长到太空。
- 注意保持肩胛骨处于中间位置。避免让肩膀高过耳朵，特别是在“V”形姿势中。
- *想象*。正如这个动作名称暗示的那样，想象脊柱像摇椅一样平稳地前后滚动。

补充说明

分腿滚动是普拉提的另一个标志性动作。因其具有观赏美学和一定难度，所以在图片中很常见。分腿滚动利用了许多后滚（6-2）中所用到的技巧，但其直腿的姿势实质上增加了难度。这个直腿姿势让许多人能够拉伸腘绳肌，并明显增加了平衡难度。这个锻炼动作中的“V”形姿势也是V形悬体（5-9）中一个必不可少的元素。

个性化锻炼

改良

如果腘绳肌太过紧绷，可以把抓脚踝上方改为抓小腿肚。如果这样调整仍然不够的话，可以稍屈曲膝关节，握住大腿后方。

反之，如果腘绳肌柔韧性过强，可以缩小“V”形的间隙。关注保持肘关节伸直，以及双腿略微后压，避免双腿与胸部相距过近，尤其是第二步后滚时。

变式

如右图所示，可以以平背姿势完成。在这个变式中，当在第三步卷起身，使用腹部力量保持骨盆中立位的时候，注意让脊柱以对角线的角度向天花板伸展。这有助于提升宝贵的技巧：使用脊柱伸肌来挺直背部，同时在平衡和腿部支持方面保持骨盆不向前倾。

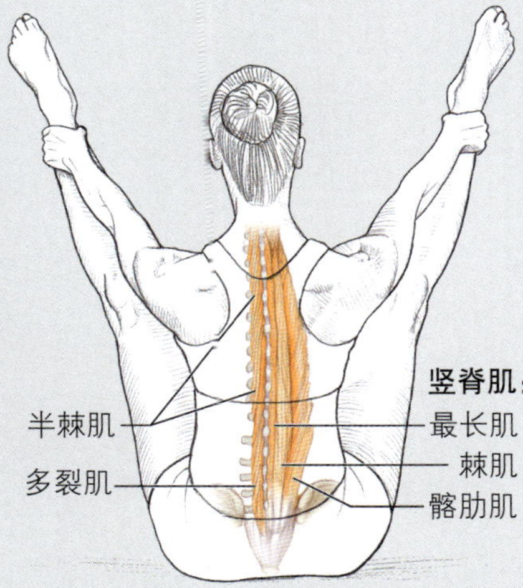

分腿滚动变式的脊柱伸肌

进阶

在起始位置，用右手抓住左踝内侧，左臂在左外侧向空中伸展。注意，在保持骨盆面向正前方的同时限制躯干向后上方的轻微旋转。在第二步沿骨盆、腰部和背部中段中线后滚。第三步脊柱离开垫子后，立刻如图所示伸展左臂并向左腿旋转，这样可以增加腹斜肌的收缩和增加维持平衡的难度。在手脚位于最高点时停顿，左臂下落与右臂平行，同时躯干回旋，使其尽可能面向前方。练习三次，然后同法练习另一侧。

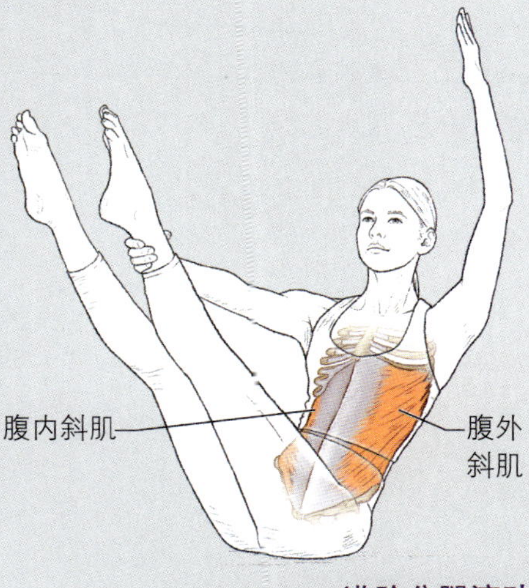

进阶分腿滚动

超越卷动

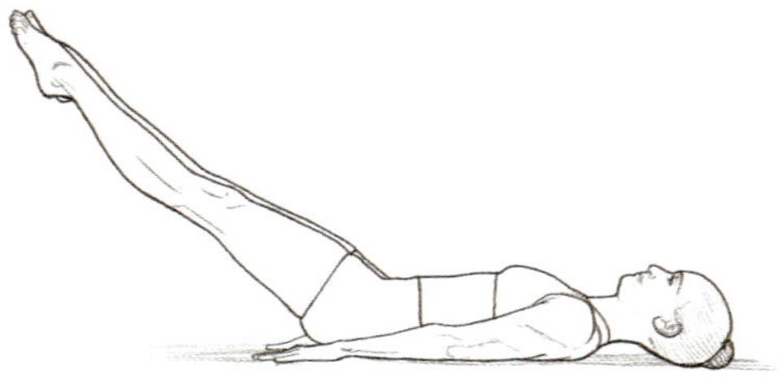

准备动作

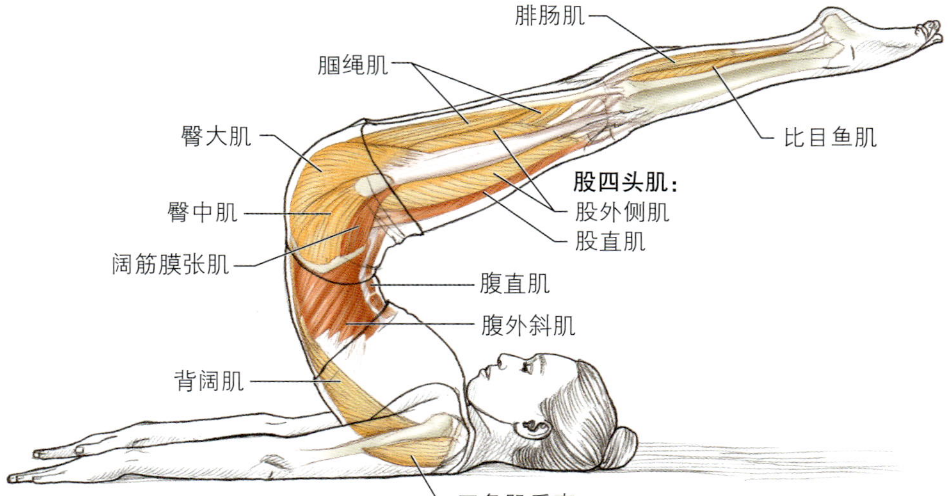

第三步

第四步

动作要领

1. *准备动作*。仰卧，双臂放在身体两侧，掌心向下。保持腿部笔直伸出，与垫子成60°角或者更高些（如果骨盆在60°不能保持稳定）。

2. *吸气*。把腿抬到垂直的位置（髋关节屈曲90°）。

3. *呼气*。如图所示，骨盆离开垫子，双腿越过头部。

4. *吸气*。如上页图所示，朝着垫子把脚放低，如果柔韧性允许的话，可以使双脚触及垫子。然后，两腿分开同肩宽。

5. *呼气*。慢慢把脊柱卷回到垫子上。当骨盆完全放到垫子上的时候，更进一步放下双腿，然后再一起回复到准备动作的姿势。

6. 重复同样的顺序，以第一步双腿分开开始，然后到第四步越过头顶的时候双腿合起。回复的时候双腿并拢，当第五步准备重复动作的时候分开双腿。

7. 重复以第一步双腿并拢开始的动作三次和以双腿分开开始的动作三次。

目标肌肉

脊柱屈肌：腹直肌、腹外斜肌、腹内斜肌。

髋关节屈肌：髂腰肌、股直肌、缝匠肌、阔筋膜张肌、耻骨肌。

辅助肌肉

脊柱前稳定肌：腹横肌。

脊柱伸肌：竖脊肌。

髋关节伸肌：臀大肌、腘绳肌。

髋关节外展肌：臀中肌、臀小肌。

髋关节内收肌：长收肌、短收肌、大收肌、股薄肌。

膝关节伸肌：股四头肌。

踝关节跖屈肌：腓肠肌、比目鱼肌。

肩关节展肌：三角肌后束。

技巧要点

• 向脊柱方向内收且上提腹壁来保持骨盆稳定，以免当髋关节屈肌上提双腿离开垫子的时候腰部弯成弓形。第一步和第二步均直腿上抬。

• 在第三步早期，使用腹肌使骨盆后倾，继而向脊柱弯曲。从脊柱的底部开始，然后在翻转阶段最大化腰椎的弯曲度。脊柱柔韧性好的人需要同时用脊柱伸肌做微小的收缩来达到预期的“C”形弯曲，不要让中背部和上背部弯曲太多。

• 在第三步和第四步，分别用髋关节伸肌来保持双腿离开垫子和控制双腿慢慢放低至触及垫子。用髋关节外展肌稍微分开双腿。

• 保持腿部靠近胸部，在第五步腹肌控制脊柱持续降低到垫子上时，尽可能久地保持躯干下部的弯曲。躯干充分放低后，在使用髋关节伸肌控制腿部下降和髋关节外展肌控制腿部抬起时，注意用腹肌来保持髋部和腰部的稳定。

• 整个练习，通过膝关节伸肌来伸直膝关节，用踝关节跖屈肌绷紧脚背来保持修长的腿部线条。想象腿可以在空中向着任何方向伸出。

• 当在第三步抬起骨盆离开垫子时，下按手臂紧贴垫子，让肩关节展肌帮助躯干上部向前。当在第五步放低身体回到垫子的时候，下按手臂紧贴垫子能让肩关节伸肌离心收缩，帮助增加这个动作的难度。

• *想象*。在这个动作的上提阶段，想象骨盆像是绕着一个球弯曲；当骨盆开始下降的时候，想象把球滚向脚趾的方向。

补充说明

可以把超越卷动当作长躯席卷（5-2）的相反运动。在长躯席卷中强调的是骨盆朝着胸廓而不是胸廓朝着骨盆。集中于用骨盆开始动作可以让每块腰椎有序地得到弯曲，对于提升腰部脊柱关节的技巧有重要意义，也能提升用腹肌后倾骨盆的技巧。在这种练习中，骨盆前倾是一种常见的姿势问题，经常伴随着双腿偏离中心，在百次拍击（5-4）和V形悬体（5-9）也曾讲到这种问题。而用腹肌后倾骨盆可以避免出现骨盆前倾。后倾骨盆激活更多的下腹部肌纤维，做这样的锻炼对于改善核心稳定性是必不可少的。长躯席卷为许多人的腘绳肌和脊柱伸肌提供了动态拉伸。

虽然超越卷动提供许多益处，但是抬腿到头部上方的动作可加重上背部和颈部的屈曲，这对许多人是不合适的。请确认在没有颈部和背部不适的范围内锻炼。练习前应咨询医生，如果有必要，按需求删减或调整训练。

个性化锻炼

改良

在第三步和第四步弯曲背部和放低双腿中，只要达到感觉身体的重量主要由肩部和上背部支撑，而不是脖子支撑即可。这能减小对颈部的压力。如果腘绳肌很紧，首先做到双腿与垫子平行的动作而不是双脚触及垫子的动作。如果腘绳肌还是不能完成动作，当腿越过头顶的时候可以轻微屈曲膝关节。如果脊柱或肩部紧绷无法在翻转的步骤使骨盆越过肩膀，在双腿提到头部以上的时候可弯曲肘关节，像改良倒置平衡（6–8）一样用双手支撑骨盆。

变式

可以在双腿越过头顶时足背屈，以便在腿回到准备动作的时候加强腘绳肌的动态牵拉和绷紧脚尖。

进阶

双臂伸肌，尤其是肩关节伸肌，在原始超越滚动中很重要。它们在向上滚动阶段和向下滚动阶段支撑脊柱小平面关节。减少双臂的支撑，这个动作会变得非常有难度。减少双臂支撑有三种选择，难度由低到高不等。第一种选择是简单地将双臂放在垫子上，掌心朝上。这会使肩关节轻微外旋，从姿势的角度来看这是有益的。第二种选择是将手臂在垫子上向上伸展，越过头顶，掌心朝上。第三种选择也是最困难的选择——将手臂“T”形放置，掌心朝上。对于这三种选择，在脊柱抬离垫子时，尽量减少腿部力量的使用。

进阶超越卷动

回力飞镖

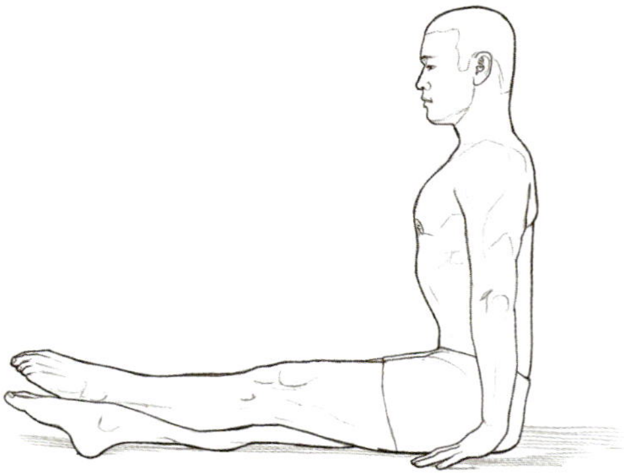

准备动作

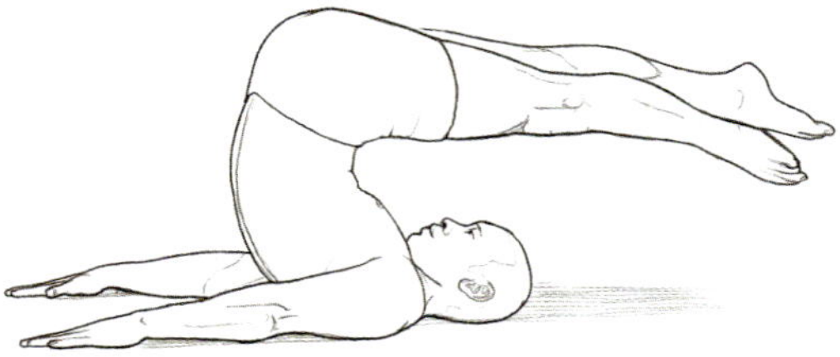

第二步

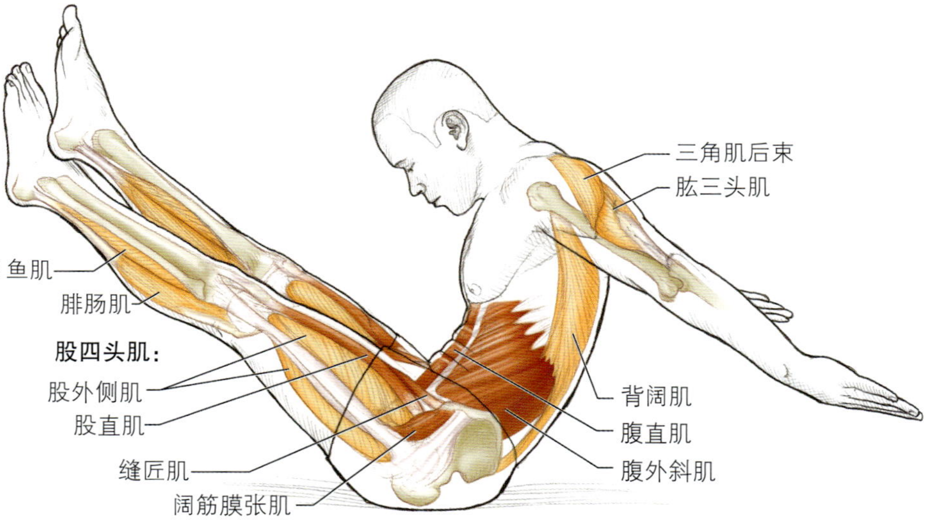

第三步

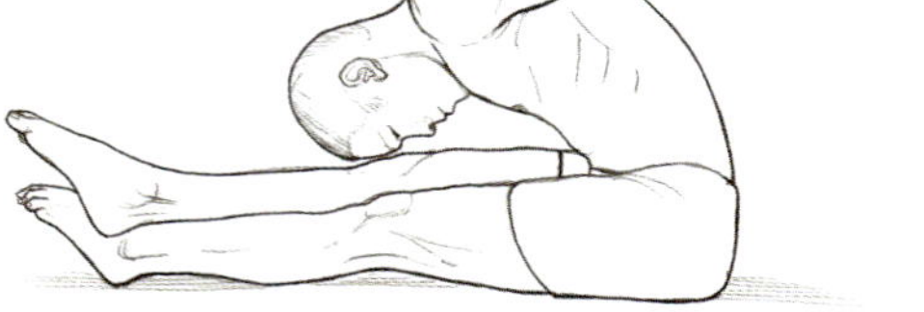

第四步

动作要领

1. *准备动作*。背部挺直坐好，腿向前伸直。一只脚踝放在另一只脚踝上，脚背绷直。双臂贴着身体，手掌向下，放在垫子上。

2. *呼气*。如上页图所示，把背部卷曲到垫子上方，腿到达头部以上。本步主要肌肉见超越卷动（第140页）。转换双腿，让原本在下方的脚踝换至上方。

3. *吸气*。如主要肌肉图所示，身体向前、向上卷曲成“V”形，同时手臂向后，手掌向上。

4. *呼气*。把腿放低到垫子上，让头靠近膝盖。如果柔韧性允许，双臂如上页图所示继续向后提起。

5. *吸气*。身体保持这个姿势，同时手臂画圈回到前方。

6. *呼气*。像第二步一样卷回去。重复上述动作6次，将上方的脚踝换至下方。做完最后一次，回到准备动作。

目标肌肉

脊柱屈肌：腹直肌、腹外斜肌、腹内斜肌。

髋关节屈肌：髂腰肌、股直肌、缝匠肌、阔筋膜张肌、耻骨肌。

辅助肌肉

脊柱前稳定肌：腹横肌。

脊柱伸肌：竖脊肌。

髋关节伸肌：臀大肌、腘绳肌。

髋关节外展肌：臀中肌、臀小肌。

髋关节内收肌：长收肌、短收肌、大收肌、股薄肌。

膝关节伸肌：股四头肌。

踝关节跖屈肌：腓肠肌、比目鱼肌。

肩关节屈肌：三头肌前束、胸大肌（锁骨端）。

肩关节伸肌：背阔肌、大圆肌、三角肌后束。

肩关节外展肌：三角肌中束、冈上肌。

肘关节伸肌：肱三头肌。

技巧要点

• 向内、向上收腹，防止当髋关节屈肌提双腿离开垫子时腰背部弯成弓形，以及在第二步卷曲的时候形成骨盆后倾。在卷曲开始的时候，应同时移动腿和骨盆。尽量持续保持髋关节弯曲的角度。

• 在第二步结束的时候，用髋关节伸肌保持双腿离开垫子，当转换双腿的时候要始终保持同一个高度。用髋关节外展肌轻微分开双腿，用髋关节内收肌慢慢交换、并拢双腿。

• 在第三步，用腹肌在第一阶段控制骨盆和脊柱连续放低，然后在接下来的阶段卷曲躯干呈“V”形。在髋关节屈肌活动来保持腿离开垫子和帮助身体摆出“V”形的动作前，髋关节伸肌帮助双腿远离头部。

• 在第四步，用髋关节屈肌远离中心慢慢放低双腿，同时用腹肌避免让骨盆前倾。通过脊柱伸肌离心收缩来控制脊柱的前倾。

• 整个动作过程中，利用髋关节外展肌保持双腿交叉，膝关节伸肌保持膝关节伸直，踝关节跖屈肌轻轻绷直脚背来保持流畅的腿线。

• 下按手臂到垫子上，可以帮助肩关节伸肌在第二步中抬起上身和第三步中控制下落的幅度。在第三步和第四步，一旦手臂离开垫子，用肩关节伸肌来向后抬起手臂。在第三步和第四步，手臂应向后、向上伸展，背阔肌使手臂内旋，肘关节伸肌保持肘部笔直。

• 当在第五步从后向前以弧形收回手臂的时候，肩关节外展肌帮助双手越过垫子。手臂伸至前方时保持其伸展，肩关节屈肌离心收缩降低手臂到准备动作。

• *想象*。训练的名字“回力飞镖”，给训练中节奏的选择和弧度的质量提供了有用的画面。想象当回力镖在一个方向以一个弧度飞行的时候，它改变方向以相同的弧度飞回原来的位置。

补充说明

回力飞镖是整个身体在空间里移动的时候，不断变化的挑战核心稳定性和平衡性的复杂运动。虽然它涵盖一系列的肌肉运动，但是与增加力量相比，它对整个身体的协调性和中心控制力的作用更大。它同样让腘绳肌、脊柱伸肌和肩关节屈肌得到不断拉伸。回力飞镖融合了超越卷动（6–6）和V形悬体（5–9）的难度。只有掌握了超越卷动和V形悬体之后，才可尝试回力飞镖。切记，回力飞镖是非常高级的动作，只有在适合的时候才能练习。

个性化锻炼

改良

如果腘绳肌的柔韧性不够，在翻身做出“V”形动作并且向前伸展的时候（第三步和第四步）可稍微弯曲膝关节来减轻拉伸。此外，如果腹肌力量不够强大，不能在第四步有控制地落下双腿，则在“V”形姿势后屈曲双膝，让双脚接触垫子。然后，向前滑动脚跟，以便腘绳肌有足够的柔韧性使躯干向前卷动。屈曲双膝，让双腿尽可能距离髋关节较近，有利于支撑体重，可进一步放松腘绳肌。

改良回力飞镖

变式

与其保持脊柱弯曲，不如像V形悬体（5-9）一样伸展上背来完成“V”形动作。在第三步手臂前移超过头顶，然后以弧形由侧方移至后方。如右图所示双手交握，轻轻放下肩胛骨，上提上背部。手臂向后伸展时肩膀后展，而不是向前形成圆肩，这个姿势可以深度拉伸肩关节屈肌。在第四步放下双腿后，手臂以弧形移到两侧，再朝着脚的方向前伸。

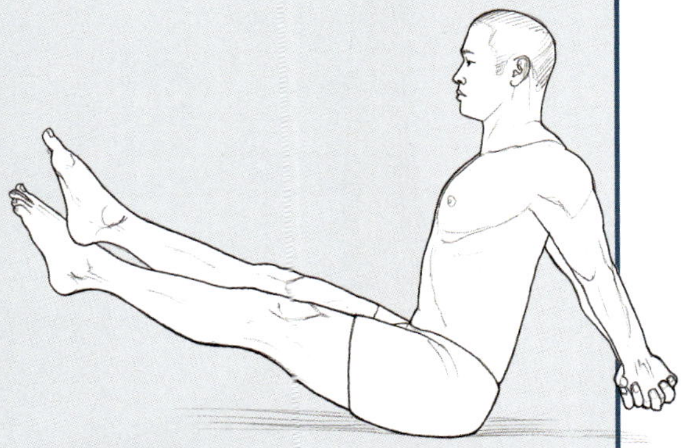

回力飞镖变式

6–8

高阶

倒置平衡

准备动作

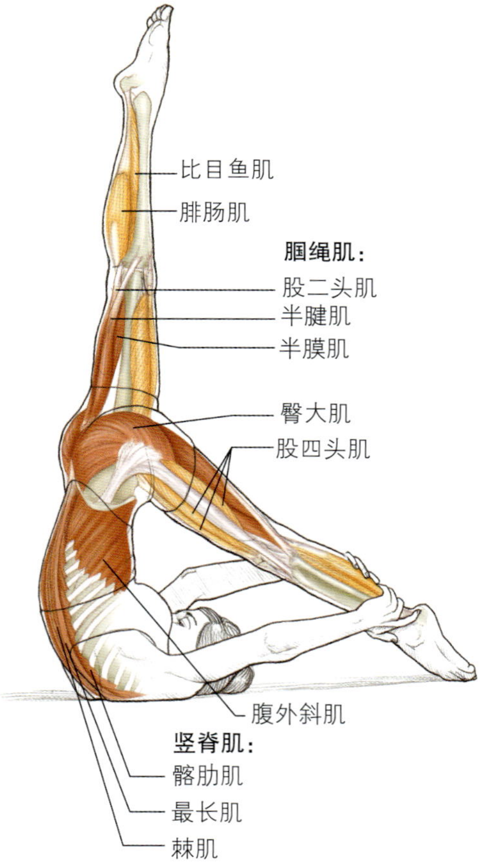

第二步

动作要领

1. *准备动作。*按照超越卷动（6-6）的动作，保持双腿越过头顶，双脚慢慢地指向垫子，并尽可能地贴近垫子。移动手臂抓住脚底。

2. *呼气。*移动双手，一只手抓住一条腿的外踝，另一只手抓住同一条腿的小腿。向上抬高另一条腿，如主要肌肉图所示，达到垂直的理想状态。

3. *吸气。*转换双腿，原本在下面的腿垂直向上。两手分别抓住下面腿的外踝和小腿。每侧重复动作3次，一共6次。在最后一次动作后，双腿及脊柱移回垫子侧。

目标肌肉

脊柱屈肌：腹直肌、腹外斜肌、腹内斜肌。

脊柱伸肌：竖脊肌（棘肌、最长肌、髂肋肌）、半棘肌、深层脊柱周围肌肉。

髋关节伸肌：臀大肌、腘绳肌（半膜肌、半腱肌、股二头肌）。

辅助肌肉

脊柱前稳定肌：腹横肌。

髋关节屈肌：髂腰肌、腹直肌。

膝关节伸肌：股四头肌。

踝关节跖屈肌：腓肠肌、比目鱼肌。

肩关节屈肌：三角肌前束、胸大肌（锁骨端）。

技巧要点

- 在第一步，双腿抬过头顶的时候，注意使用腹肌保持脊柱弯成“C”形，保持骨盆在肩膀之上。同时，下部脊柱伸肌轻微收缩减少骨盆后倾，尾骨应朝向天花板。当双腿交替抬高或降低的时候，尽量保持这个核心稳定性。

- 在第二步，一条腿向天花板抬起的时候，注意使用髋关节伸肌上抬大腿后部，使其与骨盆成一直线。在第三步，双腿交换的时候，离心收缩髋关节伸肌，平稳控制腿的下降。同时另一条腿的髋关节伸肌向心收缩上抬腿部。

- 为了增加稳定性，肩关节屈肌下压下面腿的踝部。通过保持下面腿的稳定性，髋关节屈肌可防止躯干落回垫子。

• 在整个运动中，通过膝关节伸肌保持膝关节伸直，踝关节跖屈肌轻轻绷直脚背来维持修长的腿线。

• *想象*。想象双腿就像一个量角器，下面的腿是用来固定位置的量角器的一条边，抬高的腿是量角器的另一条边。

补充说明

倒置平衡是一个非常有挑战性的动作，通常情况下，向上伸出一条腿会让身体失去平衡，倒向垫子，因此，这个练习有助于提升中心控制来保持平衡。腹肌、脊柱屈肌、髋关节伸肌和髋关节屈肌的复杂运动对于平衡地完成动作是必要的。除此之外，腿部运动对经常紧绷的腘绳肌和髋关节屈肌的动态伸展也有潜在益处。

在提供诸多潜在益处的同时，如超越卷动（6-6）一样，这项运动可加重上背部和颈部的屈曲，因此在练习之前应咨询医生，明确自己是否适合这项练习。

个性化锻炼

改良

如果想减轻颈部压力，或者腘绳肌或腰部的柔韧性不足以完成第二步，可以考虑练习以下改良动作。由练习超越卷动（6-6）第一步开始，当上背部和肩关节很好地支撑身体重量后，增加双臂的支撑——双手掌根放在腰部两侧，手指位于骨盆处。然后一条腿朝上伸直，如果没有不适，尽量垂直垫子。根据自己的柔韧性，另一条腿与垫子平行（如图所示）。在此姿势交换双腿，整个过程保持双臂的支撑。双臂的支撑可以让双腿在头顶的交换幅度更大。

改良倒置平衡

如果腘绳肌和腰部特别紧绷，先练习难度没有那么大的动作改善柔韧性，如坐姿脊柱前伸（6-1）和后滚（6-2）。掌握后，练习超越卷动（6-6）。熟练后，再练习倒置平衡。

变式

在进行这项练习时，垫子上的脚背屈，在上抬腿达到最高点后，做2次快速呼气并同时做2次轻弹（如同单腿朝天，5-6）。在双腿交换时吸气。

空中折刀

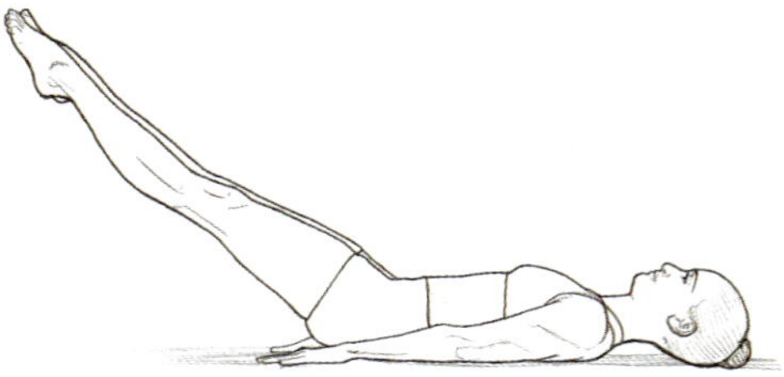

准备动作

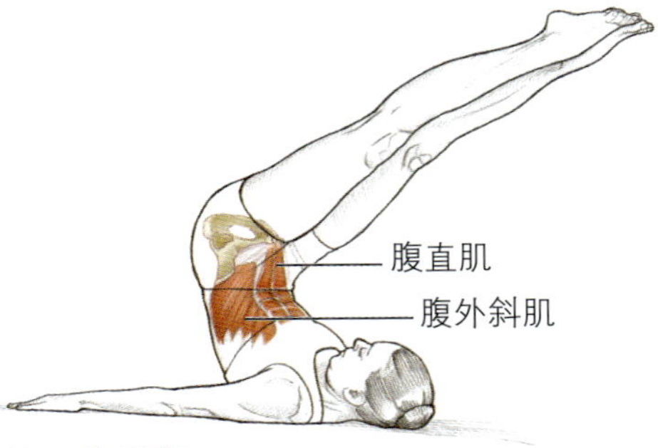

第二步早期

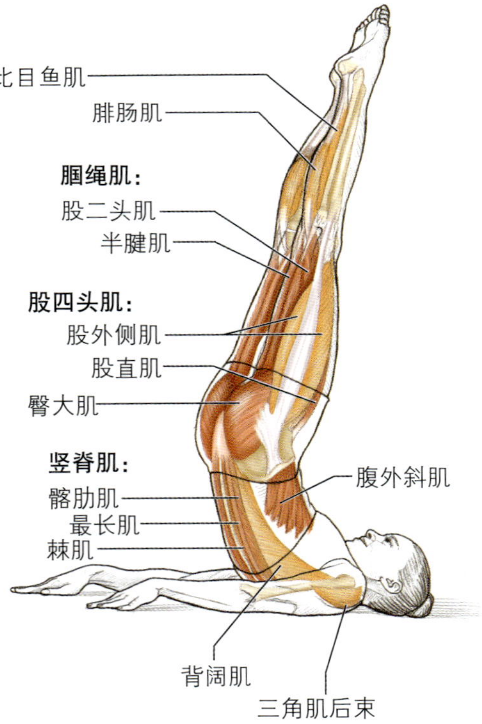

第二步后期

动作要领

1. *准备动作*。仰卧，手臂置于身体两侧，手心朝下。双腿上抬与垫子成60° 角；如果骨盆不能在这个角度维持稳定性，可抬高双腿。慢慢绷直脚背。从这个姿势开始抬腿到90° （髋关节屈曲90° ）。

2. *吸气*。弯曲脊柱，让骨盆和腰背部离开垫子，如第一幅主要肌肉图所示，双腿与脸位于一条斜线上。如第二幅主要肌肉图所示，朝天花板抬起腿和骨盆。

3. *呼气*。慢慢将身体卷回垫子。当骨盆与垫子充分接触的时候，再次抬腿到90° 。重复上述动作5次。

目标肌肉

脊柱屈肌：腹直肌、腹外斜肌、腹内斜肌。

脊柱伸肌：竖脊肌（棘肌、最长肌、髂肋肌）、半棘肌、深层脊柱周围肌肉。

髋关节屈肌：髂腰肌、股直肌、缝匠肌、阔筋膜张肌、耻骨肌。

髋关节伸肌：臀大肌、腘绳肌（半膜肌、半腱肌、股二头肌）。

辅助肌肉

脊柱前稳定肌：腹横肌。

髋关节内收肌：长收肌、短收肌、大收肌、股薄肌。

膝关节伸肌：股四头肌。

踝关节跖屈肌：腓肠肌、比目鱼肌。

肩关节伸肌：背阔肌、大圆肌、三角肌后束。

技巧要点

• 当第一步中髋关节屈肌伸出双腿并抬到垂直的时候， 朝着脊柱收腹来保持骨盆稳定性并防止腰背部不应有的弯曲。

• 在第二步早期，用腹肌后倾骨盆，继续弯曲脊柱并从底部开始离开垫子。同样，用髋关节伸肌来保持双腿与脸位于一条斜线上，防止它们落回垫子。然后再向天花板上抬双腿。

• 在双腿上抬同时朝着垫子下按手臂，用肩关节伸肌带动上背部向前，同时脊柱伸肌帮助向天花板拉长背部，这样双脚就越过脸部。在这一步中，身体大部分重量由肩膀支撑。

- 当在第三步放下腰背部回到准备动作的时候切记控制身体。在运动的最后，注意使用腹肌控制骨盆由后倾回到中立位。
- 整个运动，应慢慢让大腿内侧并拢来激活髋关节内收肌，膝关节伸肌保持膝关节伸直，踝关节跖屈肌绷直脚背以使腿部线条修长。
- *想象*。正如名字一样，想象折刀打开和闭合的景象有利于理想、准确地打开（伸展）和闭合（屈曲）髋关节。

补充说明

空中折刀和超越卷动（6–6）有许多共同的好处，如腘绳肌和下部脊柱伸肌的动态拉伸。但是空中折刀可以通过在弯曲的阶段伸展脊柱给脊柱关节带来更大的挑战，并可在双腿上抬的时候更好地锻炼平衡技巧。脊柱伸展有助于脊柱肌肉平衡，对进行其他脊柱弯曲的普拉提训练也是很好的过渡。

个性化锻炼

改良

如右图所示，用手臂支撑骨盆，抬腿过头至腰部和腘绳肌柔韧度允许的范围。这样有助于减小颈部的负荷。不管怎样，在练习前应咨询医生，确认这项运动是否适合自己。

改良空中折刀

变式

如果身体适合并已精通了空中折刀，可以尝试在第二步把脚放到垫子上，然后在向着天花板抬腿的时候，把身体抬到更加接近垂直的角度。

进阶

进阶动作难度非常大，一定要在熟练掌握基础空中折刀动作及其变式动作后再练习进阶动作。进阶动作包括双腿向上伸直后有控制地落下脊柱。在脊柱下落时，尽量保持双腿与垫子垂直。肩关节伸肌在此过程中会有典型的收缩。避免脊柱快速下落，要有控制地、平稳地下落。

进阶空中折刀

7

脊柱功能性训练

目前研究已经验证拉伸腹部肌肉可以更好地塑造并激活腹横肌和腹内斜肌。如第2部分所探讨的，这些肌群在对核心稳定性和对腰背部的保护方面显示出极其重要的作用。因此，拉动腹壁、内收和“挖空”（尤其与脊柱弯曲相结合时）是在普拉提运动中很常见的用来刺激这些关键肌肉活性的教学口令。

然而，许多日常生活中常用的功能性运动通常不包括也不允许诸如内收腹壁的动作。因此，本部分将探讨一些着眼于可以维持骨盆及脊柱稳定的动作，这些动作是在脊柱保持中立位或呈弓形而不是弯曲的情况下进行的。这就要求腹壁和脊柱伸肌直接保持一种微妙和协调的收缩状态，有时这种状态被称为静力支撑。就保护脊柱而言，一些研究者认为包含支撑的训练对一些像举重、田径或其他需承受很大外力的运动是极为关键的。

本部分的动作也展示了骨盆在普拉提垫上不处于放松状态而是处于脱离普拉提垫的状态，从而使身体呈桥状的特点，身体保持桥状要求四肢的协助以完成该动作。在复原过程中，桥式支撑通常涉及髋关节伸肌，尤其是腘绳肌与臀大肌，这些肌肉用来协助上抬骨盆离开普拉提垫。髋关节伸肌对维持骨盆后部稳定很重要，研究表明随着年龄增长，虚弱的髋关节伸肌会导致背部或骶髂处疼痛。肩基举桥（7–1）和仰撑抬腿（7–4）很契合这种传统桥式运动的描述。肩基举桥过程中脊柱会呈弓形，而腿部拉伸会使骨盆与脊柱保持中立位，因此，这两种动作是不同的。此外，肩桥过程中，支撑身体的手臂会弯曲。这种脊柱的弓形和手臂支撑也会在其他运动中出现，如空中剪刀（7–2）和倒踩单车（7–3）。在肩基举桥中，单腿维持支撑。在空中剪刀和倒踩单车中，双腿必须在空中以完成劈开或循环的动作；双手自始至终对骨盆发挥着关键的作用。所有这些动作都面临着当单腿或双腿都在空中时维持脊柱与骨盆稳定或略微弯曲状的挑战。

本部分最后两个动作是俯撑抬腿（7–5）和俯卧撑（7–6）。这两个动作都有使骨盆抬离普拉提垫并使四肢支撑躯干的特点。但是，它们与本部分前几个动作不同。在这两个动作中，重力作用会使腰背部弓起，臀部伸展。因此，在俯撑抬腿中单腿上抬或下降时，以及在俯卧撑中双臂弯曲或伸直时，维持骨盆和脊柱中立位和平衡性的主要肌肉略有不同。

肩基举桥

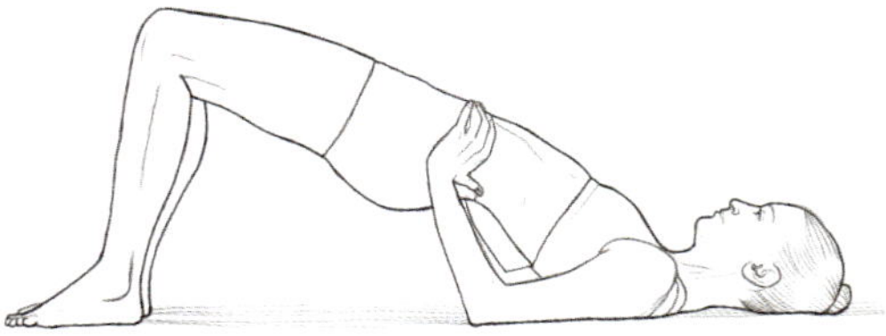

准备动作中期

准备动作后期

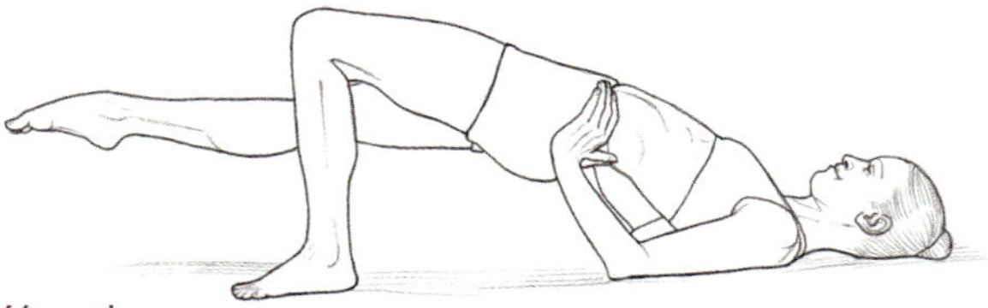

第二步

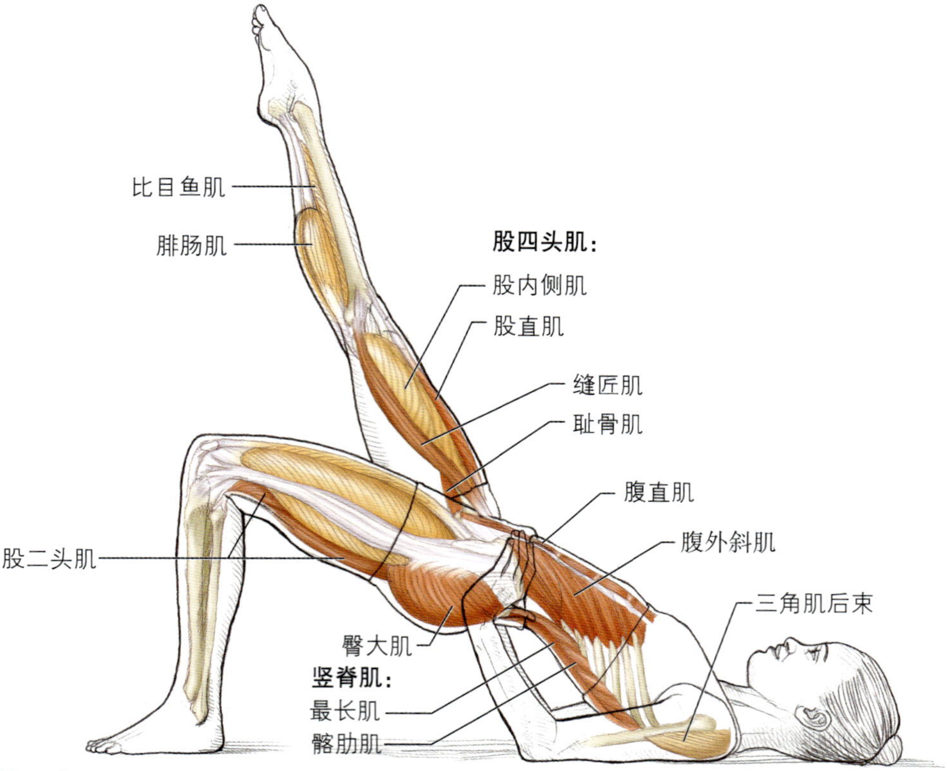

第三步

动作要领

1. *准备动作*。双膝弯曲，双脚平放于普拉提垫上，分开同臀宽。双臂平放于身体两侧，掌心向下。如上页图所示，骨盆上抬离开垫子，双手置于腰部协助支撑身体重量， 手指向内。一脚抬离垫子，膝关节朝向胸部；然后向上伸直腿部，脚背微绷。

2. *呼气*。如上页图所示，下降向上伸直的腿并置于普拉提垫上。

3. *吸气*。如主要肌肉图所示，再次上抬腿，最后停留在垂直的位置。重复该动作5 次。回到准备动作中期。换腿重复该动作5次。最后下降骨盆，回到准备动作。

目标肌肉

脊柱后稳定肌：竖脊肌（棘肌、最长肌、髂肋肌）、半棘肌、深层脊柱周围肌肉。

脊柱前稳定肌：腹直肌、腹外斜肌、腹内斜肌、腹横肌。

髋关节伸肌：臀大肌、腘绳肌（半膜肌、半腱肌、股二头肌）。

髋关节屈肌：髂腰肌、股直肌、缝匠肌、阔筋膜张肌、耻骨肌。

辅助肌肉

膝关节伸肌：股四头肌。

踝关节跖屈肌：腓肠肌、比目鱼肌。

肩关节伸肌：背阔肌、大圆肌、三角肌后束。

肩胛内收肌：斜方肌、菱形肌。

技巧要点

- 在准备动作时，双脚压在普拉提垫上，上抬骨盆底以重点使用髋关节伸肌，特别是腘绳肌。骨盆卷动（4–1）对此也有描述。膝关节伸肌协助上抬大腿，接着髋关节屈肌将腿抬至垂直位置。
- 集中力量将上臂压在普拉提垫上，上抬胸部以使用肩关节伸肌和脊柱伸肌。这样双手可以借助弓起的背部和高抬的骨盆支撑身体。
- 同时，在整个动作中，需注意收缩腹肌下部以防止骨盆过于前倾，而且有助于维持脊柱和骨盆的稳定性。
- 保持核心稳定性的同时，保持腿部伸直、修长。用膝关节伸肌来维持膝关节伸直，用踝关节跖屈肌来维持足部绷直。在第二步，使用髋关节伸肌来放低腿部，紧接着使用髋关节屈肌控制下降的腿。然后，在第三步，髋关节屈肌会使腿部重新抬起。

• *想象*。想象脊柱呈弓形结构，就像横跨河流上方的日式拱桥一样，腿的移动不会破坏这样牢固、稳定的结构。

补充说明

因为骨盆抬离垫子，一腿支撑身体，另一腿上下大幅度移动，肩桥增加了维持骨盆稳定性的难度。此外，因为脊柱略微弓起，所以在腿部放低的时候，会更关注骨盆的稳定性，空中剪刀（7–2）会有进一步的描述。如果稳定性足够，肩桥还可以改善腘绳肌和髋关节屈肌的柔韧性。

个性化锻炼

改良

如果不能维持骨盆的稳定性，可以像变式里描述的那样，稍微后倾骨盆，然后小范围地移动腿。

变式

骨盆抬离垫子时，双手不支撑腰部，稍微后倾骨盆。双臂放在垫子上，双手如同起始位置描述的那样，掌心朝下。抬腿时踝关节背屈可以动态伸展腘绳肌。

进阶

进阶动作加大了维持骨盆稳定性和支撑腿髋关节伸肌等长收缩的难度。在完成基础肩基举桥腿的上升和下落重复次数后，腿朝向天花板做5次小范围画圈的动作。然后完成5次先向内画圈后向外画圈。最后换腿重复同样的动作。

进阶肩基举桥

空中剪刀

准备动作

第二步

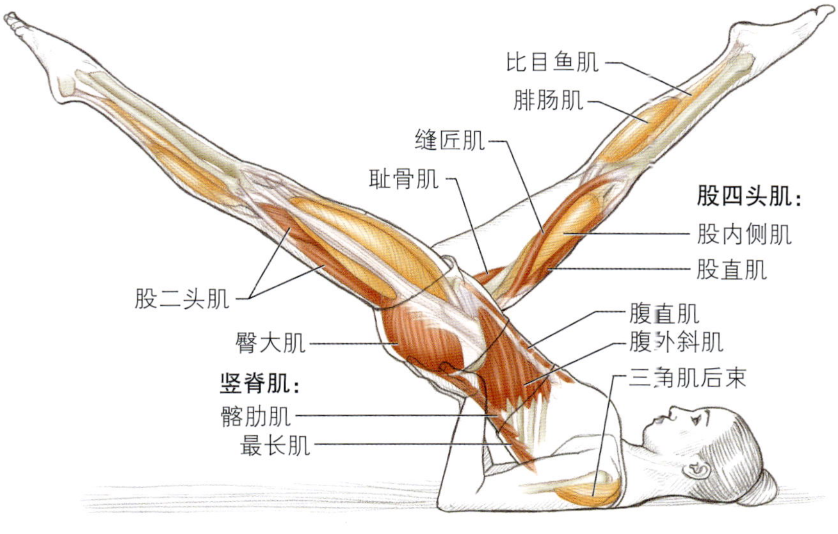

第三步

动作要领

1. *准备动作*。仰卧，双臂平放于身体两侧，手掌向下。直腿上抬与垫子成60°角，如果不能维持稳定性，可超过60°。上抬双腿并卷曲骨盆离开垫子，直至双脚在头部上方。双手掌根紧贴腰部，手指朝向尾骨。骨盆稍稍降低，这样在腰背部微弓（脊柱过伸）时，双手可以帮助支撑骨盆的重量。

2. *吸气*。如图所示，保持一腿在头部上方，另一腿慢慢放低，形成劈叉的动作。

3. *呼气*。如主要肌肉图所示，交换双腿。每条腿重复上述动作5次，双腿总计10次。最后，将双腿还原到准备动作，在普拉提垫上慢慢平放。

目标肌肉

脊柱后稳定肌：竖脊肌（棘肌、最长肌、髂肋肌）、半棘肌、深层脊柱周围肌肉。

脊柱前稳定肌：腹直肌、腹外斜肌、腹内斜肌、腹横肌。

髋关节屈肌：髂腰肌、股直肌、缝匠肌、阔筋膜张肌、耻骨肌。

髋关节伸肌：臀大肌、腘绳肌（半膜肌、半腱肌、股二头肌）。

辅助肌肉

膝关节伸肌：股四头肌。

踝关节跖屈肌：腓肠肌、比目鱼肌。

肩关节伸肌：背阔肌、大圆肌、三角肌后束。

肩胛内收肌：斜方肌、菱形肌。

技巧要点

- 在第一步，应同时上抬骨盆前部和后部，这样可使脊柱后稳定肌和腹肌协调收缩弓起腰背部。在空中剪刀整个动作过程中，都要保证这样的脊柱位置和骨盆稳定性。
- 注意使用肩胛内收肌内收肩胛骨，肩关节不应向前扭转。双臂持续下压以使用肩关节伸肌，帮助上背部抬离垫子。
- 在第二步和第三步，躯干保持完全挺直、不动，变换双腿的方向。用膝关节伸肌使膝部伸直，踝关节跖屈肌绷直脚背，以呈现出理想的腿部线条。

• 在开始从第二步向第三步转换时，用髋关节屈肌上抬下边的腿，同时用髋关节伸肌下降上边的腿。双腿通过垂直线后，因要克服重力的作用，相反的肌肉则显得极为重要。

• 在交叉动作的最后，要强调的是，在使用髋关节伸肌降低下边的腿时，也要使用髋关节屈肌继续上抬上边的腿。这一相反的动作可以在双腿跨度最大时达到拉伸上腿腘绳肌和下腿髋关节伸肌的理想状态；同时，还可帮助保持核心稳定性。

• *想象*。双腿的不断交叉是一个持续的动态过程，不考虑臀部的话，其就像不断开合的剪刀。

补充说明

空中剪刀的益处与肩基举桥（7–1）相似。因为双腿都需离开普拉提垫并在空中完成许多动作，所以它对骨盆稳定性有着更高的要求。与在肩桥中类似，在背部略呈弓形之时，骨盆在四肢的协助下离开普拉提垫。脊柱和骨盆的稳定性对于保护腰背部和获得腘绳肌与髋关节屈肌的动态柔韧性很关键。

髋关节屈肌的拉伸。如仰卧抬腿（4–3）中所描述的那样，髋关节屈肌（包括髂腰肌）附着于脊柱和骨盆的前部。当腿部压低时，可以缓解髂腰肌的紧张程度，在髂腰肌保持恰好的长度时，髂腰肌可以轻易地将骨盆向前拉伸。然而，如若骨盆保持不动，腿部进一步压低将会拉长肌肉（如产生动态伸展）。学会稳定骨盆并有效地应用于髂腰肌是一项非常重要的技能，因为紧绷的髋关节屈肌与姿势的问题是紧密相关的，如腰背部弓起（腰椎过度前凸）。此外，许多普拉提动作，如百次拍击（5–4）和超越卷动（6–6），通过相对较小幅度的动作，使用髋关节屈肌来支撑腿部离开垫子，有可能使屈肌紧绷。因此，包含动态拉伸的动作对于防止髋关节屈肌的紧绷是有价值的。

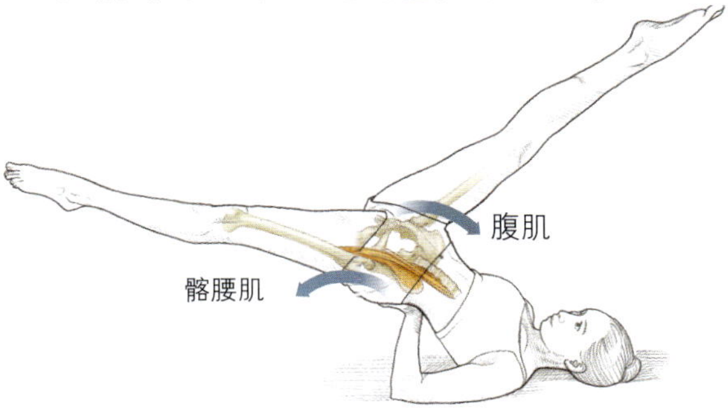

髋关节屈肌/拉伸

个性化锻炼

改良

如果感到背部不适，不能维持骨盆的稳定，可以将腰部和骨盆调整到中立位，双手放在骨盆的位置用来支撑腰部，防止骨盆前倾。先尝试较小范围的运动和较少的腿部交叉运动。技术提升后，如果骨盆可以保持稳定且没有背部不适，可以逐渐增加双腿的活动范围。

腘绳肌紧绷也会导致无法维持骨盆稳定性。腘绳肌紧绷很难感觉到两腿之间的对抗，也很难将大腿定位在髋关节上方，以帮助保持所需的骨盆稳定性。对于这种情况，屈曲上方腿的膝关节，直至大腿有朝向胸部落下的感觉。下方腿屈曲程度同上方腿。在双腿交叉时尽量保持这种屈曲度。技巧提升后，在保持这种膝关节轻微屈曲的同时，找到腿部的运动范围——上方腿的腘绳肌和下方腿的髋关节屈肌能够伸展，这就是本练习的目标。

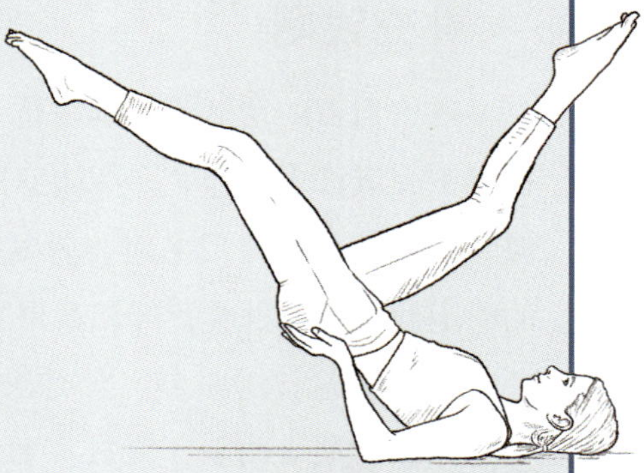

改良空中剪刀

变式

在完成超越卷动（6–6）的第一步之后，双膝屈曲使身体形成球状。双手置于骨盆下方支撑身体，然后伸直双腿上抬至垂直状态。向相反的方向伸展双腿，在双腿劈叉状态停顿，一次呼气过程中双腿抖动两次；双腿转换时吸气。这与单腿朝天（5–6）相似。在劈叉状态两腿与垂直线的距离相等，成为均匀的“V”形。

倒踩单车

准备动作

第二步

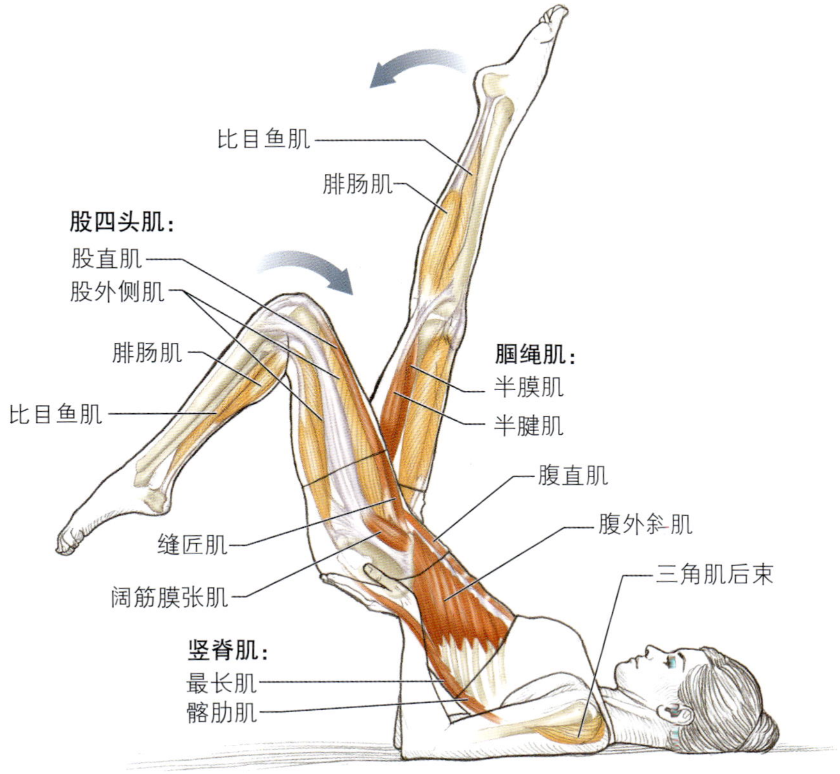

第五步早期

动作要领

1. *准备动作。* 如上页图所示，与空中剪刀的准备动作一样，双腿处于分开的位置。

2. *吸气。* 如上页图所示，下腿弯曲，脚跟朝向臀部。

3. *呼气。* 上抬下腿，膝关节保持弯曲；下降上腿，膝关节保持伸直。然后伸直上腿（原本是下腿，此时已抬至上方），形成劈叉的动作。

4. *吸气。* 弯曲下腿，脚跟朝向臀部；上腿抬至头部上方。

5. *呼气。* 如主要肌肉图所示，上抬下腿，膝关节保持弯曲；下降上腿，膝关节保持伸直。然后伸直上腿（原本是下腿，此时已抬至上方），形成劈叉的动作。每条腿重复上述动作5次，双腿共10次。

目标肌肉

脊柱后稳定肌： 竖脊肌（棘肌、最长肌、髂肋肌）、半棘肌、深层脊柱周围肌肉。

脊柱前稳定肌： 腹直肌、腹外斜肌、腹内斜肌、腹横肌。

髋关节屈肌： 髂腰肌、股直肌、缝匠肌、阔筋膜张肌、耻骨肌。

髋关节伸肌： 臀大肌、腘绳肌（半膜肌、半腱肌、股二头肌）。

辅助肌肉

膝关节屈肌： 腘绳肌。

膝关节伸肌： 股四头肌。

踝关节跖屈肌： 腓肠肌、比目鱼肌。

肩关节伸肌： 背阔肌、大圆肌、三角肌后束。

肩关节外肌： 斜方肌、菱形肌。

技巧要点

- 如同空中剪刀，在第一步，应同时上抬骨盆前部和后部，这样可使脊柱后稳定肌和腹肌协调收缩弓起腰背部。在倒踩单车整个动作过程中，始终要保持这样的脊柱位置和骨盆稳定性。
- 注意使用肩胛内收肌内收肩胛骨，肩关节不应向前扭转。双臂持续下压以使用肩关节伸肌，帮助上背部抬离垫子。

- 保持躯干的稳定性，两腿伸向不同的方向，呈劈叉姿势。用膝关节伸肌伸直膝关节，用踝关节跖屈肌绷直脚背，以达到理想的修长腿线。
- 在第二步和第四步，用髋关节屈肌使下腿接近垫子，腘绳肌（膝关节屈肌）弯曲膝部。同时，像空中剪刀那样，充分收缩髋关节屈肌，继续保持上腿部位于头部上方。这样也会避免由于下腿的动作而牵拉上腿下降。
- 在第三步和第五步，向胸部抬拉下腿，这一动作最初会使用到髋关节屈肌。与此同时，使上腿向下移动，这一动作最初会使用到髋关节伸肌。在双腿通过垂直线时，使用相反的肌肉对抗重力。使用膝关节伸肌伸直上腿。在这一阶段末，之前使用的肌肉会再次使用，从而达到劈叉的最佳化，上腿腘绳肌和下腿髋关节伸肌的理想伸展状态。
- *想象*。腿部的动作应平缓、有节奏、协调，就像踩在巨大的自行车的踏板上，使轮子不断转动一样。

补充说明

倒踩单车在空中剪刀（7–2）的基础上添加了复杂的腿部动作，从而增加了在弓起状态下维持骨盆和腰背部稳定性的难度。与空中剪刀相似，如果动作正确，倒踩单车也能锻炼腘绳肌与髋关节屈肌的柔韧性。

个性化锻炼

改良

如果背部不适或不能维持骨盆的稳定，可以在腰背部和骨盆中立位练习，双手仍放在骨盆的位置用来支撑腰部，以及避免骨盆前倾。

变式

如图所示，倒踩单车也可在腰椎过伸的情况下练习。下方腿的脚趾触及垫子，膝关节屈曲以维持核心稳定性，伸直的腿在脸部上方保持稳定。倒踩单车变式是很多更高级的腹肌与脊柱伸肌协同收缩的普拉提动作的准备动作，如弓形摇摆（9–5）和天鹅潜水（9–6）。但是，如果有背部不适或医生建议避免脊柱过伸的背部疾病，应禁止练习此动作。

倒踩单车变式

进阶

熟练掌握倒踩单车变式后，腿部进行反向动作。这样练习可以增加协调难度。屈曲腿的脚趾似乎不可能触及垫子。但是，如果把此作为目标，坚持练习是一定可以实现的。

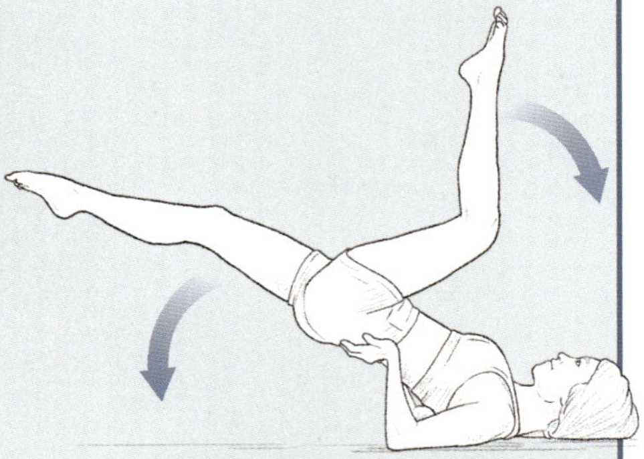

进阶倒踩单车

仰撑抬腿

准备动作早期

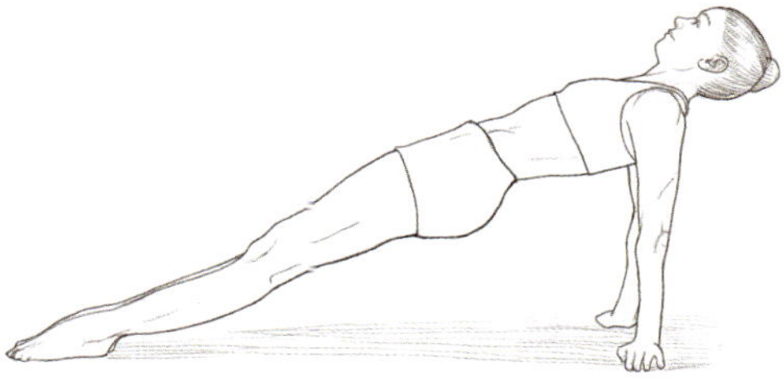

准备动作后期（背撑式）

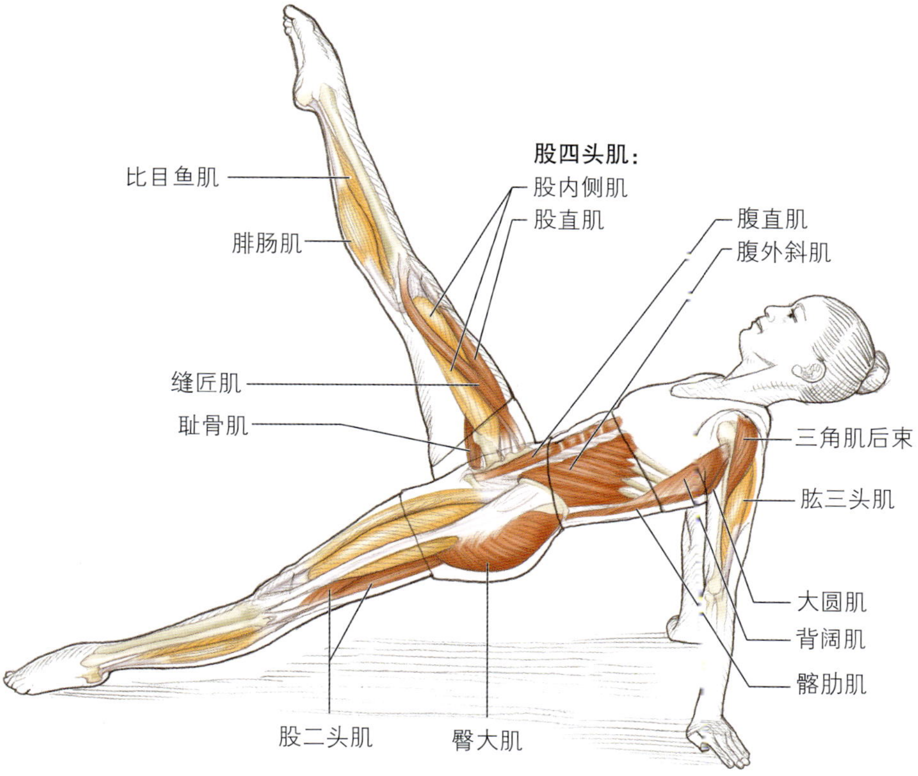

第二步

动作要领

1. *准备动作*。如准备动作早期图所示，坐姿，双腿并拢向前伸出，足部绷直。双臂伸直置于躯干后方，手指朝向两侧。如准备动作后期图所示，上抬骨盆离开垫子，从而使踝关节、膝关节、髋关节和肩关节在一条直线上。这种姿势被称为背撑式。

2. *吸气*。朝向空中上抬一条腿。

3. *呼气*。压低腿部使其回到垫上。

4. *吸气*。将另一条腿抬至空中。

5. *呼气*。将该腿压低回到垫上。每条腿重复该动作5次，总计10次。

目标肌肉

脊柱后稳定肌：竖脊肌（棘肌、最长肌、髂肋肌）、半棘肌、深层脊柱周围肌肉。

脊柱前稳定肌：腹直肌、腹外斜肌、腹内斜肌、腹横肌。

髋关节伸肌：臀大肌、腘绳肌（半膜肌、半腱肌、股二头肌）。

髋关节屈肌：髂腰肌、股直肌、缝匠肌、阔筋膜张肌、耻骨肌。

肩关节伸肌：背阔肌、大圆肌、三角肌后束。

肩胛下降肌：斜方肌下部肌束、前锯肌。

肩胛内收肌：斜方肌、菱形肌、肩胛提肌。

辅助肌肉

膝关节伸肌：股四头肌。

踝关节跖屈肌：腓肠肌、比目鱼肌。

肘关节伸肌：肱三头肌。

技巧要点

- 在第一步，集中注意力于将脚压在垫子上，使用髋关节伸肌，特别是腘绳肌上抬骨盆下部。这样做有助于达到理想的直线状态。同时，双手压在垫子上，尽力使用肩关节伸肌抬起躯干上部。脊柱前、后稳定肌收缩保持骨盆及脊柱的中立位。
- 在第二步和第四步，上抬一条腿；在第三步和第五步，下降上抬的腿。髋关节屈肌先向心收缩，而后离心收缩，保持对侧骨盆抬高、稳定与中立位。

• 在整个练习中，双腿都应呈一条直线，使用膝关节伸肌保持膝关节伸直，使用踝关节跖屈肌保持脚背绷直。应避免过伸膝关节支撑腿部。

• 下压双臂以持续使用肩关节伸肌，使用肘关节伸肌保持肘关节伸直。注意，避免过伸肘关节。与此同时，使用肩胛下降肌保持肩关节向下，使用肩胛内收肌使肩胛骨向后内收。

• *想象*。为了完成理想的稳定性，想象躯干、手臂和腿部是一座桥，因为桥的钢缆线上拉骨盆下部，所以当腿上下移动时仍然可保持稳固。

补充说明

仰撑抬腿和肩基举桥（7–1）有很多共同的益处，如腘绳肌动态伸展。仰撑抬腿要求骨盆和脊柱处于中立位而不是微弓。仰撑抬腿还要求骨盆在没有双手支撑的情况下抬离垫子，身体由伸直的手臂和腿部支撑。这增加了维持躯干稳定性的难度。腿部支撑的杠杆越长，保持骨盆上抬的髋关节伸肌收缩就要越强，这样有增加髋关节伸肌的力量和耐性的益处。手臂伸直增大了肩关节活动的范围，对多数人而言，可以增加肩关节屈肌的柔韧性。然而，由伸直的四肢支撑身体也要求练习者把更多的注意力放在保持良好的姿势上。避免膝关节和肘关节的过伸，以及过度上抬肩胛骨和过度旋前肩关节。改良动作中的准备练习对练好仰撑抬腿有帮助。

肩胛下沉。当躯干上抬，身体形成一条直线时，肩关节处于极度伸展状态。通常，肩关节伸展时肩胛骨自然上抬，所以很容易将肩部抬高至耳部。使用肩胛下降肌，特别是斜方肌下部肌束和前锯肌下部肌束来控制肩部上抬至耳部。斜方肌位于身体的背部，其独自收缩可以使肩胛骨向内一起收缩（肩胛骨内收或回缩）。前锯肌前部附着于胸廓边缘，其独自收缩可以将肩胛骨拉向身体前方的两侧（肩胛骨外展或前伸）。斜方肌和前锯肌共同收缩将会使肩胛骨出现理想的下降（两侧肩胛骨距脊柱的距离相同，而不是肩部旋前分离）。第一步，在上抬躯干之前应稍微下降肩胛骨。在很多普拉提动作中，斜方肌和前锯肌共同收缩在手臂运动中起到了关键作用。

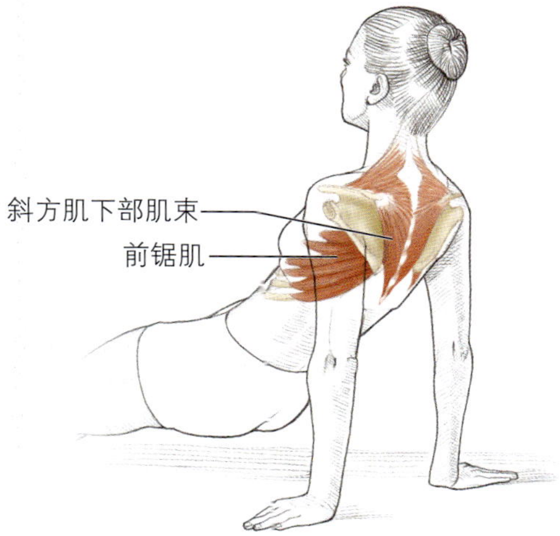

使用肩胛下降肌保持肩胛下沉

个性化锻炼

改良

只进行第一步的练习（背撑式），锻炼控制力和形态，反复练习从坐姿上抬身体，而后下降骨盆坐于垫子的动作。熟练后，增加上抬和下降一条腿的动作，也就是仰撑抬腿。背部支撑可以作为仰撑抬腿的热身动作，也可以作为一项独立的动作。

如果仍然不能把骨盆抬得足够高，或者练习上述改良动作，当膝关节处于过伸位时膝关节感到不适，可以进一步改良动作——如图所示支撑腿屈曲，另一条腿向上伸直。伸直的腿连续上抬和下落5次，然后换另一侧腿做同样的动作。连续重复可以加强髋关节伸肌的肌肉力量和耐力，有助于以适当的形式练习基础仰撑抬腿。

改良仰撑抬腿

变式

基础仰撑抬腿或改良仰撑抬腿也可以通过手臂内旋、手指朝向骨盆转来进行。这个动作是更高级的普拉提器械练习动作的准备动作。此外，在换腿之前可以如改良仰撑抬腿一样连续上抬和下落同一条腿。

俯撑抬腿

准备动作（前撑式）

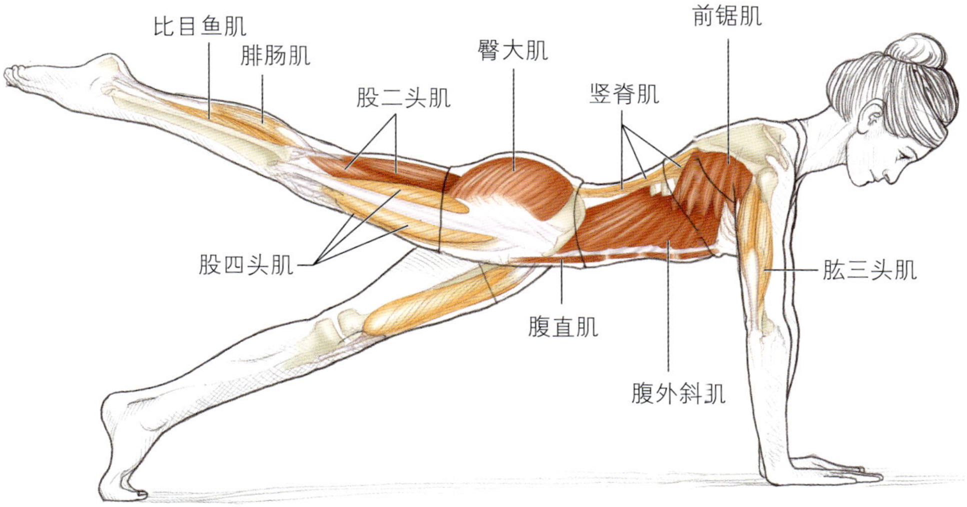

第二步

动作要领

1. *准备动作*。开始时用双手和脚趾支撑身体，膝关节和肘关节伸直。双手位于肩膀正下方，指尖向前。身体平直，踝关节、膝关节、骨盆、肩关节和耳朵恰好成一条直线。这种姿势通常叫作前撑式。

2. *吸气*。如主要肌肉图所示，上抬一腿。

3. *呼气*。下降上抬的腿至垫子上。

4. *吸气*。朝上抬起另一条腿。

5. *呼气*。下降上抬的腿至垫子上。每条腿连续重复动作5次，双腿共10次。

目标肌肉

脊柱前稳定肌：腹直肌、腹外斜肌、内斜肌、腹横肌。

髋关节伸肌：臀大肌、腘绳肌（半膜肌、半腱肌、股二头肌）。

肩胛外展肌：前锯肌、胸小肌。

辅助肌肉

脊柱后稳定肌：竖脊肌。

膝关节伸肌：股四头肌。

踝关节跖屈肌：腓肠肌、比目鱼肌。

踝关节背屈肌：胫骨前肌、趾长伸肌。

肩关节屈肌：三角肌前束、胸大肌（锁骨端）。

肘关节伸肌：肱三头肌。

技巧要点

- 在动作的整个过程中，要注意在肘关节伸肌保持肘部伸直的同时，将双臂压在普拉提垫上。这样会使用肩胛外展肌保持两肩宽度，肩关节屈肌保持胸部高过双臂。应注意使用腹肌使腰背部和盆骨保持稳定。

- 在第二步和第四步，通过髋关节伸肌抬腿，利用膝关节伸肌保持膝关节伸直，运用踝关节跖屈肌绷直脚背。注意通过使用腹斜肌来使盆骨朝向垫子，这样腿部抬高就不会带动骨盆转动。当腿的高度超过背部时，使用腹肌使骨盆略微前倾。

- 在第三步和第五步，当开始使用髋关节伸肌离心收缩控制腿部降低时，骨盆应回到中立位。在脚回到垫子上时，应通过踝关节背屈肌使足部弯曲。

- *想象*。想象手臂、躯干和一条腿组成了一座坚固的桥梁，它可以在另一条腿上下运动时保持稳固。

补充说明

俯撑抬腿是面向垫子而不是天花板，因此与本部分前面的几种动作相比，其骨盆稳定性的难度不同。理想的中立位准备动作要求熟练运用腹肌抵抗因重力作用而致的后背略微弯曲及骨盆略微前倾；腹肌过度收缩会产生不应有的脊柱扭转（屈曲）。单腿抬高会使髋关节伸肌更为健壮，但与此同时，势必产生更大的来自稳定性的挑战。如果可以保持足够的骨盆稳定性，同倒踩单车一样，俯撑抬腿也会增强髋关节屈肌的柔韧性。俯撑抬腿可增强肩关节稳定性，很多前撑式或推式动作需要肩关节保持稳定，肩关节稳定也可以避免翼状肩胛。

肩胛外展肌的稳定性。在第一步，重力的作用常常会使肩胛骨向脊柱靠拢（肩胛骨内收或回缩）。肩胛外展肌，特别是前锯肌，会对抗外力，使两肩位于中立位，并保持理想的宽度。如果肩关节不能保持稳定，会显著降低俯撑抬腿的效果。

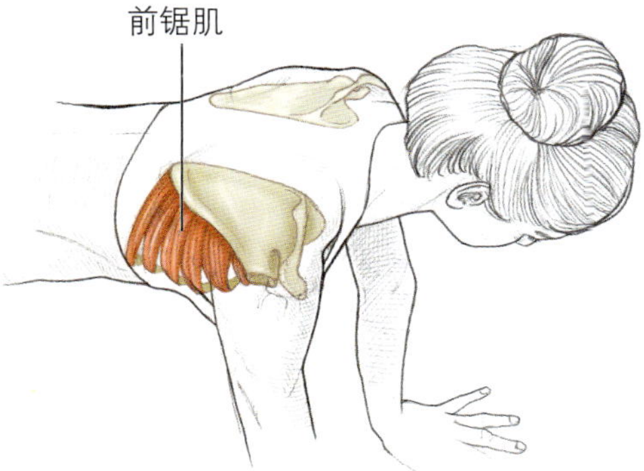

利用肩胛外展肌来保持双肩胛宽度

个性化锻炼

改良

如果腰部弓起或肩胛不能保持平坦和理想的宽度，可以改为用双手和单膝支撑身体。从一侧膝关节屈曲，位于髋关节下方开始练习，与猫背伸展（9-1）双膝支撑的姿势类似。随着力量和技巧的提升，在膝关节没有不适的情况下，膝关节逐渐后移，骨盆逐渐前移，使骨盆接近位于肩关节和支撑膝关节之间的直线上。

进阶

在可以正确练习基础俯撑抬腿之后，可以通过用前臂支撑身体来增加难度。在力量允许的范围内，使用髋关节伸肌下拉骨盆底部，尽量使骨盆与肩关节和支撑脚趾在一条直线上。研究显示，前臂支撑需要更多的腹斜肌收缩来保持核心稳定性。

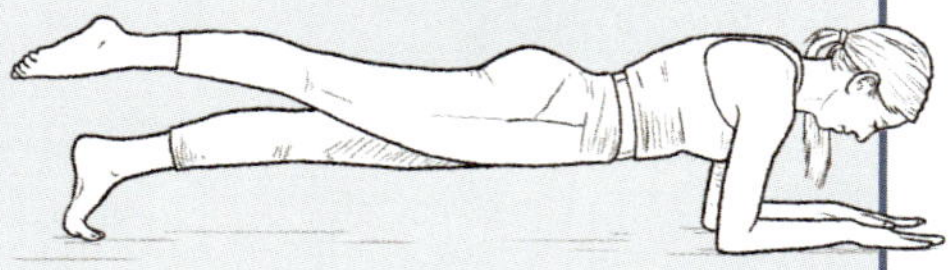

进阶俯撑抬腿

7-6

俯卧撑

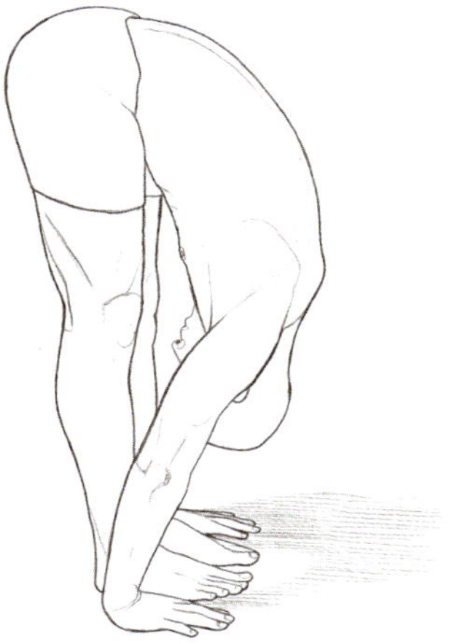

准备动作早期

准备动作中期

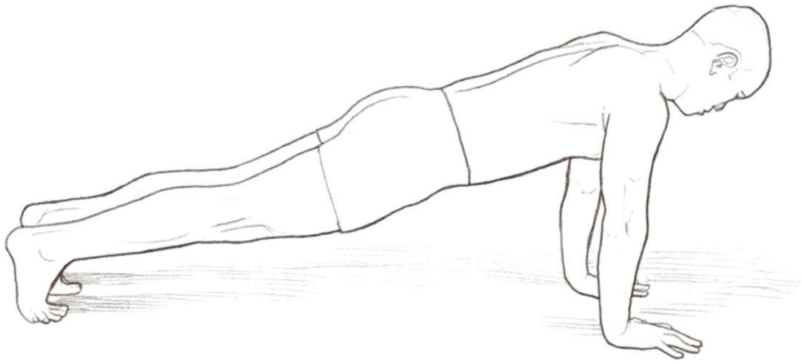

起始姿势末期（前撑式）

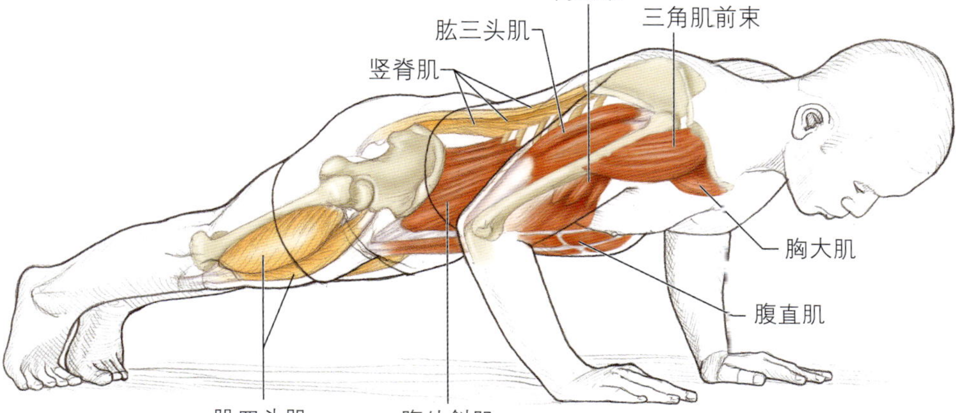

第二步

动作要领

1. *准备动作*。如上页图所示，脊柱前弯站立，手掌放在垫上；以自身的柔韧度为宜，尽可能贴近普拉提垫。然后，手掌慢慢前移变为前撑式。

2. *吸气*。如主要肌肉图所示，弯曲肘关节，下降胸部。

3. *呼气*。伸直肘关节并上抬躯干变为前撑式。再做2次伏地挺身（第二步和第三步），然后髋关节屈曲，手掌后移，回到准备动作。重复整个动作5次。

目标肌肉

脊柱前稳定肌： 腹直肌、腹外斜肌、腹内斜肌、腹横肌。

肩关节屈肌： 三角肌前束、胸大肌（锁骨端）、喙肱肌、肱二头肌长头。

肩胛外展肌： 前锯肌、胸小肌。

肘关节伸肌： 肱三头肌、肘肌。

辅助肌肉

脊柱伸肌和脊柱后稳定肌： 竖脊肌。

髋关节伸肌： 臀大肌、腘绳肌。

髋关节屈肌： 髂腰肌、股直肌。

膝关节伸肌： 股四头肌。

肩关节伸肌： 背阔肌、大圆肌、胸大肌（胸骨端）。

技巧要点

- 在准备动作中期向前撑式转变时，使用肩关节屈肌向前移动一只手臂，将它放在垫上；然后，通过使用肩关节伸肌将躯干前移越过手臂。身体重量转换由前方手承托，移动另一只手臂，肩关节屈肌收缩使胸部及躯干上部抬高，远离垫子。

- 保持骨盆抬高，以刺激使用腹肌防止腰背部弓起。在手臂前移及骨盆降低时，使用髋关节屈肌，避免由于重力而致的髋关节过度下沉。

- 准备动作后期转换为前撑式后，应避免抬高臀部的常见错误。在腹部抬高（腹肌–腘绳肌力偶）时，使用髋关节伸肌将骨盆底向普拉提垫下降，从而使骨盆、踝关节与肩关节成一条直线。

- 俯撑抬腿中，前撑式主要使用肩胛外展肌来保持两肩宽度，通过膝关节伸肌保持膝关节伸直，使膝关节、脚跟和头成一条直线。
- 在第二步，在肘关节伸肌离心收缩控制肘关节弯曲时，要保持肘关节紧贴身体两侧；肩关节屈肌离心收缩控制上臂向后运动，使胸部向下运动。
- 在第三步，使用肘关节伸肌伸直肘关节，使用肩关节屈肌使上臂向前运动，上抬胸部返回前撑式。
- *想象*。在第二步和第三步，想象由腿部、躯干及头部组成的一座可开闭的吊桥， 通过手臂进行上下的移动；脚趾为桥桩，桥的结构完整性不会被破坏。

补充说明

俯卧撑与俯撑抬腿（7–5）的很多益处类似，包括通过有技巧地使用腹肌和肩胛外展肌保持中立位前撑式。不同的是，俯卧撑是前撑式手臂运动，而俯撑抬腿是前撑式腿部运动。对大多数人而言，身体的重量对增强肩关节屈肌和肘关节伸肌的力量是足够的。在日常生活和运动中，肩关节伸肌用来向前抬高手臂；肘关节伸肌用来做推或者上抬高过头部的动作。此外，前撑式动态运动增加了从脊柱屈肌到脊柱伸肌再到脊柱屈肌转换的核心难度。准备动作可增强腘绳肌潜在的动态柔韧性。

个性化锻炼

改良

在准备动作中，腘绳肌紧绷无法将手掌置于垫上，屈曲膝关节使手掌支撑体重。一旦达到前撑式，平缓伸直膝关节。在回到准备动作之前做俯卧撑。换成站姿时，再次屈曲膝关节。

如果难以达到理想的姿势，可只做前撑式，放弃伏地挺身，直接回到准备动作。

进阶

在俯卧撑时保持骨盆稳定性和肩胛骨的最佳力学有难度。熟练掌握基础俯卧撑后，可以通过以下动作来增加难度——在伏地挺身时把躯干降得更低，然后一只脚抬离垫子，如图所示，在一只脚抬起且髋关节伸展状态下进行伏地挺身的动作。返回前撑式并换腿重复同样的动作。再次回到前撑式，然后骨盆抬起，回到起始姿势。

在前臂向前移动进入前撑式和由前撑式返回起始姿势时，控制前臂移动的步数在2步以内可以增加难度。

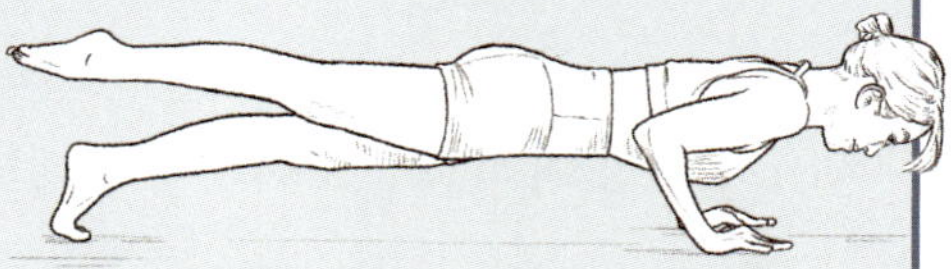

进阶俯卧撑

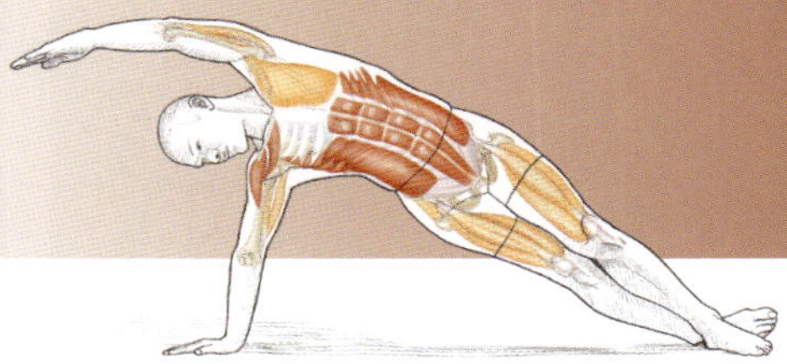

8

通过侧拉训练获得更有效的核心

本部分主要讲述脊柱侧屈和扭转。侧屈和扭转使用腹直肌较少，使用腹斜肌较多。如第2部分描述的，腹斜肌的肌纤维位于身体的外侧。腹斜肌，特别是腹内斜肌，在肢体移动的时候与腹横肌共同保护背部和保持核心稳定性。许多运动和休闲活动，如游泳、皮划艇、高尔夫球、投掷类运动和网球等，大量地运用了腹斜肌。增进对腹斜肌的理解，增强其力量和协调性，可提高运动成绩、避免背部受伤。所以，如果身体允许，应当把本部分的动作加到所有的健身训练中。

本部分的前三个动作采用的是侧卧姿势。侧卧姿势改变了躯干和地面的关系，使得脊柱侧屈肌必须克服重力的作用。腹斜肌是主要的脊柱侧屈肌。腰方肌和脊柱伸肌也可以使得脊柱弯曲。腹斜肌过度收缩加上脊柱伸肌使用不够，会导致躯干向前弯曲（前屈）和侧屈。反之，脊柱伸肌过度收缩会使背部后仰和侧屈。因此，达到理想姿势需要训练脊柱前部和后部肌肉的协调收缩。但是由于脊柱是由许多个关节组成的，腰部和上背部的自然弯曲方向相反，因此训练更加困难。侧卧有助于保持骨盆和腰背部中立位，学习支撑身体的技巧。支撑对日常生活核心稳定性的转换有益。在侧卧踢腿（8–1）和跪姿侧踢（8–2）中，当一条腿摆动时使用脊柱侧屈肌稳定身体。在侧弯（8–3）中，身体在一侧手臂和脚的支撑下，脊柱侧屈肌为主要主动肌上抬和下降躯干。

其余的动作都会用到扭转。坐姿脊柱旋转（8–4）和旋体拉锯（8–5）在坐姿中用到了脊柱旋转肌。腹斜肌再次被重点用到，但是协调使用脊柱伸肌是达到平背姿势的关键。侧弯扭转（8–6）是侧弯加上扭转，适用于拥有一定力量和掌握一定技巧的人。空中瓶塞（8–7）和直臂髋部扭转（8–8）着重于骨盆的扭转而不是上躯干的扭转。骨盆是与地面传递力量的关键部位。虽然骨盆的协调控制训练极其必要，但却经常被忽视。注意，最后两个动作难度很高。错误地进行这些动作或者之前就有背部问题的可导致背部损伤。这些动作只有在熟练掌握了相关的准备动作并能够正确运用动作要领，以及征得医生许可的情况下才可以练习。

侧卧踢腿

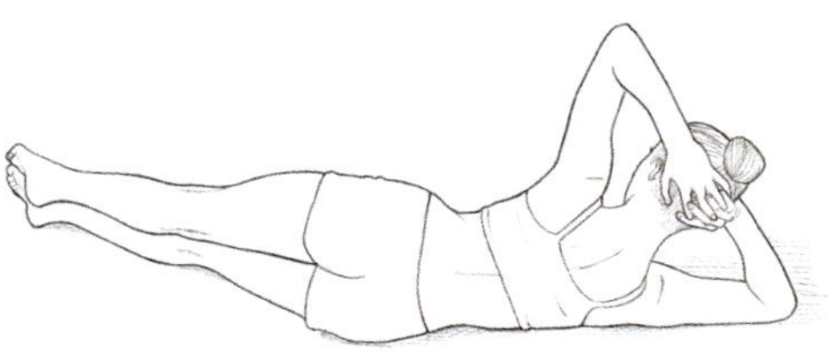

准备动作

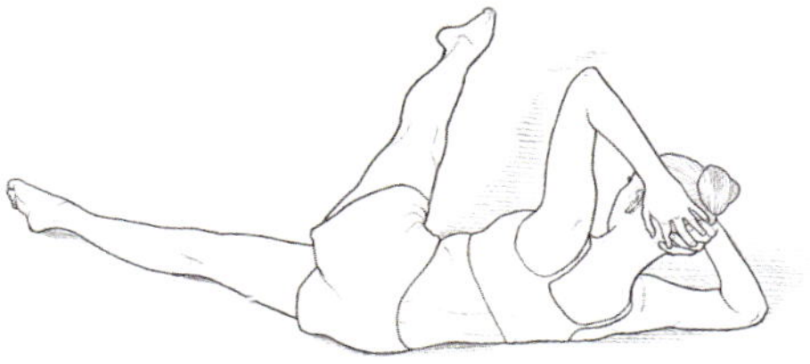

第二步

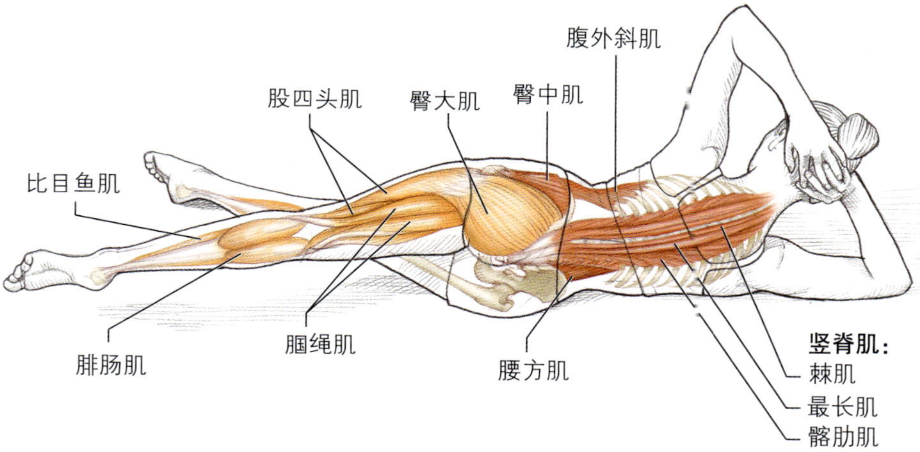

第三步

动作要领

1. *准备动作。*身体侧卧，两腿较躯干稍微向前，双脚微微绷直。双肘弯曲，两手紧扣于脑后，将头抬起来。

2. *吸气。*如图所示，上侧的腿向前伸，然后稍微向后，再缓缓地伸到比第一次稍微远一点的位置。

3. *呼气。*如主要肌肉图所示，收回上侧的腿，稍微前伸，然后缓缓地后伸到比第一次稍远（后）一点的位置。重复上述动作10遍。然后换另外一条腿进行练习。

目标肌肉

脊柱侧屈肌和稳定肌：腹外斜肌、腹内斜肌、腰方肌、竖脊肌（棘肌、最长肌、髂肋肌）、半棘肌、深层脊柱周围肌肉、腹直肌、腹横肌。

髋关节外展肌：臀中肌、臀小肌、阔筋膜张肌、缝匠肌。

辅助肌肉

髋关节屈肌：髂腰肌、股直肌。

髋关节伸肌：臀大肌、腘绳肌。

膝关节伸肌：股四头肌。

踝关节跖屈肌：腓肠肌、比目鱼肌。

技巧要点

• 在准备动作中，用靠近垫子一侧的脊柱侧屈肌将骨盆向胸廓方向上提，使腰部离开垫子。在整个动作过程中尽量保持骨盆和胸廓的距离。

• 在第二步和第三步，使用髋关节外展肌使上侧的腿与垫子保持平行，不要让腿落下来。使用髋关节屈肌前伸上侧的腿，使用髋关节伸肌稍微后移上侧的腿。同时，使用膝关节伸肌保持膝关节伸直，踝关节跖屈肌绷直脚背。

• 在腿部移动时，使用脊柱稳定肌群维持身体侧卧的姿势，限制躯干前后摇摆和转动，倾斜骨盆和弓起背部。在第三步，要有足够的腹肌收缩力量；安全起见，大腿只要稍微后伸以限制骨盆前倾幅度；最大化髋关节屈肌的动态拉伸。

• *想象。*想象腿在髋关节处自由地前后摆动，每次摆动到移动范围边界时缓冲一下，再继续同一方向的摆动；然后向反方向摆动，同样也要在移动范围边界缓冲一下。整个过程只能稍微带动躯干。

补充说明

侧卧踢腿是很好的训练核心稳定性的动作。侧卧时由于支撑面非常狭窄，增加了前后平衡的难度。摆腿增加了身体保持平衡的难度，需要脊柱侧面、前面和后面的肌肉协调收缩保持平衡。如果脊柱和骨盆能保持足够的稳定性，侧卧踢腿可增加腘绳肌和髋关节屈肌的柔韧度。采取侧卧姿势时，上侧腿的髋关节外展肌收缩抵抗重力的作用，防止腿下降。侧卧踢腿还可增加上述肌肉的耐力和肌力。

个性化锻炼

改良

如果不能在腿部前后移动时保持平衡或不能充分维持骨盆的稳定性，可以练习改良动作。伸展下方手臂的肘关节，让头枕于其上；上方手臂位于身前，手放在垫子上提供支撑。这个姿势增加了支撑的宽度，从而降低了保持平衡的难度。随着技术的提升，逐渐向后移动下方腿直至其与骨盆侧面近乎位于一条直线上。然后，尝试使手臂位于起始姿势。

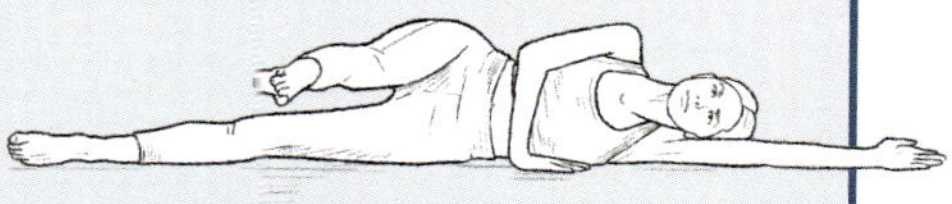
改良侧卧踢腿

变式

腿前踢时足背屈可以加强腘绳肌动态拉伸。反转呼吸模式，将呼吸模式改为一次腿的两个方向的运动伴随一次呼吸，以促进深层腹肌的激活。

进阶

基础侧卧踢腿或侧卧踢腿变式中，以肘关节支撑可以很好地增加脊柱侧屈肌、肩关节稳定肌和平衡肌的难度。如果练习者有充足的力量和稳定性，用前臂支撑，骨盆抬离垫子呈侧平板姿势。这种侧方支撑对于增强核心稳定性非常有效。但是，这种进阶练习难度增加得比较显著，所以要从第一步进阶姿势——只保持侧平板姿势5秒开始。随着技术的提升，脊柱、骨盆和肩关节可以保持正确的姿势且下方腿的膝关节没有不适，上方腿逐渐增加小范围的前、后踢。只有在熟练掌握肘关节支撑和侧平板之后，才可以尝试这种更高阶的进阶动作。练习侧弯（8–3）也可以帮助提升高级进阶版的侧卧踢腿技巧。

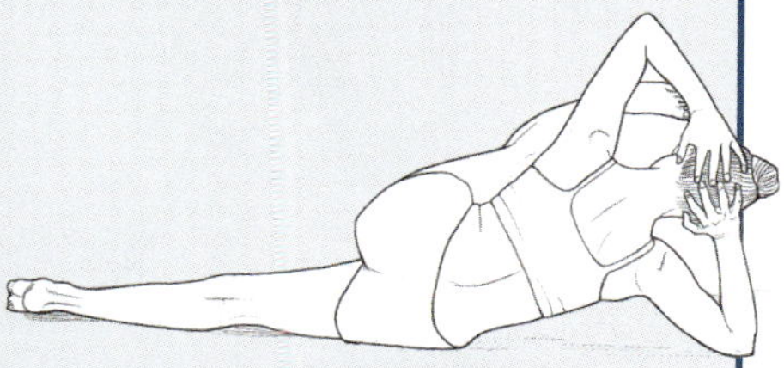
进阶侧卧踢腿（肘关节支撑，躯干抬起）

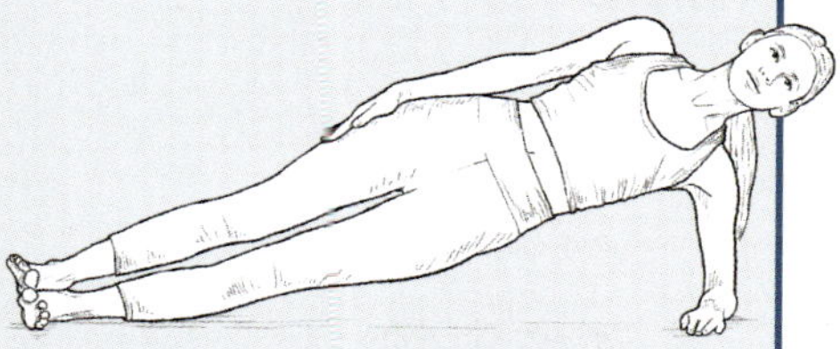
进阶侧卧踢腿（侧平板）

8-2

跪姿侧踢

准备动作

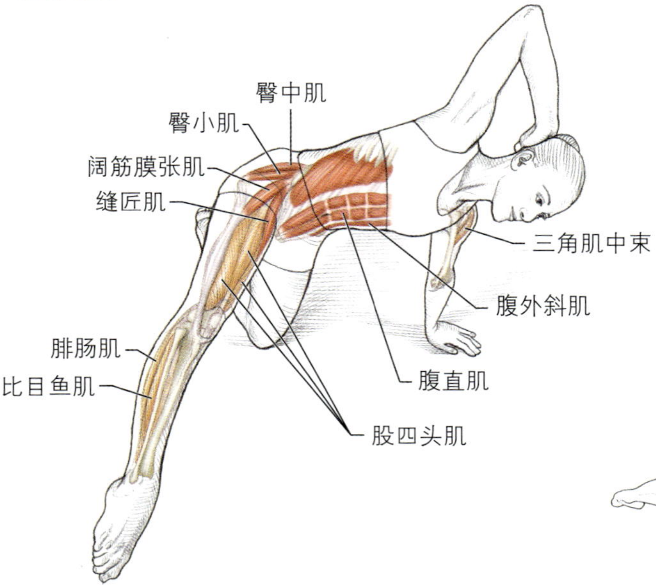

第二步

第三步

动作要领

1. *准备动作*。跪姿，上身向一侧弯曲。单掌撑垫，手指向外。另一手放在脑后，肘关节朝向天花板。抬高一腿至髋关节的高度。

2. *吸气*。如主要肌肉图所示，前伸抬高的腿。

3. *呼气*。如图所示，后伸抬高的腿。重复上述动作10次。同法练习另一条腿。

目标肌肉

脊柱侧屈肌和稳定肌：腹外斜肌、腹内斜肌、腰方肌、竖脊肌（棘肌、最长肌、髂肋肌）、半棘肌、深层脊柱周围肌肉、腹直肌、腹横肌。

髋关节外展肌：臀中肌、臀小肌、阔筋膜张肌、缝匠肌。

辅助肌肉

髋关节屈肌：髂腰肌、股直肌。

髋关节伸肌：臀大肌、腘绳肌。

膝关节伸肌：股四头肌。

踝关节跖屈肌：腓肠肌、比目鱼肌。

肩关节外展肌：三角肌中束、冈上肌。

肩胛下降肌：斜方肌下部肌束、前锯肌下部肌束。

肩胛外展肌：前锯肌。

肘关节伸肌：肱三头肌。

技巧要点

- 在整个动作当中，将身体从头到支撑的膝盖想象成一个拱门。一只手掌撑于垫子上，肩关节外展肌帮助上抬上背部，靠近垫子侧的脊柱侧屈肌上抬脊柱，髋关节展肌上抬下侧骨盆，帮助身体形成拱形。
- 手掌撑于垫子的同时，用肘关节伸肌伸直肘关节，用肩胛下降肌和外展肌（主要是前锯肌）保持肩胛骨向下指向垫子。
- 腿在摆动的时候保持直线，用膝关节伸肌伸直膝关节，踝关节跖屈肌绷直脚背。
- 注意使用髋关节外展肌维持抬高的腿的适当高度，使用髋关节屈肌使腿前伸，使用髋关节伸肌使腿稍微后伸。
- *想象*。把身体想象成一座拱桥，靠着手臂支撑，摆动的腿并不会影响桥的根基。

补充说明

跪姿侧踢和侧卧踢腿有许多相同的好处。因为仅依靠一侧膝关节和手臂支撑，跪姿侧踢更难维持稳定性。跪姿侧踢的躯干呈弓形，增加了靠近垫侧的脊柱屈肌（特别是腹斜肌）的负荷。跪姿侧踢极好地锻炼了支撑手臂的肩关节外展肌和肩胛稳定肌，为接下来的侧弯（8–3）和侧弯扭转（8–6）打下基础。

个性化锻炼

改良

跪姿侧踢的难点是保持踢腿的高度。腿在前、后踢的过程中往往会降低高度。练习时可以通过选择较低的踢腿高度，即使踢腿的高度低于髋关节也可以，以保持整个过程腿的高度不变。如第二步和第三步所述踢腿，保持前、后踢腿时腿与垫子的距离相同，就像沿着桌面滑动一样。

变式

练习时，可让支撑的膝关节尽量位于髋关节正下方；为了增加髋关节展肌的负荷可尽量抬高摆动的腿。也可以用侧卧踢腿变式中的呼吸模式，即一次腿的两个方向的运动伴随一次呼吸。

进阶

使用变式的姿势，但是上方手臂不再放在头后，而是向上伸展。这个姿势，除了在美学上很有趣，还进一步增强了身体的稳定性，有助于保持胸部打开的姿势，并使上方肩为了保持手臂向上和稳定手臂而得以锻炼。

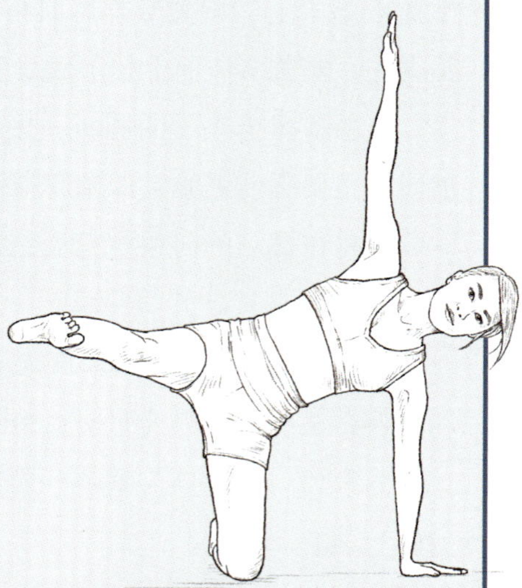

进阶跪姿侧踢

侧弯

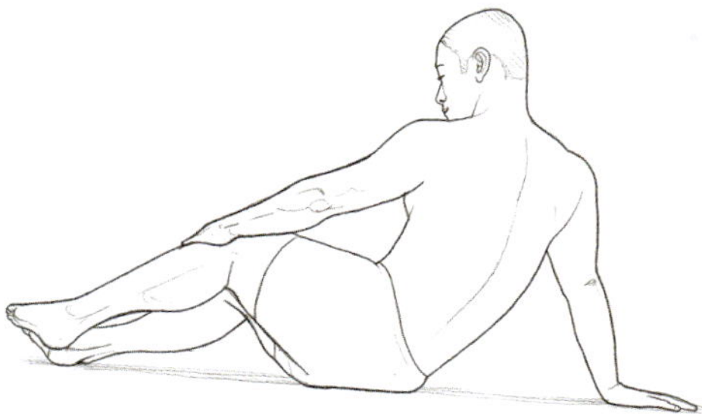

准备动作早期

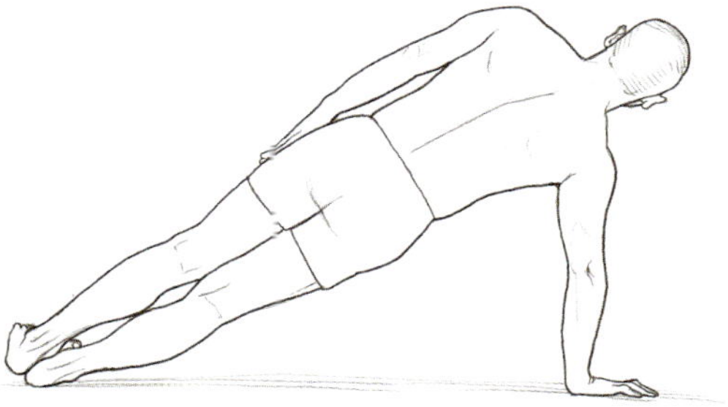

准备动作后期

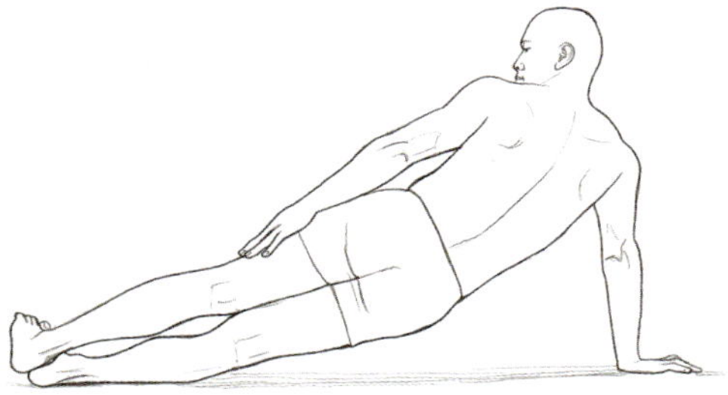

第二步

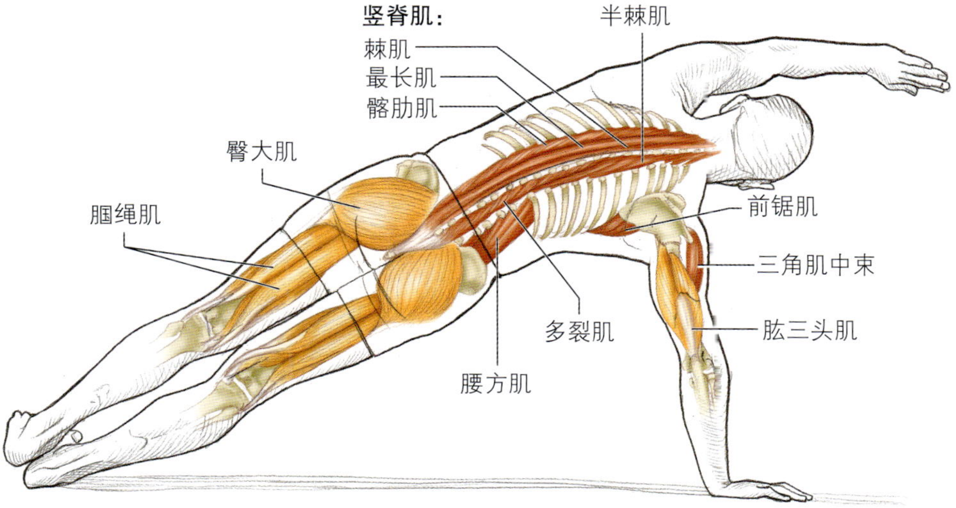

第三步

动作要领

1. *准备动作*。坐姿，躯干转至一侧，身体靠单手、骨盆下部和脚支撑。单掌撑于垫子，手指向外。如图所示，双膝屈曲，上侧的手放在上侧的腿上。在这个动作的基础上，将上身抬起，上臂和膝关节伸直，上侧的手臂紧靠身体。

2. *吸气*。如图所示，头扭转到上侧手臂的同侧，躯干下部下降，直到小腿和垫子相碰，保持支撑的手臂笔直。

3. *呼气*。如主要肌肉图所示，将躯干升回准备动作后期，然后将上侧的手臂伸过头顶， 手掌向上，面部朝前。重复上述动作5次，然后屈膝，回到准备动作早期。同法练习另一侧。

目标肌肉

脊柱侧屈肌和稳定肌：腹外斜肌、腹内斜肌、腰方肌、竖脊肌（棘肌、最长肌、髂肋肌）、半棘肌、深层脊柱周围肌肉、腹直肌、腹横肌。

肩关节外展肌：三角肌中束、冈上肌。

肩胛下降肌：斜方肌下部肌束、前锯肌下部肌束。

肩胛外展肌：前锯肌。

辅助肌肉

髋关节屈肌：髂腰肌、股直肌。

髋关节外展肌：臀中肌、臀小肌。

膝关节伸肌：股四头肌。

肩关节内收肌：胸大肌、背阔肌。

肘关节伸肌：肱三头肌。

技巧要点

- 第一步和第三步的结尾部分，把身体从头到支撑的脚变成拱形：支撑的手臂撑于垫子上，使用肩关节外展肌抬起上背部下侧，使用脊柱侧屈肌抬起脊柱下侧，使用髋关节外展肌抬起骨盆下侧。

- 手掌撑于垫子上时，注意要使用肘关节伸肌保持肘关节伸直，避免伸展过度。同时，使用肩胛下降肌避免肩胛骨底部上抬，通过肩胛外展肌（主要是前锯肌）将肩胛骨伸向垫子。

- 在第三步，将注意力集中在使上身形成拱状，将手像水从直饮水水龙头射出一样伸过头顶。为了加强抬起来的感觉，要注意协调上身拱状的最高点和伸过头顶的手的最高点。头顶的手的动作由肩关节外展肌向心收缩产生，手伸过垂直线后由肩关节内收肌离心收缩控制下降。
- 在第一步和第三步之间，注意上身下降的时候要动作流畅、速度均匀，需用第一点所提及的肌肉，这些肌肉在这里只进行离心收缩。要特别注意使用肩胛下降肌避免支撑的肩膀上抬。上侧的手回到身体侧面和骨盆降至最低点的时间要一致。上侧手臂的动作先用到肩关节内收肌，通过垂直线之后肩关节外展肌离心收缩。
- *想象*。躯干上下移动时，尽量保持身体平坦，好像在两个平行的玻璃之间移动。使用膝关节伸肌伸直膝关节，使用髋关节伸肌保持髋关节伸展、大腿和骨盆成一条直线。运用腹肌、脊柱伸肌和脊柱稳定肌保持背部平坦，避免骨盆扭转或前后倾斜。

补充说明

侧弯同侧卧踢腿（8-1）、跪姿侧踢（8-2）相比，整个身体都仅靠一只脚和一只手支撑，因而无论是在侧屈、躯干稳定性，还是在肩膀的使用上，难度都上升了好几个台阶。侧弯特别适合锻炼躯干两侧稳定性和脊柱侧屈肌的肌力。对许多人而言，它最大的好处在于增强肩关节外展肌和稳定肌的力量。在这个动作的几个阶段中，因为重力的原因，会有抬高或内收肩胛骨的倾向。要使用肩胛下降肌（特别是用前锯肌）保持肩关节外展且不上抬，使之位于中立位。如果力量不足或者协调性欠佳，有可能会出现肩膀不适或肩部受伤。所以，动作幅度不宜过大，能够维持良好的肩关节运动即可，也可使用改良动作。

个性化锻炼

改良

在起始姿势时，下方腿和膝关节不离开垫子。上抬躯干时靠一只手和下侧的膝关节支撑身体。如图所示，关注朝向垫子下沉下方肩胛骨，如技巧要点第2条描述的那样锻炼前锯肌。熟练后，改为双脚支撑，上方脚位于下方脚前方（如变式图示）。脚部支撑范围较宽有助于保持平衡，进而有利于发展最佳肩胛力学。

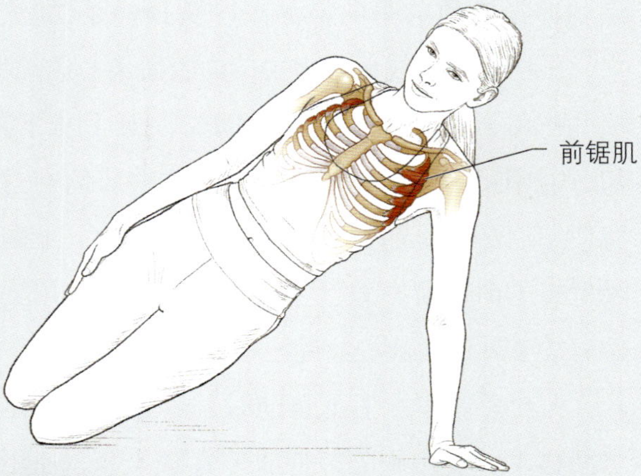

改良侧弯

变式

如图所示，可以把上方脚放在下方脚的前面并使用呼吸模式做动作。在吸气时将身体上抬至侧平板的姿势，同时上方手臂抬到肩膀的高度（“T”形）。在骨盆抬起和手臂伸过头顶时呼气，再次吸气时回到“T”形姿势，再次呼气时下降骨盆至刚好碰到垫子。

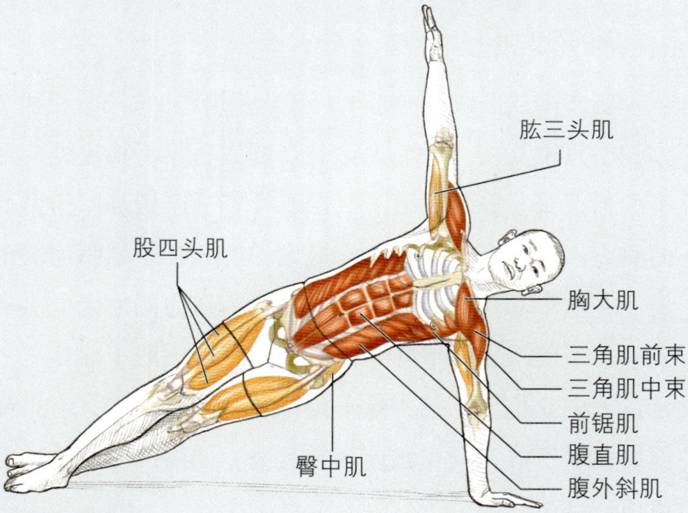

侧弯变式

进阶

在基础侧弯第三步手臂过顶时，略微抬起上方腿然后再放下。这是高阶动作，只有在基础侧弯可以非常好地完成之后，且身体没有不适的情况下才能练习。

坐姿脊柱旋转

准备动作

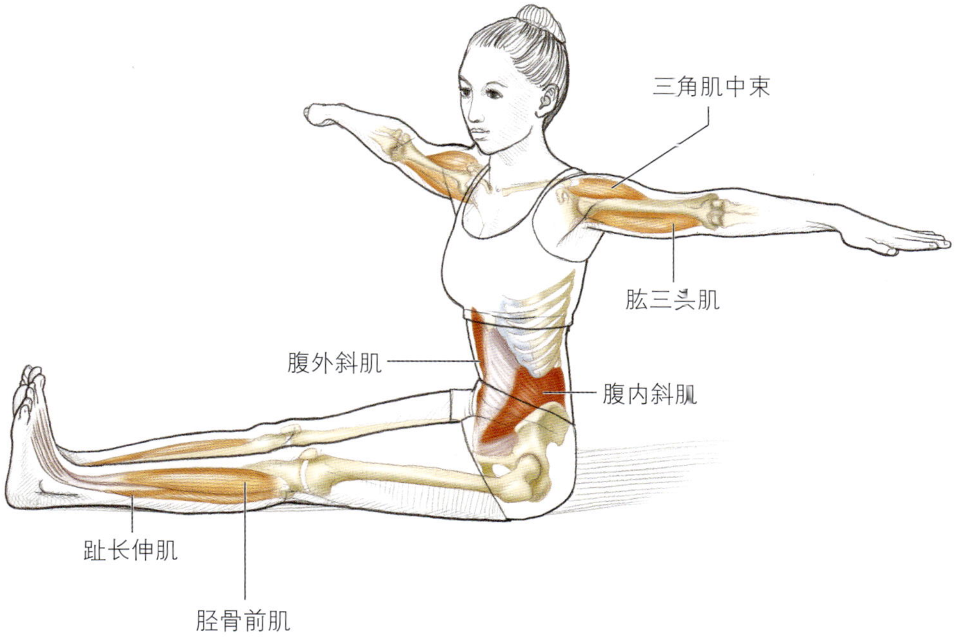

第二步

动作要领

1. *准备动作*。坐姿，双腿并拢前伸，双脚背屈。双臂抬至肩膀的高度，向两侧伸直，微微后伸，掌心朝下。

2. *呼气*。如主要肌肉图所示，躯干上部先向一侧扭转，然后再向同侧多扭转一些。

3. *吸气*。将躯干上部转回中央（准备动作）。

4. *呼气*。躯干上部向另一侧扭转，然后再向同侧多扭转一些。

5. *吸气*。将躯干上部转回中央（准备动作）。每侧扭转5次，共10次。

目标肌肉

脊柱旋转肌： 腹外斜肌、腹内斜肌、竖脊肌（最长肌、髂肋肌）、半棘肌、深层脊柱周围肌肉（特别是多裂肌）。

辅助肌肉

脊柱前稳定肌： 腹横肌。

踝关节背屈肌： 胫骨前肌、趾长伸肌。

肩关节外展肌： 三角肌中束、冈上肌。

肘关节伸肌： 肱三头肌。

肩胛内收肌： 斜方肌、菱形肌。

技巧要点

- 在准备动作，为了在整个抬起腰背部的动作中保持脊柱垂直，要注意将腹肌向内上方收紧。
- 注意扭转骨盆以上的部位，通过脊柱旋转肌扭转腰背部到头部的脊柱，骨盆保持固定、面向前方。
- 两臂向两侧伸直，使用肩关节外展肌保持手臂在肩膀高度，肘关节伸肌伸直肘关节，从而达到理想的优美线条。同时，使用肩胛内收肌将两侧的肩胛骨向内微微收起。躯干扭转时手臂保持这个姿势。
- *想象*。想象脊柱是向上扭转的，头部随着扭转离天花板越来越近。

补充说明

坐姿脊柱旋转比仰卧脊柱旋转（4-6）的好处更多，因为坐姿脊柱旋转更加接近每天活动和运动的姿势，如打高尔夫球和网球。而且对抗重力保持身体伸直也是对躯干肌肉的一种挑战。学会使用强大的肌肉群而不是单靠肩膀扭转是这个动作的关键，也为提升运动水平打下基础，并且可避免背部受伤。

坐姿躯干旋转。当采用坐姿向右侧扭转时，左侧的腹外斜肌和右侧的腹内斜肌为原动肌。但是如果单靠它们扭转，躯干将会同时向前弯曲，因为它们既是脊柱扭转肌又是脊柱屈肌。适当地使用脊柱伸肌才能够保证脊柱的垂直姿势。如下图所示，这些伸肌，尤其是右最长肌、右髂肋肌、左半棘肌和左多裂肌，也协助躯干向右扭转。正确运用这些肌肉才能保证脊柱在扭转中不会前倾或后仰。

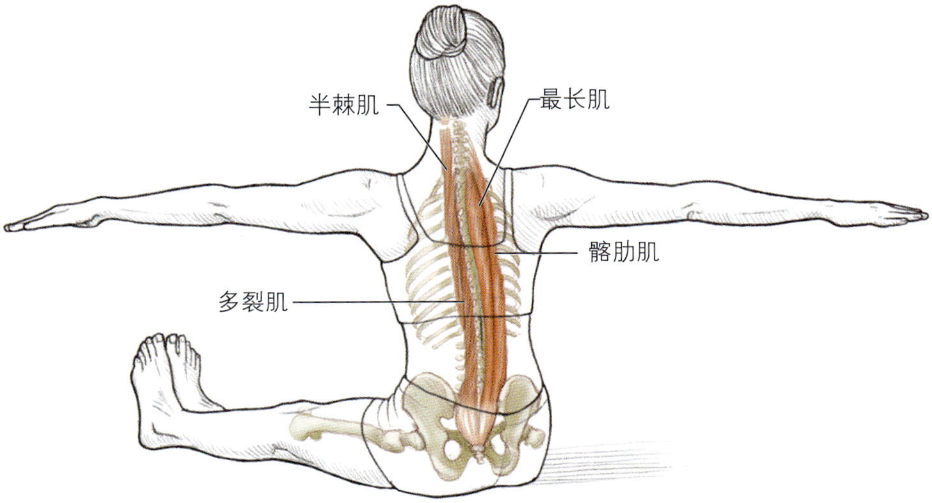

脊柱伸肌为旋转肌

个性化锻炼

改良

双腿向前伸直的坐姿是垫上普拉提和器械普拉提的常用技巧。这个姿势对核心功能具有挑战性，很大程度依赖脊柱伸肌对抗躯干弯曲及骨盆后倾。腘绳肌紧绷可能是这种直立坐姿最常见的挑战，会进一步加剧躯干弯曲和骨盆后倾的趋势。如果腘绳肌紧绷，其在坐骨处的附着点会朝向大腿后部拉动骨盆底部，最终导致骨盆后倾。对于这种情况可以练习改良动作——在初始动作时屈曲膝关节，双脚跟压在垫子上。屈曲膝关节可以减少腘绳肌对骨盆的拉力，有助于实现理想的脊柱竖直的坐姿。

改良坐姿脊柱旋转

变式

可以将两臂向两侧伸直，不后伸，掌心朝上，肩胛骨保持中立位，肩关节外旋。此外，每个方向可以采用一次快速呼吸手臂拍动两次的方法。

进阶

坐姿脊柱旋转的常见错误是过度使用双臂。应把双臂视为躯干和肩部的延伸，并与躯干作为一个整体移动。练习时，把双手放在头后，而不是外展与身体成“T”形。向上伸展双臂，手指伸向天花板，手掌相对，可以进一步增加难度。

旋体拉锯

准备动作

第二步

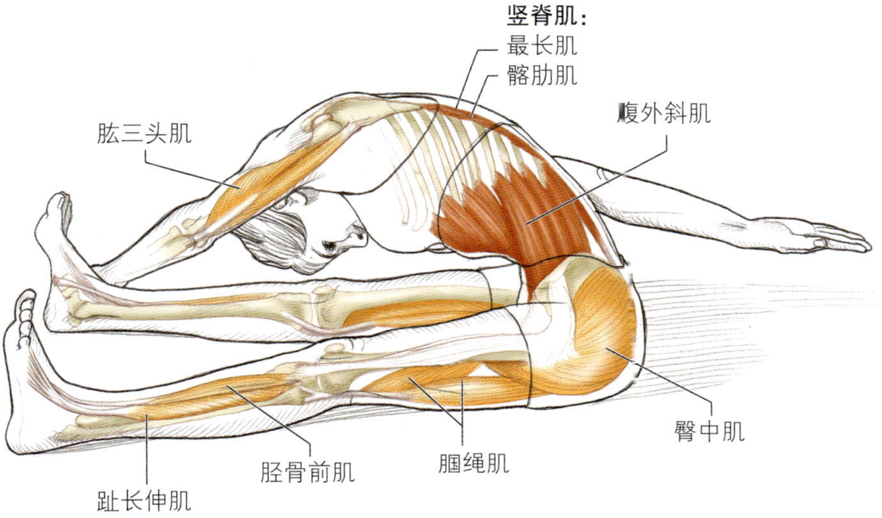

第三步

动作要领

1. *准备动作*。躯干垂直而坐，双腿分开略比肩宽，膝关节伸直和双脚背屈。双臂在肩关节水平向两侧伸直，微微后伸，肘关节伸直，掌心朝下。

2. *吸气*。如图所示，向一侧扭转躯干上部，头和脊柱上部向前、向下屈曲，手伸到另一侧脚的外侧；如果柔韧性允许，另一只手内旋、后伸、微微上抬。

3. *呼气*。如主要肌肉图所示，在三次像拉锯般前后移动中手臂柔和地前伸。上抬躯干至垂直位置，然后扭转至起始位置。

4. *吸气*。向另一侧扭转躯干上部，然后在这一侧重复第二步的动作。

5. *呼气*。在这一侧重复第三步的动作。每侧动作重复5次，共10次。

目标肌肉

脊柱旋转肌：腹外斜肌、腹内斜肌、竖脊肌（最长肌、髂肋肌）、半棘肌、深层脊柱周围肌肉。

脊柱伸肌：竖脊肌（棘肌、最长肌、髂肋肌）、半棘肌和深层脊柱周围肌肉。

辅助肌肉

脊柱前稳定肌：腹横肌。

髋关节伸肌：臀大肌、腘绳肌。

踝关节背屈肌：胫骨前肌、趾长伸肌。

肩关节外展肌：三角肌中束、冈上肌。

肩关节屈肌：三角肌前束、胸大肌（锁骨端）。

肩关节伸肌：背阔肌、大圆肌。

肘关节伸肌：肱三头肌。

肩胛内收肌：斜方肌、菱形肌。

技巧要点

- 第一步、第二步早期和第四步，请参照坐姿脊柱旋转（8-4）的技巧要点，要注意腹肌和脊柱伸肌的协调收缩，并且保持躯干垂直。

- 在第二步后期和第四步，脊柱伸肌离心收缩，流畅地向下卷曲脊柱。骨盆面朝前， 两侧的坐骨和垫子接触。

- 在第三步和第五步，每次前后拉锯的时候尽量想着将脊柱柔和地拉长一点。注意避免过激的反弹，否则会伤到脊柱。同时，慢慢内收腹肌，避免骨盆前倾。

- 从第二步到第五步，注意力集中在伸向对侧的手臂，特别是其向前移动时，注意使用肩关节屈肌防止下降；另一只手臂内旋的时候，用肩关节伸肌后伸和向上抬起。
- 第三步和第五步向上卷起的时候，继续内收腹肌，同时用脊柱伸肌将骶骨以上的椎骨从下往上一块块叠加起来，将脊柱伸直。
- 在第三步和第五步结束时，躯干转回中央，集中注意力尽量上伸头部，这样能轻微刺激脊柱伸肌收缩，不过躯干扭转主要依靠的是腹斜肌。
- 同时将双臂移回准备动作。双臂向两侧伸直，手指微微后压以激活肩胛内收肌，使用肩关节外展肌保持双臂在肩关节水平，肘关节伸肌保持肘关节伸直。
- *想象*。身体扭转的时候，脑海中想象脊柱上部像一个螺丝刀，在松紧桌子上的螺钉时，保持垂直。双腿和骨盆就像桌子保持稳定、不动，只有螺钉和螺丝刀在转动。

补充说明

和坐姿脊柱旋转（8–4）一样，旋体拉锯非常适用于学习如何使用核心肌肉扭转的同时保持躯干垂直。不同的是，在旋体拉锯中，躯干并不是一直垂直，这样在脊柱向下屈曲和向上卷起的时候可以采取坐姿练习脊柱的契合。在坐姿的情况下前屈脊柱，身体处于不平衡的状态，对拉伸腰部和腘绳肌很有效果。

个性化锻炼

改良

和坐姿脊柱旋转（8–4）描述的一样，腘绳肌紧绷通常会阻碍理想的坐姿。此外，足够的腘绳肌和腰部柔韧性对于脊柱向下扭转和扭转至起始姿势是必要的。对于腘绳肌紧绷的练习者，屈曲膝关节至躯干可以轻松地向下扭转至髋关节外侧。因为腘绳肌是跨越膝关节和髋关节的肌肉，所以屈曲膝关节可以放松腘绳肌，实现理想的骨盆位置。

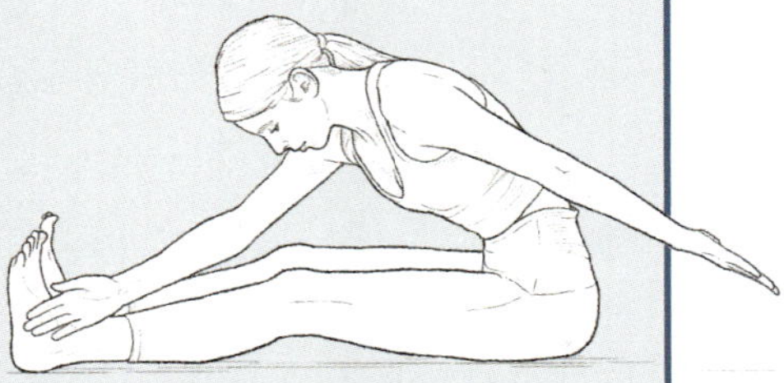

改良旋体拉锯

变式

准备动作的时候，改成双臂向两侧伸直，双侧的肩胛骨位于中立位，肩部向外扭转，掌心朝前。如图所示，为了减少拉伸上背部，更多地拉伸腘绳肌，胸椎前伸，髋关节屈曲，坐骨向后，脊柱向前。这个变式中，躯干返回垂直的过程中（第三步和第五步），注重运用胸椎和髋关节的伸肌，而不是一节节的脊椎。

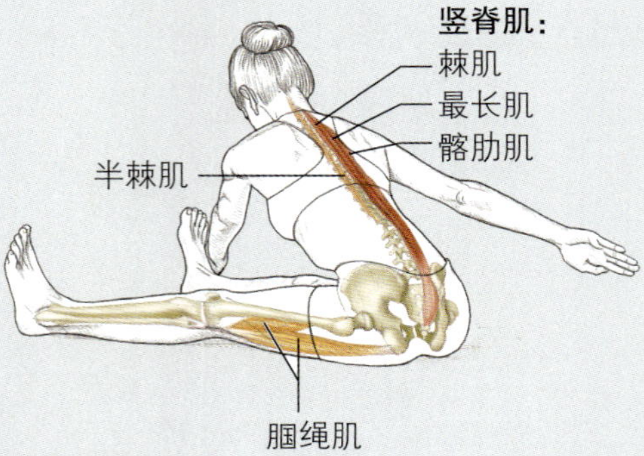

旋体拉锯变式

侧弯扭转

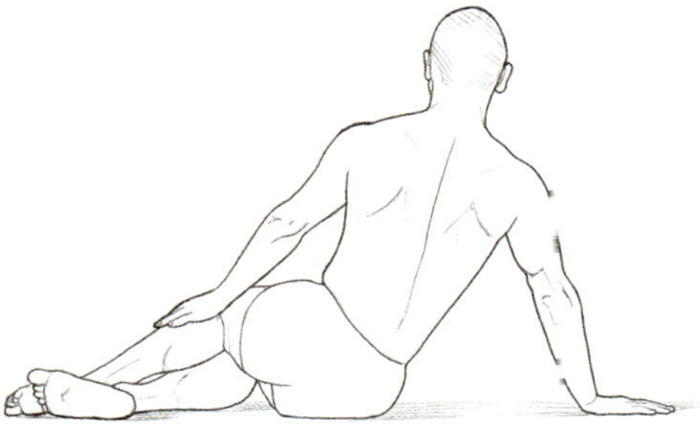

准备动作

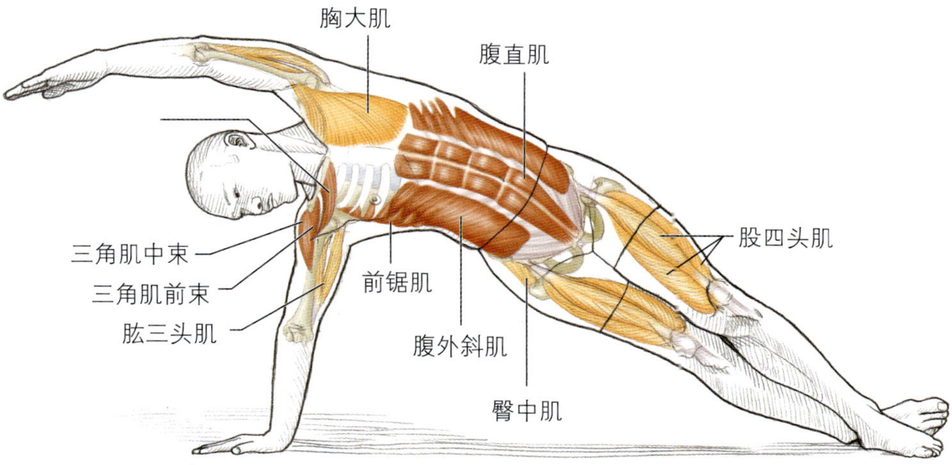

第二步前面观

第三步

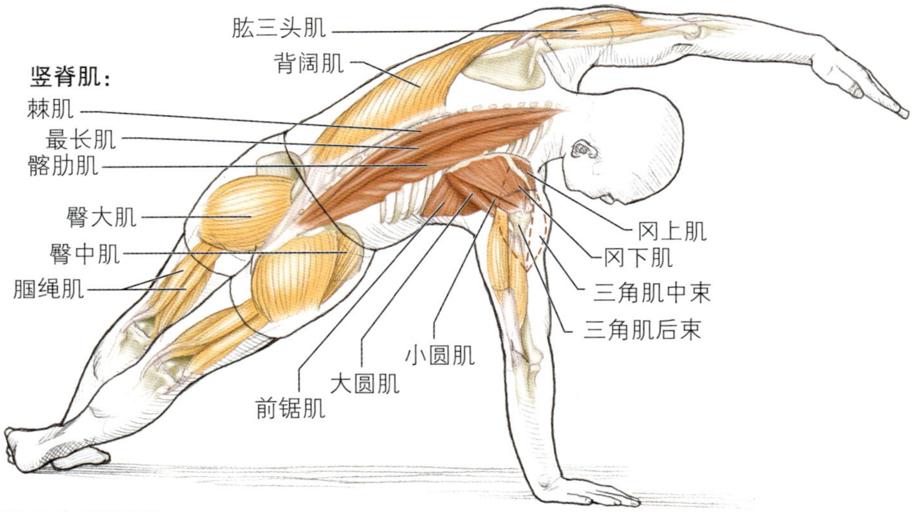

第四步后面观

动作要领

1. *准备动作*。坐姿，身体扭转至一侧。靠一只手臂、下侧骨盆和双脚支撑身体的重量（手掌撑于垫子，手指向外，上侧的脚在另一只脚前面）。双膝屈曲，上侧的手置于上膝。

2. *吸气*。如“第二步前面观”所示，躯干向上抬起，同时双腿伸直，上侧的手臂伸过头顶。头部可以面向前方或者微微向下。

3. *呼气*。如图所示，躯干转向垫子。

4. *吸气*。如“第四步后面观”所示，转回第二步的姿势。

5. *呼气*。双膝弯曲，下降躯干，上侧手臂回到准备动作。保持良好的姿势，躯干下降至盆部刚好停留在垫子上。必要的话，躯干下降至垫子刚好能够提供支撑的程度。重复上述动作5遍，然后换另一侧重复。

目标肌肉

脊柱侧屈肌和旋转肌：腹外斜肌、腹内斜肌、腰方肌、竖脊肌（棘肌、最长肌、髂肋肌）、半棘肌、深层脊柱周围肌肉、腹直肌、髂腰肌。

肩关节外展肌：三角肌中束、冈上肌、三角肌前束、胸大肌（锁骨端）。

肩关节水平外展肌：冈下肌、小圆肌、三角肌后束、三角肌中束、大圆肌、背阔肌。

肩胛下降肌：斜方肌下部肌束、前锯肌下部肌束、胸小肌。

肩胛外展肌：前锯肌、胸小肌。

辅助肌肉

脊柱前稳定肌：腹横肌。

髋关节伸肌：臀大肌、腘绳肌。

髋关节外展肌：臀中肌、臀小肌。

膝关节伸肌：股四头肌。

膝关节屈肌：腘绳肌。

肩关节内收肌：胸大肌和背阔肌。

肘关节伸肌：肱三头肌。

技巧要点

- 第二步的肌肉使用的细节同侧弯（8–3）。
- 在第二步，手臂撑于垫子，使用肩关节外展肌、脊柱侧屈肌和髋关节外展肌将身体下部抬起，从头到脚形成一个拱形。使用髋关节伸肌和膝关节伸肌伸直双腿并使它们与骨盆成一条直线。
- 骨盆抬起的时候，将上侧的手臂流畅地伸过头顶。先用肩关节外展肌将手抬起，手通过垂直线以后，离心收缩肩关节内收肌 以免手臂因重力的作用降得过低。用下侧手臂的肩胛外展肌使肩胛保持展开，控制由于重力而造成的肩胛向脊柱移动的倾向。
- 在第三步，使用脊柱旋转肌使躯干上部转身，面朝下。使用腹斜肌使扭转达到极限，同时竖脊肌离心收缩控制扭转时重力的作用。扭转结束后，肩关节屈肌和水平外展肌保持上侧手臂悬空，避免其落在垫子上或者身上。
- 在第四步，运用竖脊肌将躯干扭转至另一侧，同时腹肌协助扭转并避免腰背部拱起。
- 在第五步，肩关节外展肌、脊柱侧屈肌和髋关节展肌离心收缩，在身体下降的过程中控制下侧身体。膝关节屈肌渐渐屈曲双膝。这时，支撑手臂的肩胛下降肌要控制不必要的耸肩，同时肩关节外展肌继续、肩关节内收肌开始离心收缩，控制上侧手臂的下降。
- 在整个动作中，下侧手臂提供支撑。肘关节伸肌保持肘关节伸直。随着躯干的扭转，躯干与支撑手臂和重力关系的改变，会用到肩部和肩胛的肌肉，其中肩关节水平外展肌作为主要肌肉在第三步离心收缩，在第四步向心收缩。

- *想象*。想象一只海豚跃出海面，身体呈拱形然后扭转着再次进入水中。把这段想象回放一遍。

补充说明

因为增加了扭转动作，侧弯扭转比侧弯（8–3）难度大。如果不能很好地完成侧弯，就不应练习扭转。虽然《以控制术重返生活》一书没有提及侧弯扭转，但是它经常在普拉提学校中以不同的方式被教授。本书的这个版本描述了从侧弯到身体扭转的过程。身体扭转之所以难度高，是因为它在各个阶段中用到了大量的肌肉。它的优势在于加强了核心扭转的稳定性，还有肩部主要肌肉的力量和复杂协调能力。在做身体扭转时，一侧的肩部不仅负荷了身体大部分的重量，还需要在负荷的同时进行大幅度的移动。只有能够很好地运用肩部肌肉，才能够从练习身体扭转中得到好处并避免严重的损伤。

个性化锻炼

改良

本改良动作与侧弯（8-3）的改良动作相似。在第二步上抬动作中，下方腿的膝关节和脚不离开垫子，这样下方腿和手臂可以一起支撑身体。因为支撑范围增大了，所以这个姿势比基础侧弯姿势容易保持稳定性。接着进行第三步。然后回到侧方姿势，屈曲膝关节，下降骨盆和躯干，回到起始姿势。

改良侧弯扭转

变式

可以在上侧手臂抬到“T”形的情况下练习身体扭转。在第二步和第四步，手臂与肩部平齐，而不是伸过头顶。随着上侧手臂伸向身体下面，将臀部抬高从而使脊柱的扭转最大化，身体呈金字塔形。如果腘绳肌的柔韧性允许，双腿伸直，脊柱伸展，特别是胸椎。然后回到第四步的“T”形姿势，最后回到起始位置。

侧弯扭转变式

进阶

给已经难度很大的变式增加难度，可以在整个动作过程中保持膝关节伸直，包括抬起和下降阶段（第二步和第五步）。这样做，即便在降低身体时仍然保持骨盆离地，身体连短暂休息的机会也没有。除了支撑肩很有压力，下侧躯干的腹斜肌也能感受到明显的拉伸。

8–7

空中瓶塞（高阶空中瓶塞）

准备动作

第二步

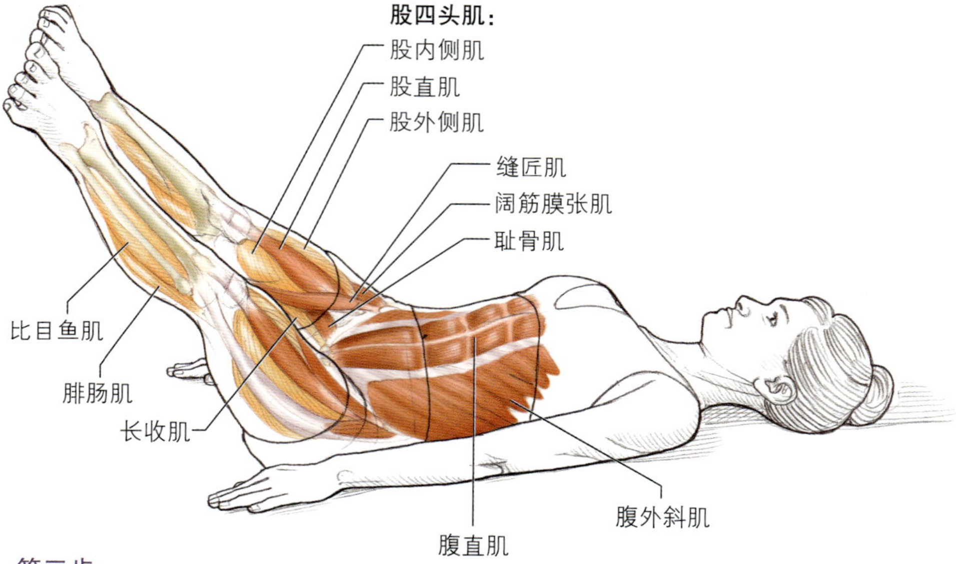

第三步

动作要领

1. *准备动作*。先做超越卷动（6–6），双腿伸过头顶，与垫子平行。

2. *呼气*。躯干下部向一侧扭转。如图所示，两腿移向扭转侧，开始下降。

3. *吸气*。双腿画圆下降，通过身体中线，再向另一侧上移（如主要肌肉图所示），然后伸过头顶回到身体中线的准备动作。

4. *呼气*。躯干下部和双腿一起向第二步的反方向扭转。

5. *吸气*。双腿画圆下降，通过身体中线，再向另一边上移，伸过头顶回到身体中线的准备动作。每侧重复动作3次，共6次；呼气时转换扭转方向。

目标肌肉

脊柱屈肌和脊柱前旋转肌：腹直肌、腹外斜肌、腹内斜肌。

髋关节屈肌：髂腰肌、股直肌、缝匠肌、阔筋膜张肌、耻骨肌。

辅助肌肉

脊柱前稳定肌：腹横肌。

脊柱伸肌和脊柱后旋转肌：竖脊肌。

髋关节伸肌：臀大肌、腘绳肌。

髋关节内收肌：长收肌、短收肌、大收肌、股薄肌。

膝关节伸肌：股四头肌。

踝关节跖屈肌：胫骨前肌、趾长伸肌。

肩关节伸肌：背阔肌、大圆肌、三角肌后束。

技巧要点

- 在这里采用超越卷动（6–6）中的技术要点，包括第一步中骨盆后倾和接下来脊柱卷曲过程中腹肌的使用。
- 在第二步和第五步，躯干下部扭转的时候，双腿随着骨盆移动，与骨盆前部中线的关系保持不变。
- 在第三步和第五步，髋关节伸肌收缩使双腿画圆下降，当双腿画圆至底部弧线的时候，髋关节屈肌离心收缩控制双腿下降，然后向心收缩帮助其完成画圆的上部。注意画小圆，并且腹肌要充分收缩，避免腰背部弓起或者骨盆前倾。
- 双腿画圆的时候，适当的时候将双臂下压，以便于肩关节伸肌协助上抬下半身或保持双肩完全贴着垫子。脊柱的扭转是在腋窝水平以下进行的，需要使用脊柱旋转肌，尤其是腹肌。脊柱旋转肌先向心收缩扭转脊柱和骨盆，然后离心收缩控制身体在各个阶段的扭转。
- 在整个过程中，应轻轻地夹紧大腿内侧以激活髋关节内收肌。使用膝关节伸肌保持腿部伸直，踝关节跖屈肌绷直脚背，使腿呈现修长的线条。双腿向两侧画圆的时候，下侧腿的髋关节内收肌协助将双腿保持在所要求的高度。

• *想象*。想象在用脚画圆，运用强有力的核心力量，使骨盆在双腿画圈时维持正确的位置。

补充说明

空中瓶塞采取的是双腿画圆，不是简单地将腿上下移动。其不仅囊括了超越卷动（6–6）中脊柱的结合和核心稳定性，而且大大提升了难度。将双腿和骨盆移到一侧会使全身都向同侧倾斜，但是扭转时复杂的稳定肌协同收缩使在下身扭转的时候肩膀和上身都紧贴着垫子，并避免了腰背部过度弓起或肋骨向前突出。除了能够增强稳定能力，空中瓶塞还提高了腘绳肌和腰背部的柔韧性。

虽然空中瓶塞有许多好处，但是脊柱扭转和弯曲或伸展的组合却使身体置于非常容易受伤的处境中。除此之外，同超越卷动一样，这个动作要求背部和颈部负重弯曲。只有在适合并且已经能够很好地完成仰卧脊柱旋转（4–6）和超越卷动（6–6）的情况下才能练习这个动作。

个性化锻炼

改良

可以用骨盆后部不离开垫子、90°（垂直线）处开始和结束画圆代替骨盆离开垫子、双腿过头顶。小范围画圈有助于保持核心稳定性。如果腘绳肌太紧或者想要更容易地保持稳定性，可以如图所示，微屈膝关节。稳定能力提高后，如果练习者适合做这个动作，可进一步将双腿伸过头顶。

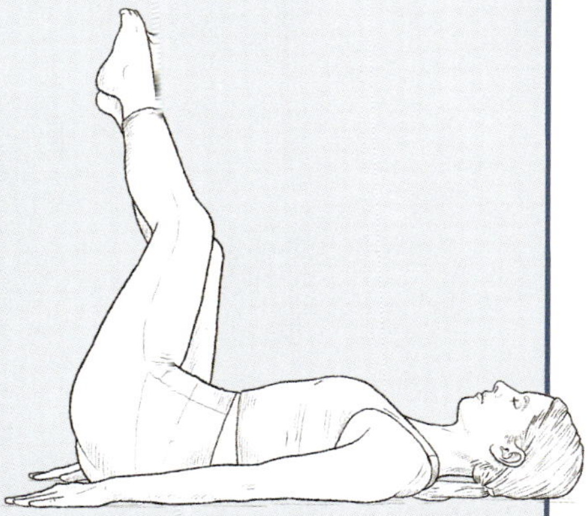

改良空中瓶塞（高阶空中瓶塞）

双腿伸过头顶后，如果腘绳肌或者腰部紧绷，微屈膝关节或者让双脚按所需远离垫子从而协助支撑背部和肩部的重量，不包括颈部的重量。

变式

这个动作也可以在开始画圆（上半圆）时吸气，在画剩余的部分（下半圆）时呼气，以刺激深层腹肌让腰部紧贴着垫子，避免一个非常常见的错误，即在腿下降和离开中心的时候拱起背部。右图是腹肌稳定作用不足和足够的示例。

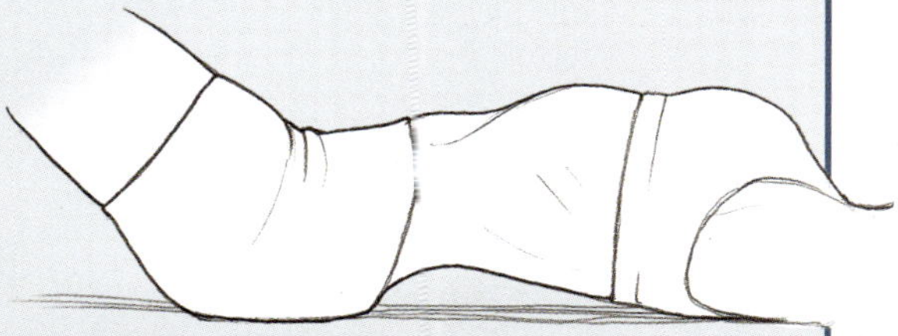

腹肌稳定作用不足

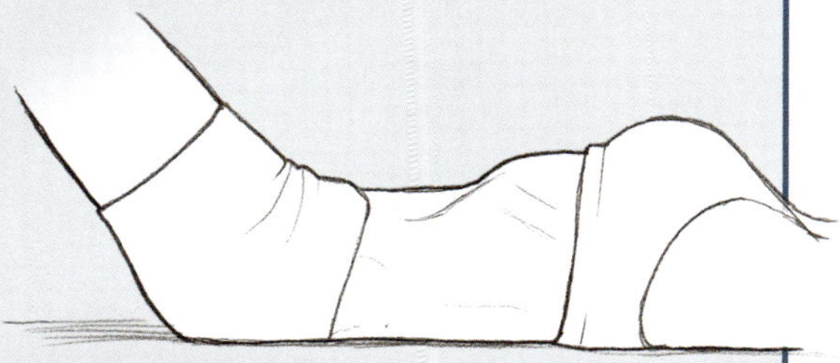

腹肌稳定作用足够

进阶

核心稳定性足够强大后，可以逐渐增加双腿画圈的幅度。即，在第二步和第四步，骨盆和双腿向两侧移动的范围更大；在第三步和第五步，双腿在下降阶段距离垫子更近。确保在侧位阶段保持双腿与骨盆中线对齐，在下降阶段避免下背部弓起。专注于保持腿平稳画圈，稍微强调双腿向上，有助于防止常见的弓背错误。

直臂髋部扭转（髋部画圈预备动作）

准备动作

第二步

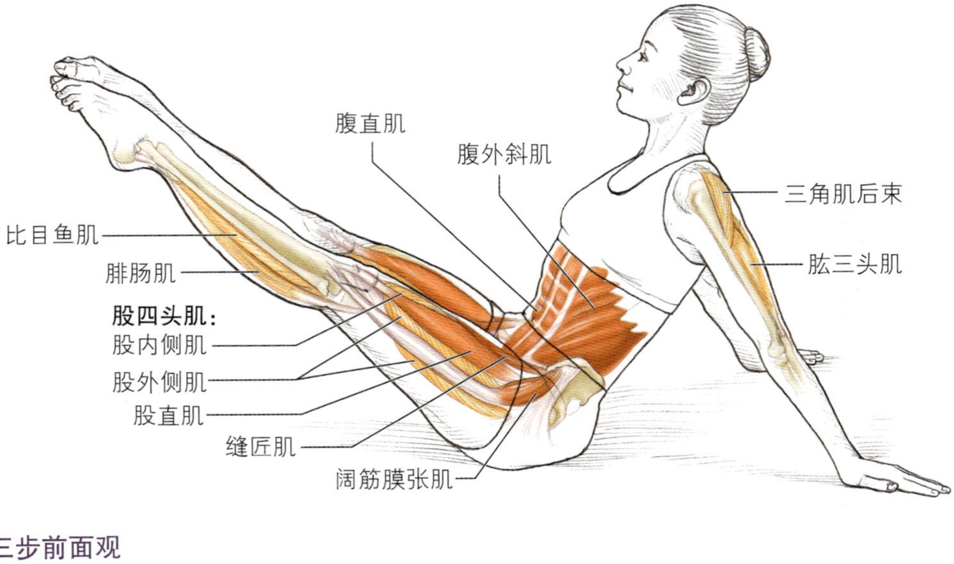

第三步前面观

动作要领

1. *准备动作*。双手置于身后，手掌紧贴垫子，指尖向后。身体以坐骨为支点后倾至平衡点，双腿抬起，身体呈“V”形。

2. *呼气*。扭转骨盆。如上页图所示，双腿移至一侧，然后向下，越过中点。

3. *吸气*。继续画圆。如上页图所示，双腿向对侧上移，骨盆也移至对侧（第三步前面观）。然后将双腿和骨盆移回中央，回到准备动作。

4. *呼气*。骨盆和双腿移到第二步的另外一侧，然后向下，越过中点。

5. *吸气*。继续画圆，双腿向第三步的反方向上移，骨盆也移至同侧，然后将双腿和骨盆移回中央，回到准备动作。每侧重复动作3次，共6次。呼气时转换至另外一侧。

目标肌肉

脊柱屈肌和脊柱前旋转肌：腹直肌、腹外斜肌、腹内斜肌。

髋关节屈肌：髂腰肌、股直肌、缝匠肌、阔筋膜张肌、耻骨肌。

辅助肌肉

脊柱前稳定肌：腹横肌。

脊柱伸肌和脊柱后旋转肌：竖脊肌。

髋关节内收肌：长收肌、短收肌、大收肌、股薄肌。

膝关节伸肌：股四头肌。

踝关节跖屈肌：胫骨前肌、趾长伸肌。

肩关节伸肌：背阔肌、大圆肌、三角肌后束。

肩胛下降肌：斜方肌下部肌束、前锯肌下部肌束。

肘关节伸肌：肱三头肌。

技巧要点

- 在准备动作中，让骨盆后倾，使用肩关节伸肌和上部脊柱伸肌上抬上背部。运用肩胛下降肌下拉肩胛骨，控制肩部伸展末期肩胛骨自然上抬。

- 通过脊柱屈肌和脊柱前旋转肌扭转躯干下部，肩部保持面向前。在第二步至第五步，双脚画圆时与骨盆中线的对应关系保持不变。

- 注意用足够的腹部稳定力量，画的圆要足够小，腰背部才不会弓起，骨盆也不会前倾。

- 整个动作中，应轻轻地夹紧大腿内侧以激活髋关节内收肌。运用膝关节伸肌伸直双腿，踝关节跖屈肌绷直脚背，使腿呈现修长的线条。

• *想象*。想象双脚夹着一个激光灯，激光必须一直照在骨盆的中线上，光线向上延展至耻骨联合处。双腿画圆时，双腿相对于骨盆上下移动。骨盆在从一侧移至另一侧时，双腿也要和骨盆一起移至另一侧。

补充说明

直臂髋部扭转和空中瓶塞（8–7）有类似的好处，特别是于复杂的扭转中保持协调。因为采用的是坐姿，所以髋关节屈肌在缩短的姿势中，支撑双腿需要更大的力量、更好的平衡能力，因此直臂髋部扭转的难度更高。虽然在髋关节屈肌力量、腘绳肌和肩关节屈肌柔韧性方面都有着潜在的好处，但这是一个高难度的动作，练习动作应规范，以免腰背部受伤。此外，只能在背部没有禁忌的情况下才可练习这个动作，如果需要，可以先练习改良动作。

个性化锻炼

改良

如果腘绳肌紧绷或很难保持骨盆和腰背部稳定性，可以微屈膝关节；也可上身更加靠后，依靠前臂支撑身体。

改良直臂髋部扭转
（髋部画圈预备动作）

变式

呼吸模式可以反过来，在骨盆扭转、双腿移至一侧时吸气，在双腿向下画圆时呼气。这样可以提高核心稳定性。此外，也可以在一侧连续画圈3~5次再换另一侧画圈。

进阶

进阶动作的目标是增强肌肉力量和协调性。为了实现这一目标，想象上半身和下半身是两个独立的部分，动作是一个部分相对于另一个部分发生在腰部的移动。使用变式中描述的呼吸模式。在第一步，不使用双臂支撑身体，双臂前伸，彼此平行且与地面平行。在第二步，吸气，旋转上半身（包括头部）至一侧，同时旋转下半身至另一侧，即双腿和双臂不在一个方向。在第三步，呼气，双臂向上画圈，旋转上半身至另一侧；同时，双腿向下画圈，旋转下半身至对侧。返回起始姿势。重复3~5次。然后反方向重复3~5次。

9

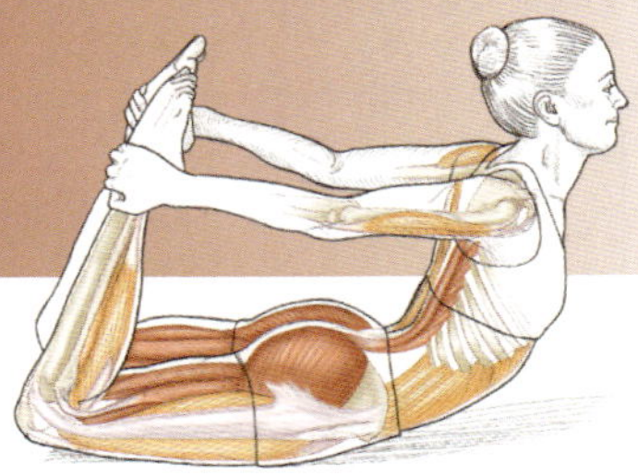

强壮背部的伸展训练

本部分的主要内容是增强力量、提高肌肉耐力和巧妙地激活脊柱伸肌。之前的部分强调腹肌可产生脊柱弯曲或在脊柱伸肌的辅助下产生侧曲或扭转。本部分重点讲述当腹肌功能稳定能减少腰背部潜在受伤的可能性时，使用脊柱伸肌产生并保持脊柱充分伸展。许多普拉提运动都强调脊柱弯曲，而脊柱伸展对保持肌肉稳定至关重要。同时，如果脊柱伸肌有足够的力量和耐力，可减少骨质疏松症和腰背部受伤的危险。然而，脊柱过度伸展也是易导致腰背部受伤的运动。良好的技术和循序渐进的进程可以减少运动危险，取得锻炼效果。

本部分的第一个动作是其他动作的技术基础。猫背伸展（9–1）是一项简单而实用的练习，强调使用上背部脊柱伸肌产生脊柱伸展，腹肌协同收缩防止腰背部伸展过度。单腿后踢（9–2）中，在一条腿移动的同时协同收缩腹肌和脊柱伸肌保持躯干上部静止不动，难度在于脊柱过伸的同时保持核心稳定性。双腿踢（9–3）不同于单腿后踢的是，当脊柱伸肌作为主要主动肌时，腹肌技巧性协同收缩使脊柱稳固移动， 而不是保持躯干静止不动。俯身游泳（9–4）中，当不同侧的手脚上下移动时，需要脊柱轻度过伸。也就是说，俯身游泳是一项新的练习，要在不同侧的肢体移动时保持核心稳定性。

最后两个运动需要在躯干前后摇摆时保持脊柱支持和髋关节伸展。弓形摇摆（9–5）中，手抓住脚有助于在身体摇摆时保持脊柱的弓形几乎固定。与之相反，天鹅潜水（9–6）中，手不再抓脚，脊柱伸肌在维持理想的背部弧形方面更为重要。如果练习动作不到位或有背部问题，这些动作易使背部受伤。这些动作应该在已经熟悉相关运动和没有背部不适及禁忌的情况下再尝试练习。

猫背伸展

准备动作

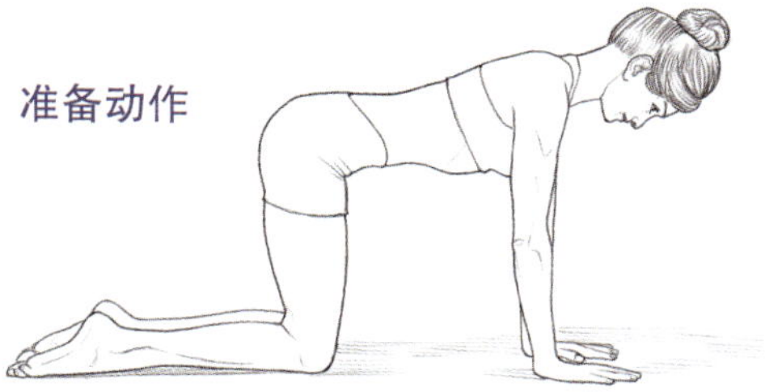

第二步

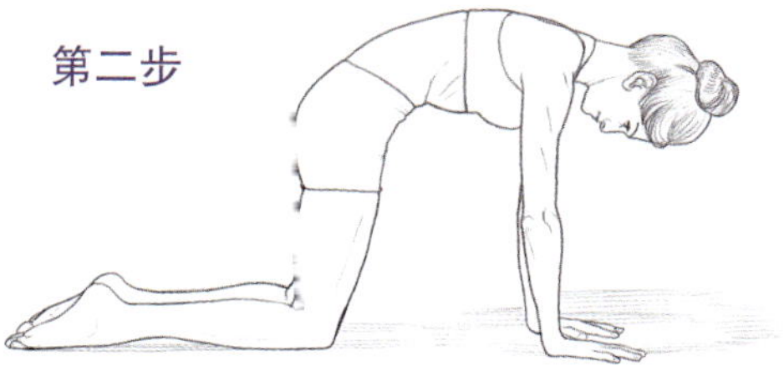

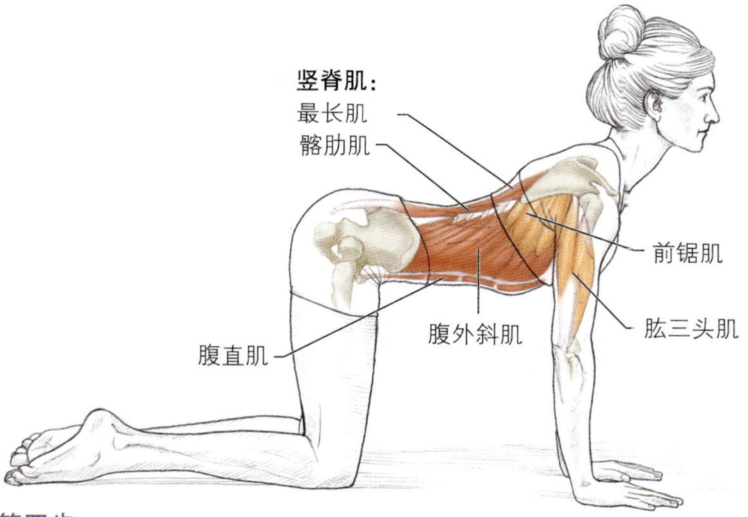

第四步

动作要领

1. *准备动作*。跪姿，手臂伸直，与肩膀垂直；膝关节位于髋关节正下方。骨盆和脊柱中立位。

2. *呼气*。如图所示，后倾骨盆，圆形拱起脊柱。

3. *吸气*。回到准备动作。

4. *呼气*。如主要肌肉图所示，伸展上脊柱。

5. *吸气*。回到准备动作。重复上述动作5次。

目标肌肉

脊柱伸肌：竖脊肌（棘肌、最长肌、髂肋肌）、半棘肌、深层脊柱周围肌肉。

脊柱屈肌：腹直肌、腹外斜肌、腹内斜肌。

辅助肌肉

脊柱前固定肌：腹横肌。

髋关节伸肌：臀大肌、腘绳肌。

肩关节屈肌：三角肌前束、胸大肌（锁骨端）

肩关节伸肌：背阔肌、大圆肌、胸大肌（胸骨端）。

肩胛外展肌：前锯肌。

肘关节伸肌：肱三头肌。

技巧要点

• 在准备动作，朝向脊柱内收腹壁，向骨盆上拉腹肌下附着部，力量以刚好维持骨盆和脊柱中立位为宜。

• 在第二步，进一步牵拉腹肌以屈曲脊柱。同时，使用髋关节伸肌和腹肌后倾骨盆，轻拉尾椎骨向下。

• 双手压在垫子上，使用肩关节屈肌轻轻上提上躯干，使用肩胛外展肌向两侧伸展肩胛骨。

• 在第三步，平稳回到准备动作，应离心收缩腹肌。

• 在第四步，使用脊柱伸肌向外、向上拉伸头部和上背部。腹肌同时限制骨盆前倾和腰椎过伸。双手用力压在垫子上，使用肩胛外展肌保持两肩胛骨之间的宽度，肩关节伸肌帮助上躯干拱起。

• *想象*。想象腰背部有一只手。第二步重点屈曲腰椎，想象弯曲下脊柱压向那只手。第四步想象上脊柱远离那只手。

补充说明

尽管《以控制术重返生活》中不包括猫背伸展，但其是接下来更大难度练习的基础。这项运动的好处不在于增强脊柱伸肌，而是与腹肌协同收缩慢慢激活脊柱伸肌。猫背伸展中，躯干有四个支撑点。在第四步，脊柱伸肌被激活伸展背部，主要伸展胸椎，同时与腹肌协同收缩控制骨盆前倾。在更复杂和需要更大力量的运动中，腹肌收缩保护腰背部是必不可少的。在第二步，脊柱向上圆形拱起能更好地激活腹肌。猫背伸展给脊柱伸肌提供动态伸展，为重在锻炼脊柱伸肌的运动提供有价值的练习。

个性化锻炼

变式

该变式减少了支撑，因此可以增加猫背伸展的难度。此外，该变式还可以增加腰椎和髋关节屈曲，以及脊柱和髋关节伸展。在起始位置，向身体后方伸展一条腿，使其与地面平行。在第二步，脊柱屈曲，伸展的腿朝向胸部收回。第三步回到脊柱中立位，腿向身体后方伸展。第四步脊柱伸展，伸展的腿上抬至地面平行线以上（髋关节伸展）。回到起始位置，腿下落至与地面平行，脊柱回到中立位。同一条腿重复5次，然后换腿重复同样的动作。

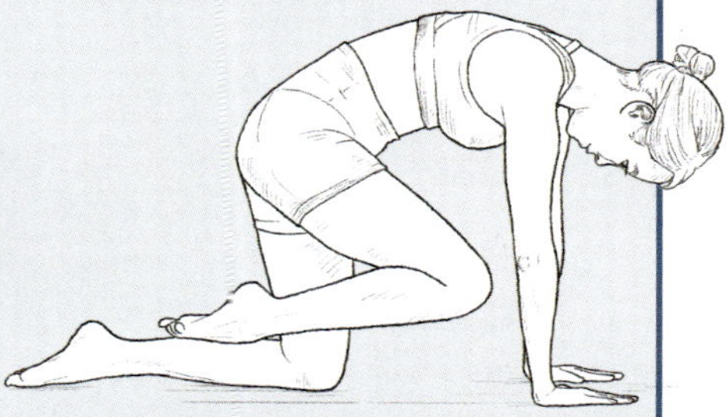

猫背伸展变式

进阶

该进阶动作基于上述变式动作，但因为增加了伸展腿对侧手臂的上抬，所以难度更大。从脊柱中立位、一条腿向后伸展，对侧手臂向前伸展开始，伸展的腿和手臂以及躯干与地面平行。第二步，屈曲脊柱，伸展腿的膝关节向胸部收回，肩关节伸展，手臂收回。手臂和腿的运动方向相反。第三步，回到中立位，手臂前伸，腿后伸，手臂和腿与地面平行。第四步，脊柱伸展，手臂和腿上抬高于地面平行线。回到起始位置，下落手臂和腿至与地面平行，脊柱回到中立位。一侧重复5次，然后换另一侧重复相同的动作。

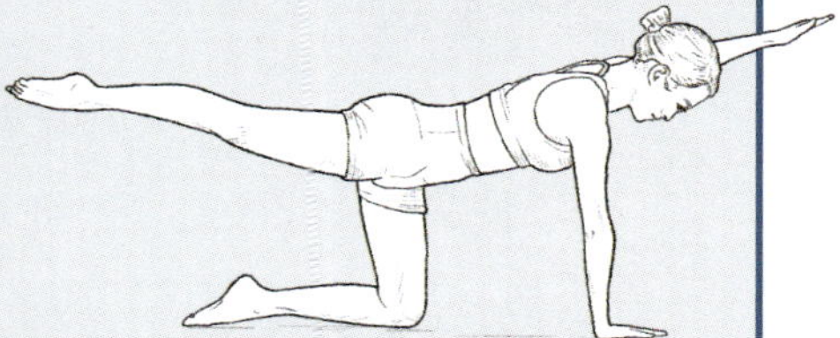

进阶猫背伸展

单腿后踢

准备动作

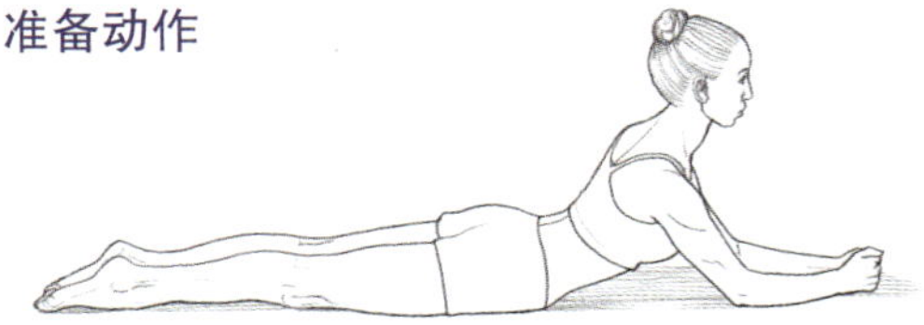

第二步

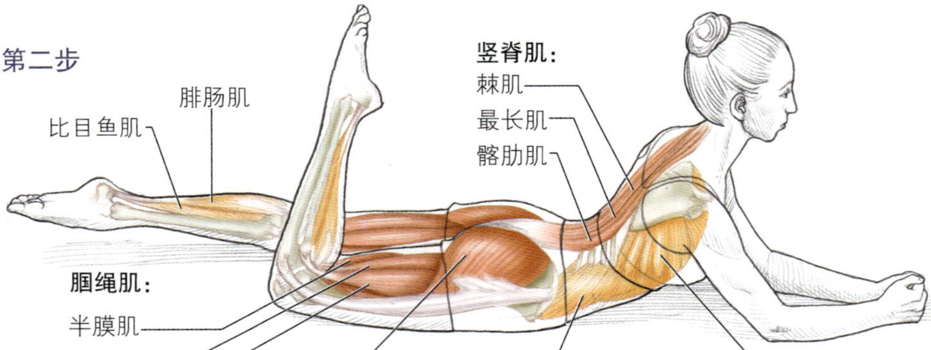

第三步

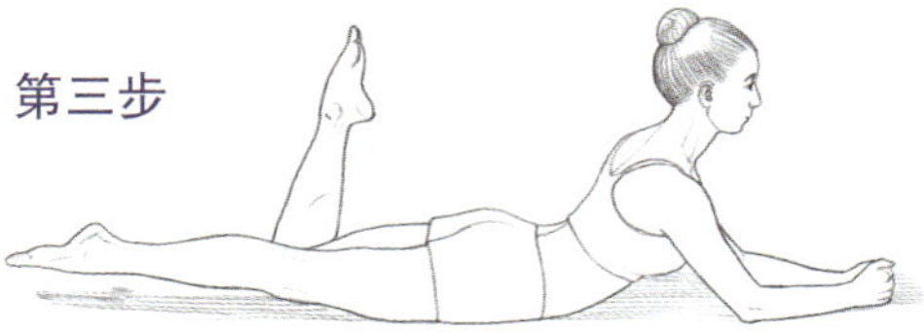

动作要领

1. *准备动作*。俯卧，前臂支撑上躯干离开垫子。上臂与躯干成约90°角。双手握拳，彼此紧贴置于垫上。双腿并拢，伸直置于垫上，脚背微绷。

2. *吸气*。如主要肌肉图所示，双腿上抬离垫子约2英寸（5厘米）。屈曲一侧膝关节，脚后跟朝向臀部，动作轻快。

3. *呼气*。如图所示，以同样轻快的动作，伸直弯曲的膝关节，同时屈曲另一侧膝关节，另一侧脚后跟朝向臀部。每条腿重复动作10次，共20次。

目标肌肉

脊柱伸肌：竖脊肌（棘肌、最长肌、髂肋肌）、半棘肌、深层脊柱周围肌肉。

髋关节伸肌：臀大肌、腘绳肌（半膜肌、半腱肌、股二头肌）。

辅助肌肉

脊柱前稳定肌：腹横肌、腹内斜肌、腹外斜肌、腹直肌。

膝关节屈肌：腘绳肌。

膝关节伸肌：股四头肌。

踝关节跖屈肌：腓肠肌、比目鱼肌。

肩关节伸肌：背阔肌、大圆肌、胸大肌（胸骨端）。

肩胛下降肌：斜方肌下部肌束、前锯肌下部肌束。

肩胛外展肌：前锯肌。

技巧要点

- 整个运动过程中，应紧紧收缩腹肌。着重于上拉腹肌控制骨盆前倾［在俯卧背部伸展（4–8）中有更详细的描述］。

- 前臂深压于垫上，这样可在上抬上背部时使用肩关节伸肌和脊柱伸肌。使用肩胛外展肌保持两肩胛骨之间的宽度，使用肩胛下降肌微拉肩胛骨向下。

- 在第二步，使用髋关节伸肌抬双腿至能避免骨盆前倾的高度。整个过程中，双腿的高度不变，并保持双腿并拢。使用踝关节跖屈肌微绷脚背。

- 在第二步后期，使用膝关节屈肌轻快地屈曲一侧膝关节，应注意避免力量和运动范围引起膝关节不适。

- 在第三步，开始时短暂使用膝关节伸肌伸直弯曲的膝关节，紧接着离心收缩膝关节屈肌控制由重力产生的膝关节伸直。另一侧膝关节在相应膝关节屈肌的作用下屈曲。

- *想象*。将小腿与膝关节的运动分开，身体其他部位保持稳定不动，躯干平滑屈曲就像是海狮在下压双鳍。

补充说明

单腿后踢是一项有利于核心稳定性的运动，注重于运用脊柱伸肌保持脊柱离开垫子，双臂协助支撑上躯干。腿部运动增加了保持稳定性的难度，也提供了锻炼髋关节伸肌力量和耐力的好处，尤其是腘绳肌使腿远离垫子并屈曲膝关节。膝关节的屈曲可使股四头肌紧张，提供动态伸展。腹肌对控制骨盆前倾和阻止腰背部过伸很重要。本部分更大难度动作均需要用到这种保持稳定性的技巧。

个性化锻炼

改良

如果不能保持骨盆稳定性或者有背部不适，可通过把肘关节放远一点或将前额放于手上，控制脊柱伸展的幅度。但是，有些练习者的问题可能不是手臂位置带来的背部弓起问题，而是腿上抬带来的问题。这些练习者腿部较重。另外，髋关节屈肌过紧的练习者，不前倾骨盆很难将腿抬离垫子。对于这些练习者，先从膝关节屈曲，但是大腿贴在垫子上，发展脊柱稳定性的技巧开始练习。另外，还要练习伸展髋关节屈肌的动作。

进阶

熟练掌握基础单腿后踢后，在不产生疼痛和不适的前提下，逐渐后移肘关节至位于肩关节正下方。因为增加了脊柱伸展，所以会增加脊柱伸肌的作用。同时，为了避免骨盆过度前倾，增加了腹肌保持稳定性的难度。肘关节后移的另一个好处是增大了脊柱伸展的幅度。健康的脊柱在各个方向的运动幅度都应该是正常的，但是随着衰老，很多人会失去脊柱的正常伸展幅度。

熟练且能正确练习上述进阶动作后，一只手臂向前滑动至肩关节水平10次（膝关节屈曲），然后在另一只手臂前伸的姿势下向前滑动至肩关节水平10次。只有一只手臂支撑时，脊柱伸肌不得不收缩更多以保持脊柱伸展及避免脊柱旋转。该进阶动作的难度呈跳跃式增长，练习者最好从背部先不要抬得太高、双腿放在垫子上开始；或者刚开始时不要重复那么多的次数。

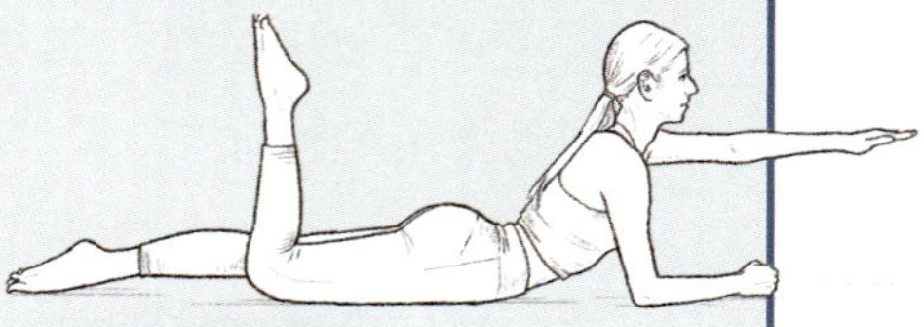

进阶单腿后踢

双腿踢

准备动作

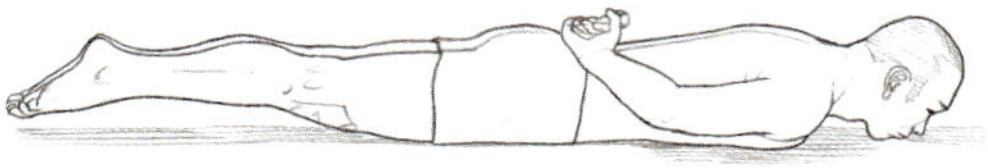

第二步

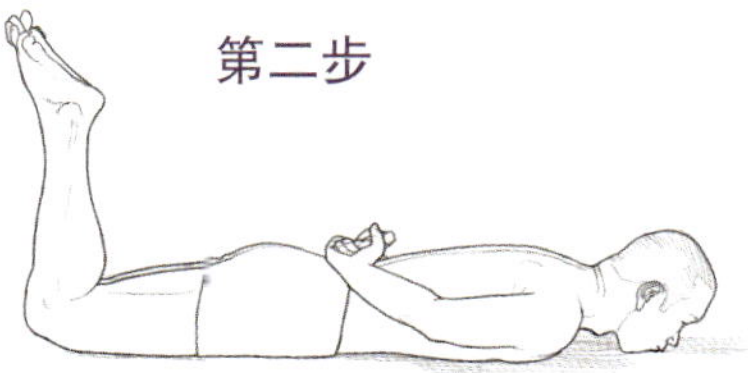

第三步

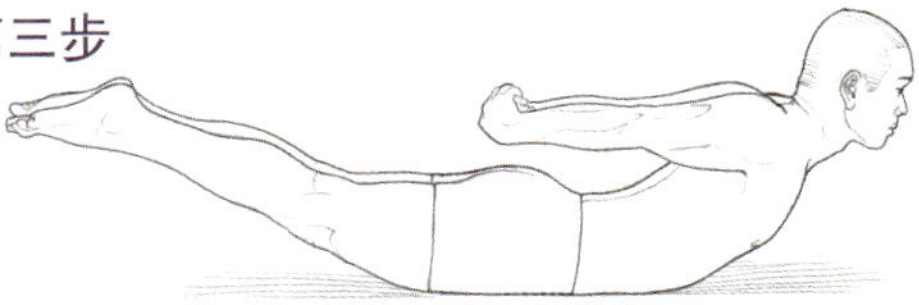

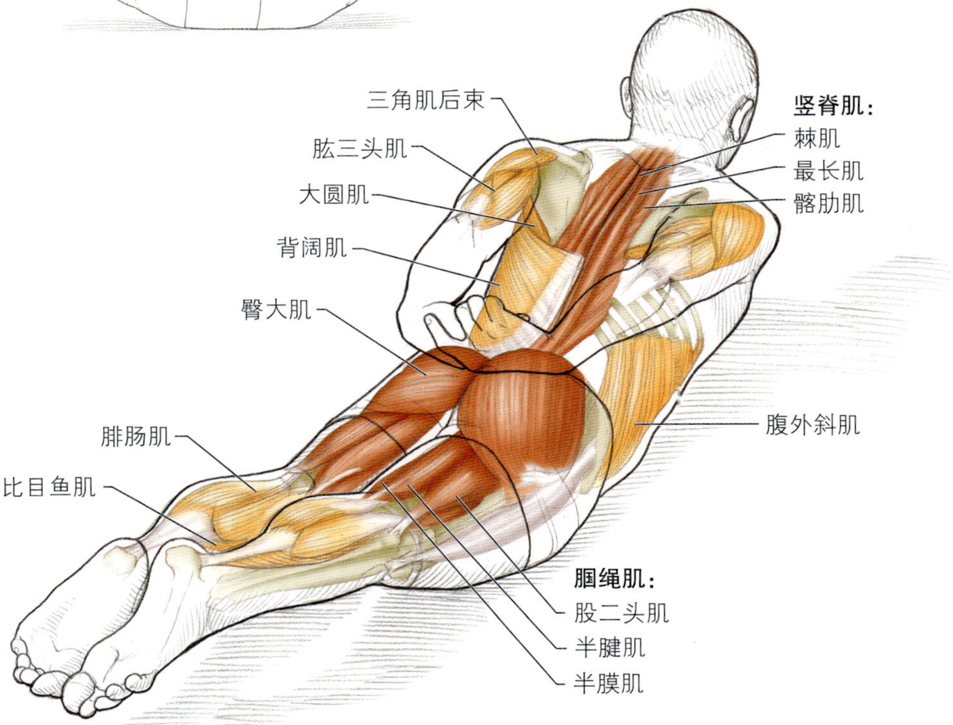

第三步背面观

动作要领

1. *准备动作*。俯卧，下巴放在垫子上。肘关节弯曲，一手握另一手，双手放在背部骶骨上。两腿抬高离垫子约1英寸（2.5厘米），膝关节伸直，脚背微绷。

2. *呼气*。如图所示，轻轻屈曲双膝，脚后跟朝向臀部。

3. *吸气*。如图所示，胸部抬离垫子，肘关节伸直，手背朝后，伸直膝关节，脚后跟上抬。回到准备动作。重复上述动作6次。

目标肌肉

脊柱伸肌：竖脊肌（棘肌、最长肌、髂肋肌）、半棘肌、深层脊柱周围肌肉。

髋关节伸肌：臀大肌、腘绳肌（半膜肌、半腱肌、股二头肌）。

辅助肌肉

脊柱前稳定肌：腹横肌、腹内斜肌、腹外斜肌、腹直肌。

髋关节内收肌：长收肌、短收肌、大收肌、股薄肌。

膝关节屈肌：腘绳肌。

膝关节伸肌：股四头肌。

踝关节跖屈肌：腓肠肌、比目鱼肌。

肩关节伸肌：背阔肌、大圆肌、三角肌后束。

肩胛下降肌：斜方肌下部肌束、前锯肌下部肌束。

肘关节屈肌：肱二头肌、肱肌。

肘关节伸肌：肱三头肌。

技巧要点

- 整个运动中注意向上、向内收下腹肌，防止骨盆前倾。
- 在准备动作，使用髋关节伸肌将双腿轻轻抬离垫子，使用踝关节跖屈肌微绷脚背。
- 在第二步，当膝关节屈肌弯曲膝关节时，膝关节应离开垫子。保持踝关节靠拢且脚背绷直，需要时可轻轻将膝关节分开。这样可使小腿和膝关节屈肌自然运动，避免膝关节压力过大。
- 在第三步，膝关节伸肌伸直双腿后，使用髋关节内收肌轻轻并拢双腿，注意绷直脚背以使腿部线条修长。
- 在第三步，双腿伸直时，慢慢将胸部抬离垫子，脊柱伸肌控制脊柱从头至尾形成一个弧形。在肩关节伸肌于后背将双臂抬起、肘关节伸肌伸直肘关节的同时，使用肩胛下降肌轻轻下拉肩胛骨。

• 当回到准备动作时，离心收缩脊柱伸肌控制上躯干平稳下降，使用肘关节屈肌弯曲肘关节。

• *想象*。想象躯干和双腿是一个弓，手臂好像弓弦。拉弓弦（手臂）会使弓的弯曲弧度更大且不破坏其完整性。

补充说明

双腿踢和单腿后踢（9–2）很像。然而，因为手臂不用作支撑，腿部和背部重复抬起，双腿踢能更有效地提高脊柱伸肌的力量和耐力。抬起双腿也能增加腹肌支持躯干稳定性的难度。双腿踢的目的是通过髋关节伸肌抬起双腿，从而产生髋关节的过伸。由于很多髋关节屈肌附着于骨盆前部，随着双腿抬高、髋关节屈肌伸展，骨盆会自动出现前倾。通过腹肌收缩限制骨盆前倾和最大限度地过伸髋关节的技巧见改良动作。

对有些练习者来说，双腿踢还可动态伸展膝关节伸肌和肩关节屈肌。肩关节屈肌紧绷是双腿踢卷肩姿势的常见原因。

个性化锻炼

改良

如单腿后踢（9–2）所述，腰部的强度和压力通过减少背部弓起或腿部抬起而减小。如果保持骨盆稳定有难度或腰部弧度太大，可以减小上背部抬离垫子的幅度，把重点放在腿的运动上。在第二步膝关节屈曲时让大腿贴在垫子上；在第三步双腿伸直、上背部抬起时，几乎不抬起它们。重点是将腹部的下部提升到骨盆上，以限制骨盆前倾，同时腹部上部与胸腔连接处延展，以利于上背部所需的弧度。熟练掌握这种协同收缩后，逐渐增加运动幅度，找到弓背和腿部抬起高度之间的平衡。

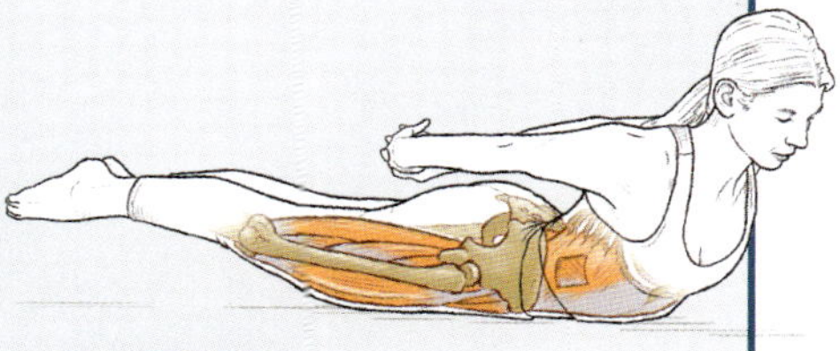

改良双腿踢

变式

在开始做这个运动时，把一侧脸部放在垫子上可以避免下巴在垫子上导致的颈部过伸。在第三步脊柱弯曲时，把头转向中立位，保持头部与躯干弧度在一条直线上。当胸部放下时，把另一侧脸放在垫子上。重复练习6次（每侧3次）。

9-4

俯身游泳

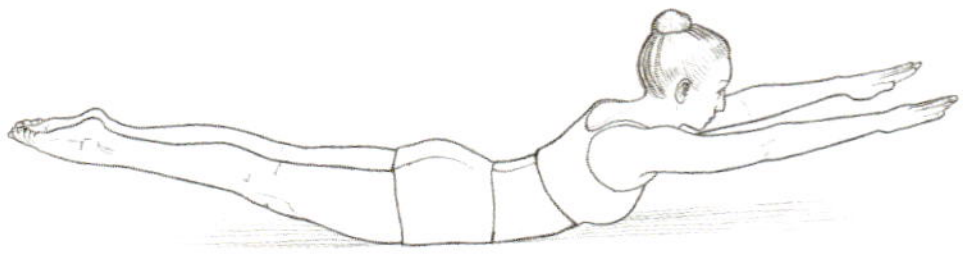

准备动作

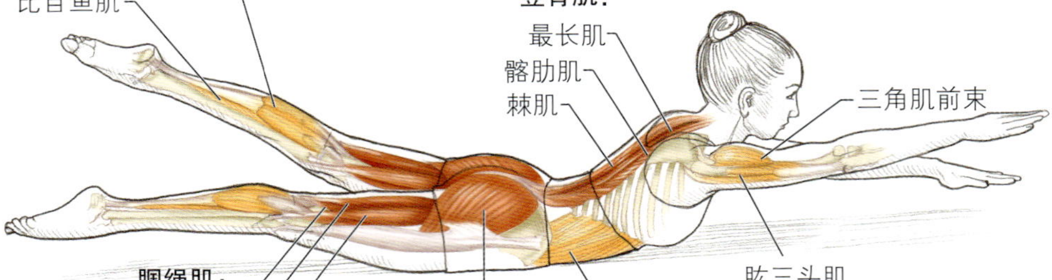

第二步

动作要领

1. *准备动作*。俯卧，手臂向前伸直，掌心向下。胸部、双臂和双腿轻轻抬离垫子。膝关节伸直，脚背微绷。

2. 如主要肌肉图所示抬起右臂和左腿。

3. 当右臂和左腿回到准备动作时，抬起左臂和右腿。连续10次呼吸，转换动作应轻快而流畅。这个动作在《以控制术重返生活》中没有呼吸模式，而是自然呼吸。

目标肌肉

脊柱伸肌和旋转肌：竖脊肌（棘肌、最长肌、髂肋肌）、半棘肌、深层脊柱周围肌肉。

髋关节伸肌：臀大肌、腘绳肌（半膜肌、半腱肌、股二头肌）。

辅助肌肉

脊柱前稳定肌：腹横肌、腹内斜肌、腹外斜肌、腹直肌。

髋关节屈肌：髂腰肌、股直肌。

膝关节屈肌：股四头肌。

踝关节跖屈肌：腓肠肌、比目鱼肌。

肩关节屈肌：三角肌前束，胸大肌（锁骨端）。

肩关节伸肌：背阔肌、大圆肌、胸大肌（胸骨端）。

肩胛下降肌：斜方肌下部肌束、前锯肌下部肌束。

肘关节伸肌：肱三头肌。

技巧要点

• 整个运动中，向上、向内收缩下腹肌控制骨盆前倾。

• 在第一步，当胸部抬离垫子时，使用脊柱伸肌上抬上背部，通过髋关节伸肌上抬双腿。同时，当肩关节屈肌保持双臂抬起时，利用肩胛下降肌稍微放下肩胛骨避免过度上抬。

• 在第二步和第三步，尽量将肢体向相反方向伸展。肘关节伸肌保持肘关节伸直，膝关节伸肌保持膝关节伸直，踝关节跖屈肌微绷脚背。保持这种伸展，小心协调收缩肩关节屈肌和肩关节伸肌、髋关节伸肌和髋关节屈肌，产生小而快的四肢升降动作。

• *想象*。如同动作名称一样，四肢动作和游泳时拍水的动作一样。想象骨盆和腰背部被浮板托起并维持稳定，由手臂和腿进行类似于拍水的动作。

补充说明

俯身游泳是一项用不同方法锻炼脊柱伸肌的、有价值的核心稳定性练习。当脊柱伸肌主动收缩使脊柱抬离垫子时，一侧手臂和另一侧腿同时向同一个方向移动。这种四肢运动很重要，被运用到很多基础运动中，如走路和跑步。

配合手臂和腿部交叉运动模式的脊柱扭转。当左腿抬高时，会使下肢向左边扭转；当右臂抬高时，会使躯干向右边扭转。为了使身体保持在平衡状

态，必须发挥脊柱伸肌的抗扭转作用。例如，左腰多裂肌对抗右腰椎扭转，右半棘肌对抗左胸椎扭转（见右图）。随着四肢运动这些肌肉对抗脊柱扭转。因为脊柱竖脊肌会导致同侧扭转，多裂肌和半棘肌导致对侧扭转，竖脊肌也作用于对侧。因此，俯身游泳能加强躯干扭转时的稳定性。对有些人来说，腿部动作也能增强髋关节伸肌的肌力和耐力。

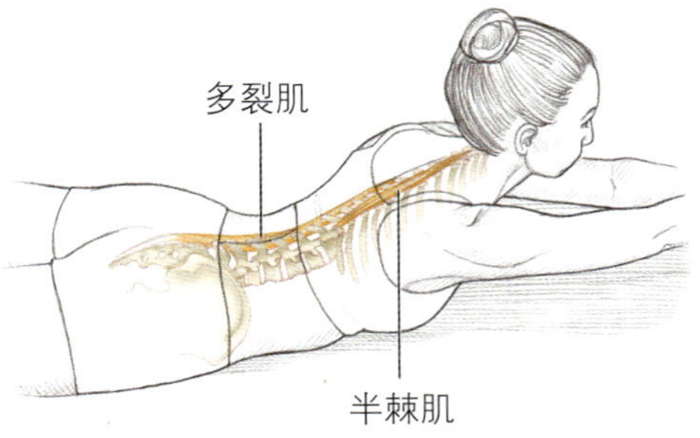

脊柱抗扭转

个性化锻炼

改良

双臂和双腿同时离开垫子对肩关节屈肌、髋关节伸肌和脊柱伸肌是一个显著挑战。只有一侧手臂和另一侧腿离开垫子可以降低难度。例如，右臂和左腿离开垫子时，左臂和右腿仍然放在垫子上；然后换另一侧做相同的动作。该改良动作使身体有较多的支撑，便于保持稳定性，也可以让四肢有短暂的休息。

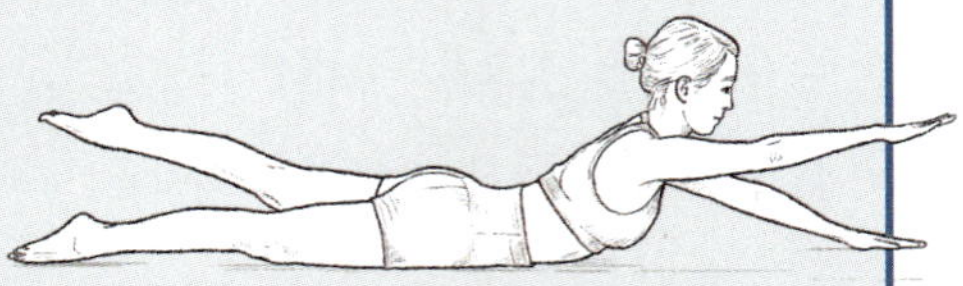
改良俯身游泳

变式

这个运动也可以改成5次转换吸气一次，5次转换呼气一次。这种经典的呼吸模式在百次拍击（5-4）中也有应用。

进阶

使用变式中描述的呼吸模式，但是“拍打水花”的动作速度要快。不要增加腿和手臂移动的幅度，相反，随着速度增快，四肢上下移动的幅度要减小。此外，身体要低一些，头位于两臂之间。想象一下增加延伸感和流线形，身体几乎是一条直线，而不是考虑高度和身体产生更多的弓形。

弓形摇摆

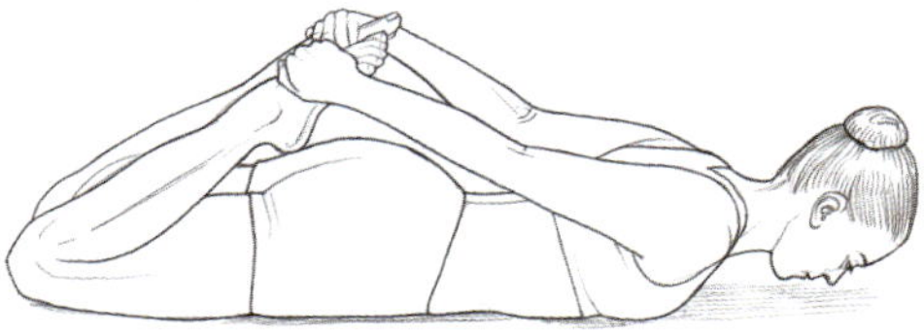

准备动作早期

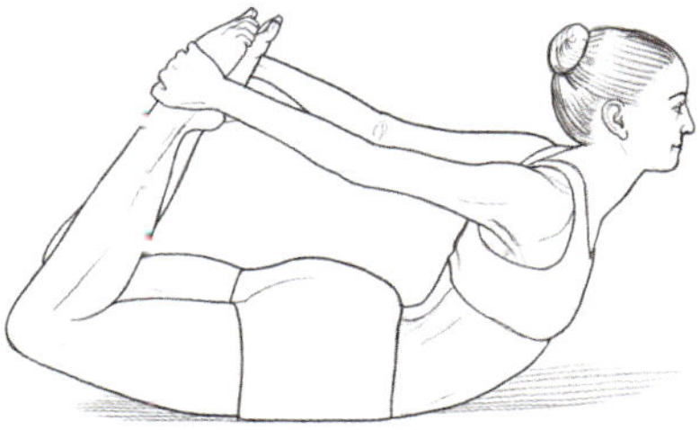

准备动作后期

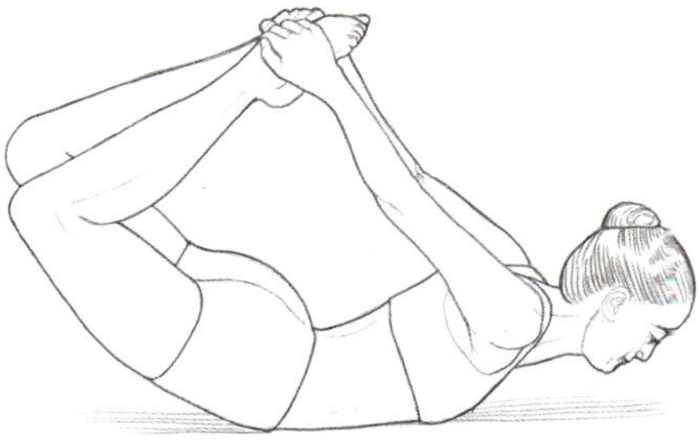

第二步

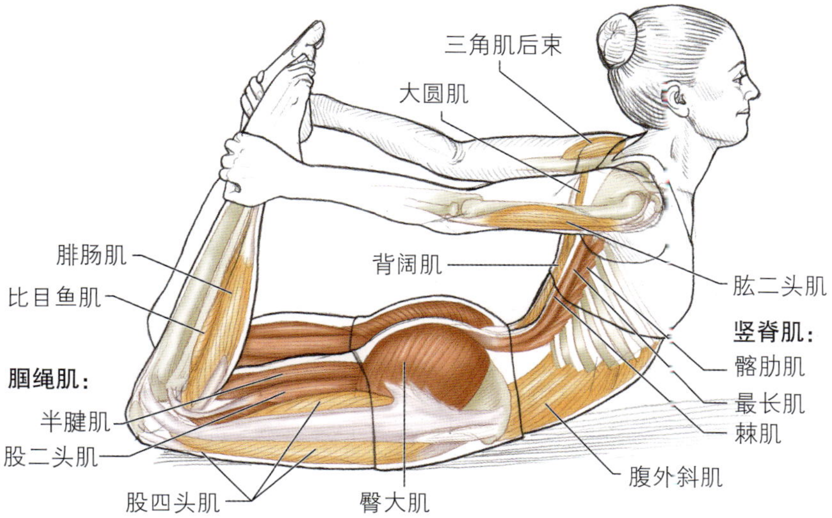

第三步

动作要领

1. *准备动作*。俯卧，双膝并拢、屈曲。如上页图所示，用手抓住同侧的脚；抬起头、胸和膝关节。

2. *吸气*。如上页图所示，将身体向前摆动。

3. *呼气*。如主要肌肉图所示，身体向后摆动。重复上述动作10次。

目标肌肉

脊柱伸肌：竖脊肌（棘肌、最长肌、髂肋肌）、半棘肌、深层脊柱周围肌肉。

髋关节伸肌：臀大肌、腘绳肌（半膜肌、半腱肌、股二头肌）。

辅助肌肉

脊柱前稳定肌：腹横肌、腹内斜肌、腹外斜肌、腹直肌。

膝关节伸肌：股四头肌。

肩关节伸肌：背阔肌、大圆肌、三角肌后束。

肩胛下降肌：斜方肌下部肌束、前锯肌下部肌束。

肘关节屈肌：肱二头肌、肱肌。

技巧要点

- 整个运动主要靠腹肌支撑，在力所能及的范围内控制骨盆前倾。
- 在准备动作后期，当胸部抬离垫子时，使用脊柱伸肌弯曲背部，使用髋关节伸肌上抬双膝离开垫子。膝关节伸肌控制双脚带动双手远离臀部，手臂轻轻上抬上躯干离开垫子。
- 在第二步开始向前摆动时，使用髋关节伸肌上抬膝关节使其离垫子更远一些，肩关节伸肌向上、向前抬起双脚。理想状态下，肘关节伸肌协助肩关节伸肌，膝关节伸肌阻止肘关节屈曲。
- 在第三步，做相反的动作。当脊柱伸肌强烈收缩对抗重力上抬上躯干时，双脚向下作用。
- *想象*。想象头、身体和腿形成一个弧形，就像摇椅一样。当椅子向前摇时，重心转移到弧形前面（前胸），弧形后面（大腿）远离垫子。当椅子向后摇时，重心转移到弧形后面（大腿），弧形前面（前胸）远离地面。

补充说明

弓形摇摆的目的和后滚（6-2）一样，都是滚动时保持身体姿势不变。与后滚不同的是，弓形摇摆的脊柱不是弯曲的，而是伸展的。保持身体弧形需要技巧性地运用到很多肌肉，包括脊柱伸肌和髋关节伸肌，也需要技巧性地运用腹肌来减少腰背部的压力。弓形摇摆只有在熟练掌握本部分前面所讲述的动作之后才可以进行。因为这个动作中含有脊柱过伸，所以不适合所有人。即使有娴熟的技术，也未必适合练习本动作。尽管弓形摇摆有增强脊柱伸肌耐力和核心稳定性的好处，但当背部不适或者背部不能伸展时也不应该进行这项练习。这个运动中的极限位置也有利于增强肩关节屈肌、髋关节屈肌和脊柱屈肌的动态柔韧性。

个性化锻炼

改良

如果在前后摇摆时很难保持身体的形状，先进行能够使起始姿势比较稳定的练习。抓住双脚后，抬起头、胸，双膝离开垫子，双脚压向双手，感觉胸部和脚向两个方向伸展。保持这种平稳的弧形姿势5秒，重复5次。可以轻松且正确地保持这种弧形姿势后，逐渐增加摇摆动作。

如果感觉这种弧形的起始姿势难度很大，可以进一步降低难度——抓住双脚，只抬起头和胸，保持5秒。重复4次后，只上抬腿4次，每次保持5秒。技术和力量提升后再进行四肢的同时练习。

如果不能抓住双脚，可以如图所示，用毛巾或者双层弹力带环绕踝关节，双手抓住毛巾或者弹力带的两端。根据需要进行提高脊柱、肩关节、髋关节屈肌或股四头肌柔韧性的锻炼，以便可以在起始姿势抓住双脚。

改良弓形摇摆

变式

在第二步双腿上抬、向前摇摆时呼气有助于加强深层腹肌的稳定作用，在第三步向后摇摆时吸气有助于上背部上抬。

9-6

天鹅潜水

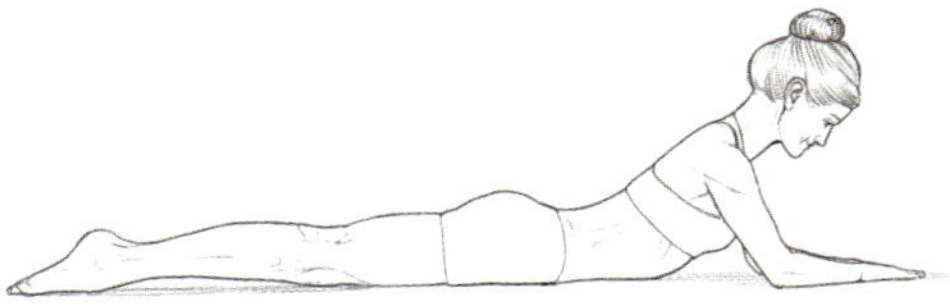

准备动作

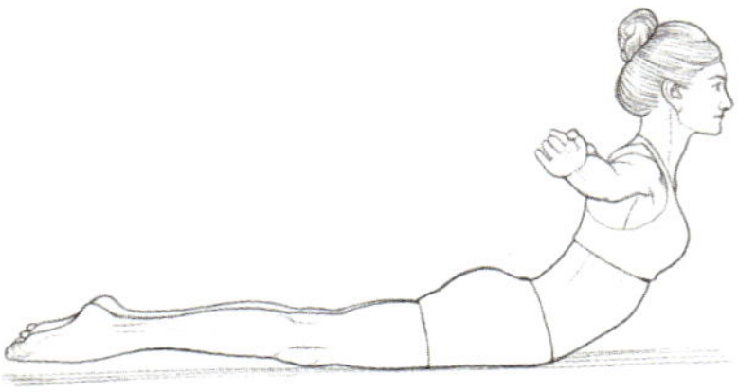

第二步

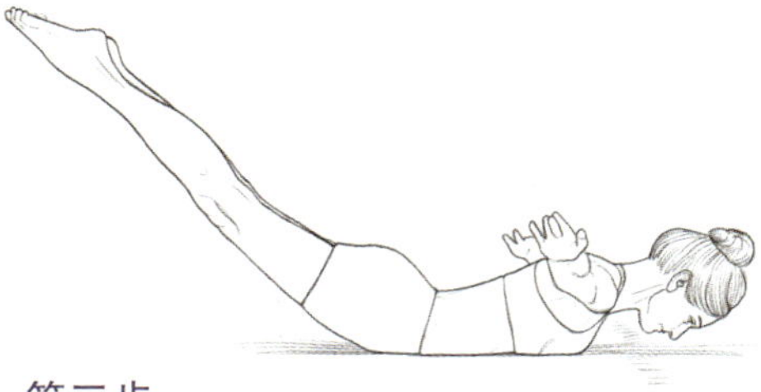

第三步

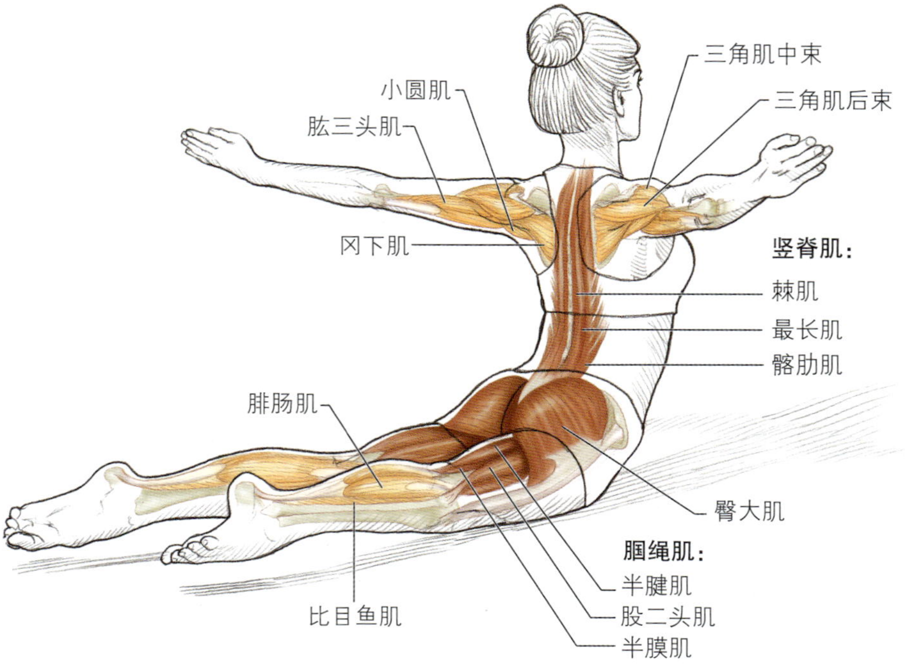

第二步背面观

动作要领

1. *准备动作*。俯卧，上躯干抬离垫子，前臂支撑躯干。双臂分开比肩略宽，肘关节位于肩关节前。一手挨着另一手并排放置。双腿并拢向后伸直，脚背微绷。

2. *吸气*。如主要肌肉图所示，当双肘伸直，双臂向外伸展并抬至肩关节高度时，将胸部再抬高一些。同时，双腿抬离垫子。

3. *呼气*。如上页图所示，身体前摆。

4. *吸气*。身体回至第二步所示位置。重复这个动作5次，呼气时向前摆动，吸气时向后摆动。

目标肌肉

脊柱伸肌：竖脊肌（棘肌、最长肌、髂肋肌）、半棘肌、深层脊柱周围肌肉。

髋关节伸肌：臀大肌、腘绳肌（半膜肌、半腱肌、股二头肌）。

辅助肌肉

脊柱前稳定肌：腹横肌、腹内斜肌、腹外斜肌、腹直肌。

膝关节屈肌：腘绳肌。

踝关节跖屈肌：腓肠肌、比目鱼肌。

肩关节水平外展肌：冈下肌、小圆肌、三角肌后束、三角肌中束。

肩胛内收肌：斜方肌、菱形肌。

肘关节伸肌：肱三头肌。

技巧要点

- 整个运动主要由腹肌支撑身体，并在力所能及的范围内控制骨盆前倾。
- 在第二步，当将胸部抬得更高一点时，使用肩关节伸肌上抬上背部，使用髋关节伸肌抬起双腿。
- 在第二步，使用肩关节水平外展肌上抬手臂，然后在肘关节伸肌伸直肘关节、肩胛内收肌内收肩胛骨时，向两侧伸展手臂。
- 在第三步，使用髋关节伸肌将双腿抬得更高一些，将身体重心前移，使前胸贴向垫子。

• 在整个练习中，通过肩关节水平外展肌使双臂略微后伸，通过肩胛内收肌使两侧肩胛骨略微内收，从而使上背部最大化伸展。通过肘关节伸肌使双臂伸展得更多。

• *想象*。像弓形摇摆（9–5）一样，想象头、身体和大腿形成一个弧形，像一个摇椅，前后摇摆而不是水平摇摆。在天鹅潜水中，也可在第三步的时候想象双腿被强大的滑轮拉起， 在第四步背部抬高的时候可以想象潜水而背部被拉起。

补充说明

天鹅潜水可增强脊柱伸肌和髋关节伸肌的力量和耐力。当身体前后摆动时，天鹅潜水和弓形摇摆（9–5）都有在前后摇摆时维持脊柱伸展的运动目的，但是天鹅潜水难度更大，因为在天鹅潜水中，双臂不再用于维持想要的姿势。维持天鹅潜水的弧形姿势，需要更多核心肌肉支持，包括脊柱过伸时脊柱伸肌和腹肌共同收缩减少腰背部的压力。在熟练掌握更简单的运动之后才可以进行这项运动。因为这个动作中含有脊柱过度伸展， 所以不适合所有人。即使有娴熟的技术，也未必适合练习本动作。如果背部有禁忌证则不应进行这项运动。即使符合练习天鹅潜水的条件，也应先从改良动作开始练习，或者从小范围的动作开始运动。天鹅潜水的极限姿势有利于增强髋关节屈肌和脊柱屈肌的柔韧性。

个性化锻炼

改良

双手放在垫子上，只伸展一半肘关节或者在起始姿势末期和第三步再全部伸展肘关节，可以帮助胸部离开垫子。然后在第二步屈曲肘关节，可以帮助放下胸部。

改良天鹅潜水

变式

变式是由改良动作到全幅度天鹅潜水的良好过渡练习。在起始姿势末期完全伸展肘关节，然后一气呵成地完成以下动作——双手放在前额前面、向前俯冲、腿向后抬起。在身体向后摇摆时，如同起始姿势末期，肘关节伸直。这有助于练习者了解身体来回摆动所需的动量和稳定性。接下来，为了更具体地为天鹅潜水做准备，练习相同的变式，不要将手放在前额下方，而是像第二步所示那样将手伸到身体两侧。再次在身体向后摇摆时，双手放在垫子上，肘关节伸直。

天鹅潜水变式

进阶

在第三步，双臂越过头顶向上伸展，而后如图所示，保持该姿势并前后摇摆。保持双臂伸直过头顶的姿势可增加脊柱伸肌的难度，有助于身体在前后摆动时维持更长的弧形。

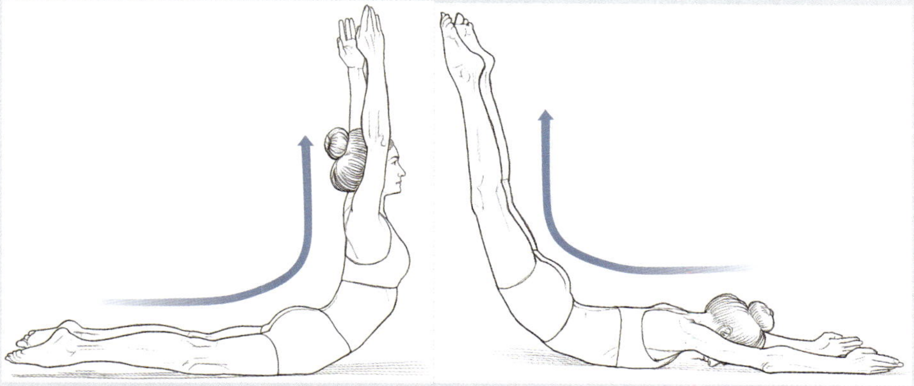

进阶天鹅潜水

10

制订普拉提练习计划

是开始练习的时间啦！要想有所收获，持续不断地练习非常重要，每一阶段都制订合适的计划有助于获得最大的成效。制订计划必须考虑很多因素。有的因素每天都在变化，而有的则保持不变。应该考虑的因素包括体型、既往受伤史、禁用药物、年龄、性别、健身水平和运动技能。明智地选择运动类型，可以在获得效果最大化的同时减少受伤的风险。

制订普拉提练习计划的方法有很多。约瑟夫·普拉提设计了一个特别的运动顺序，沿用至今。其他的方法与约瑟夫·普拉提基础方法只有部分相似。给全身普拉提垫上练习设计一套标准的、科学的、有原则的计划是非常具有挑战性的，因为很多练习的中心都是基于力量中心的，这也是普拉提的核心。提高肌肉平衡，循序渐进、流畅而持续的运动结构很重要。此外，运动结构也可提供创造性的环境。

制订计划时还应考虑计划的目的是针对增强肌肉力量还是耐力。针对耐力的计划，可以设计一系列低阻力、高重复性的运动。在垫子上，阻力仅来自体重和重力，除非使用阻力环和弹力带这样的小型器械。与此相反，力量训练计划需要较少的重复，但是肌肉负重更大，持续在肌肉疲劳临界点运动时，必须在下次运动之前有2~3分钟的恢复时间。

一个阶段运动的频率和持续时间也受很多因素影响，包括目前的健身水平、技能水平、健康程度和计划。一旦开始，通常每周练习2~3次，每次20~60分钟。如果想更有效率，可以延长时间至90分钟，并提高频率。记住，短时间运动比完全不做运动好。如果时间有限，如工作繁忙、外出旅行，可缩短练习时间，但不要忘记日常练习安排。

本部分展示的训练模板包括一部分发展肌肉力量的练习和一部分发展肌

肉耐力的练习。注意，普拉提运动设计之初是为了提高协调能力，如脊柱关节契合性和核心稳定性。这些运动中的负荷达不到力量训练的需求，所以这些运动可以穿插在力量训练恢复之间。

训练模板涵盖了垫上基础运动、腹肌训练、脊柱逐节活动、桥式训练、侧位训练和背部伸展训练的内容。建议在开始一堂普拉提训练课时先进行常规热身，热身应包括提升体核温度、中度加快心率的运动，如快走、健美操。常规热身之后可以通过第4部分讲述的基础垫上运动进行专项热身，把专项热身当作接下来有独特需求的正式训练的一系列动作中的准备动作。专项热身不仅使身体做好准备，也使心理做好准备。其为注意力从外部转移到内部提供了过渡阶段，把注意力转移到锻炼上，为普拉提训练课打下基础。

腹肌训练是训练模板的重要组成部分，是拥有强大、运行良好的力量中心的关键。腹肌训练是脊柱逐节运动的辅助。约瑟夫·普拉提在《以控制术重返生活》中写道："如果30岁时，你的脊柱就僵硬不灵活了，那么你已经老了；如果60岁时，你的脊柱依然灵活，那么你仍然很年轻。"

桥式训练常会用到髋关节、脊柱和肩关节伸肌，与腹肌训练和脊柱逐节活动形成对比，可以促进肌肉平衡。腹肌训练和脊柱逐节活动通常强调的是脊柱屈曲，一般与髋关节屈肌协同作用，桥式训练所关注的肌肉和运动的方向恰好与它们相反，因此是很受欢迎的反向运动。从屈曲到伸展，反之亦然，是普拉提运动的一个一致原则。身体的侧位训练对日常活动、娱乐活动、职业活动都很重要。最后，如果可以，每堂普拉提训练课都应包括背部伸展训练。背部伸展训练的重要性再怎么强调也不为过，第9部分对此进行了深入的讨论。高科技社会虽然创造了种种奇迹，但也导致了某些姿势和力线问题，如圆肩和上背部无力。强壮的背部有助于弥补这些失衡，并防止由此产生的影响。此外，随着年龄的增长，身体自然向前移动，背部锻炼的重要性也随之增强。

训练模板分为不同的难度，由从每一部分提取的相关难度的动作组成。开始练习时应从适合自己当前健康状况的基础运动开始。不要练习会引起不适或对自己来说是禁忌的运动。为每一个新的练习和更高级的练习做好身体准备。随着技能的提高，逐渐增加中阶和高阶练习，这样的好处是可以逐渐提升技术、增加难度，且多样化。随着技术进步和控制力的提高，增加运动范围并尝试变式。对于普拉提运动，增加运动难度往往与神经肌肉协调和技巧密切相关，通常不意味着更大的力量需求（增加阻力）。记住，这个过程需要时间和大量练习，努力学习这些课程，然后超越这些课程。不要操之过急，因为过程本身是如此有价值和有益。把练习普拉提看作持续终身的旅程，也是练习者追求幸福的一部分。

对许多难度较大的练习，书中提供了练习者可能用到的改良动作。在某些情况下，这些改良动作是供暂时练习使用的——仅在能够安全成功地进行高级练习之前使用。而有些时候，潜在的条件可能要求练习者长期或一直使用改良动作。不要把自己限制在改良动作中。如果需要，寻求帮助建立适合自己身体练习的专业建议。创造改良动作需要人体知识、锻炼知识、限制意识和了解练习者的病史，以及大量的创造力。这是普拉提练习中令人兴奋和不可或缺的一个方面。基于这个原因，无论练习者水平如何，强烈建议其与普拉提老师一起练习，并继续定期的自我练习。

正如改良动作对于使训练适应个体需求、能力和局限性很重要一样，进阶动作对于帮助持续进步并适应难度更大的训练也很重要。进阶动作与基础动作相比有细微的改变，改良动作也一样。但是进阶动作的改变是使练习变得更有难度。运动的进阶是通过各种方法实现的，如增加肌肉的负荷以增强肌力，减少支撑或增加四肢的运动范围以锻炼稳定性，以及编排复杂的动作以锻炼协调性。进阶动作是保持普拉提运动新鲜感和挑战性重要的内在组成部分。

注意，本部分提供的只是训练模板。本部分概述的基础普拉提练习计划包含改良动作，以使练习在开始时更容易，并有助于提高安全性和习得良好的技术。中阶普拉提练习计划包括一些较难练习的改良动作，也包括基础普拉提练习计划中已经练习的一些进阶动作。练习者在运动中习得更多的技能后，可以根据需要修改动作，但也要在足够熟练后，才可在练习中进一步挑战自己。高阶普拉提练习计划主要由基础动作组成，也包括一些进阶动作和变式（增加练习难度），但没有改良动作。对于训练，重点是在准备好的时候增加难度，这样锻炼的益处就不会停滞不前，而是随着练习者与普拉提运动的联系更深而继续获益。

为了保持连贯性，在每个运动模板中，练习的“注释”是针对基础动作的。添加改良动作虽然会降低练习的级别，但可以保证有的练习者继续进行基础动作的练习。与改良动作不同的是，进阶动作因为增加了难度可以提高运动水平，有助于练习者进行更有难度的练习。模板中给出的改良动作和进阶动作只是示例，练习者应根据自身情况进行调整。本书介绍动作的章节介绍了教练或医务员可能推荐的许多其他选择。还要注意，中阶普拉提练习计划和高阶普拉提练习计划并不分别只包含中阶或高阶练习。混合各个水平的练习是垫上普拉提工作室的必要原则。低水平练习是专项热身的重要组成部分，可以让练习者在心理和身体上为较高难度的练习做好准备。低水平练习也可以让难度很高的练习以适当的节奏进行，以优化技术并降低受伤风险。

练习、掌握、享受并最终改变这些模板的程序，以保持练习的新鲜性、挑战性和丰富性。享受是成功练习和长寿的关键因素。如果把锻炼看作负担，很难长期坚持。但是，如果把锻炼看作健康的必要因素和前进的动力，它必定会成为生活中有价值的一部分。

最后，不要以是否能够做高阶动作衡量成功与否。锻炼不是也不应该是有竞争性的，自然也不应该跟别人相比。用自己在动作方面的进步，以及自己将普拉提关键原则（包括幸福感）融入练习和生活的能力来衡量成功与否。

基础普拉提练习计划

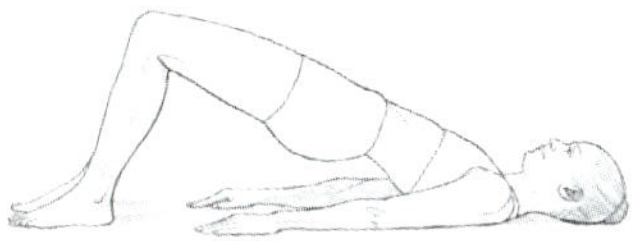

4-1：骨盆卷动
（初阶）
重复 5 次

4-2：胸部抬起
（初阶）
重复 10 次

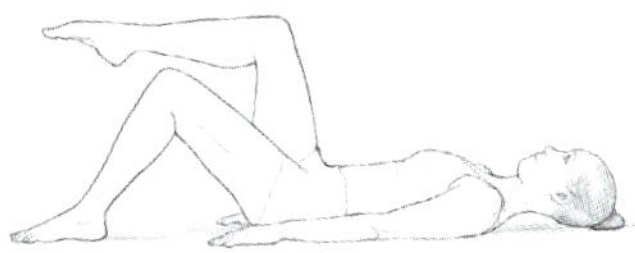

4-3：仰卧抬腿
（初阶）
每条腿重复 5 次，连续进行

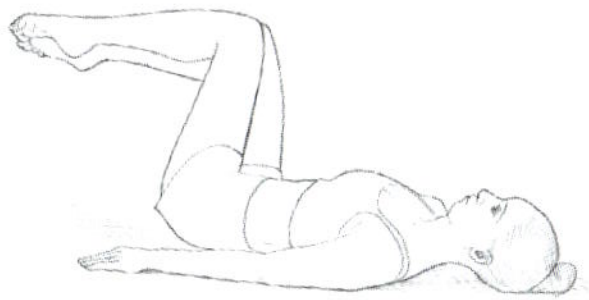

4-6：仰卧脊柱旋转
（初阶）
每侧重复 5 次，交替进行

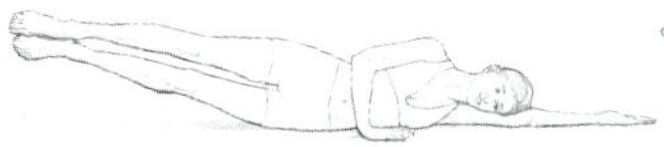

4-4：侧卧抬腿
（初阶）
每侧重复 10 次，连续进行（见注释）

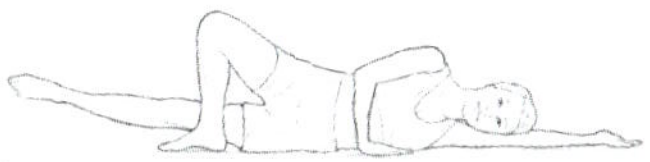

4-5：侧卧下腿上提
（初阶）
每侧重复 10 次（见注释）

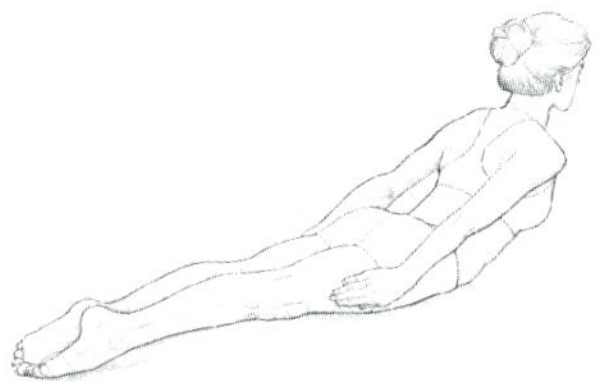

4-8：俯卧背部伸展
（初阶）
重复 5 次

5-1：单腿画圈
（初阶）
每条腿重复 5 次，交替进行

注：侧卧抬腿和仰卧下腿上提每一侧分别重复 10 次，然后换另一侧重复。

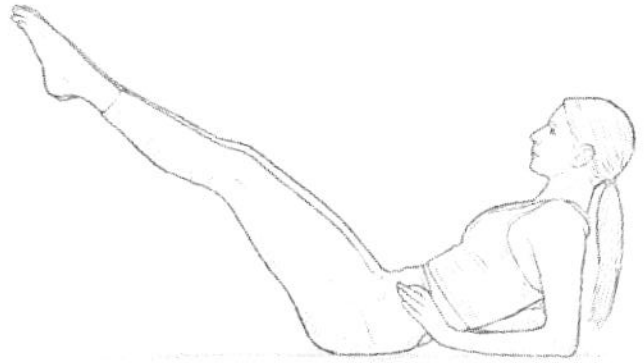

5–4：百次拍击
（初阶）
改良动作
每个循环呼吸 10 次

6–2：后滚
（初阶）
重复 10 次

6–1：坐姿脊柱前伸
（初阶）
重复 5 次

7–1：肩基举桥
（中阶）
每条腿重复 5 次，连续进行

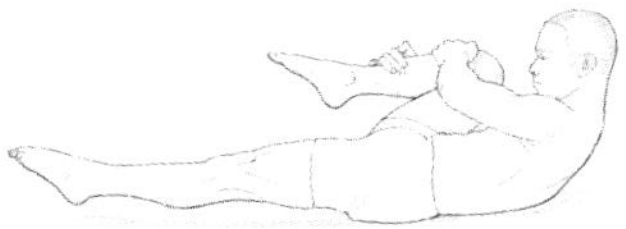

5–5：单腿伸展
（初阶）
每条腿重复 5 次，
交替进行

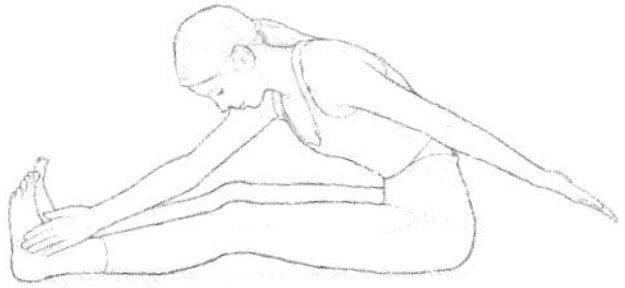

8–5：旋体拉锯
（中阶）
改良动作
每侧重复 5 次，
交替进行

8–4：坐姿脊柱旋转
（中阶）
每侧重复 5 次，交替进行

8–1：侧卧踢腿
（初阶）
改良动作
每条腿重复 10 次，连续进行

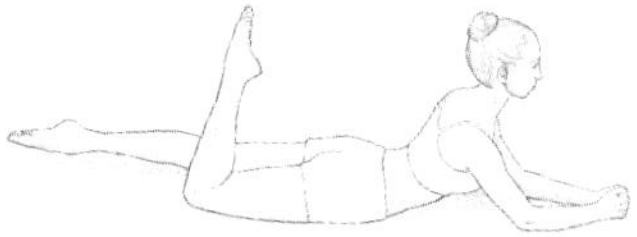

9–2：单腿后踢
（中阶）
每条腿重复 10 次，交替进行

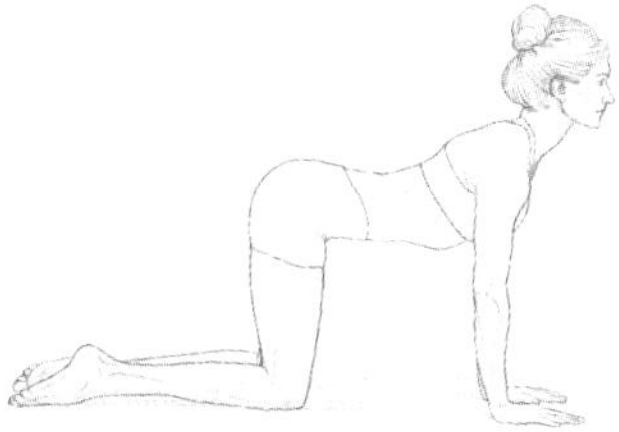

9–1：猫背伸展
（初阶）
重复 5 次

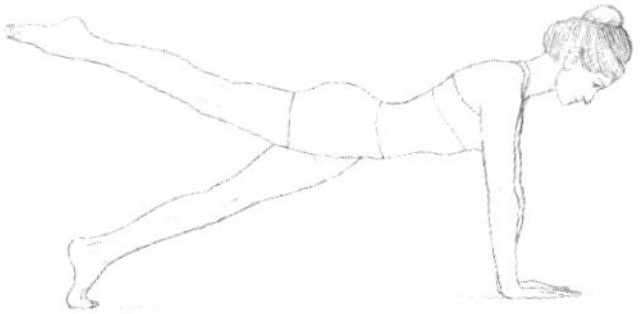

7–5：俯撑抬腿
（中阶）
每条腿重复 5 次，交替进行

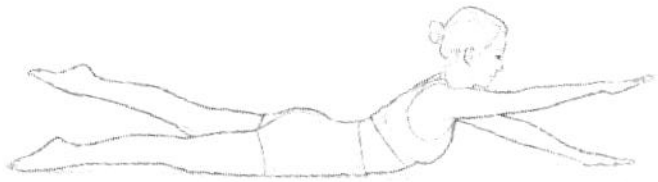

9–4：俯身游泳
（中阶）
改良动作
每个循环呼吸 10 次

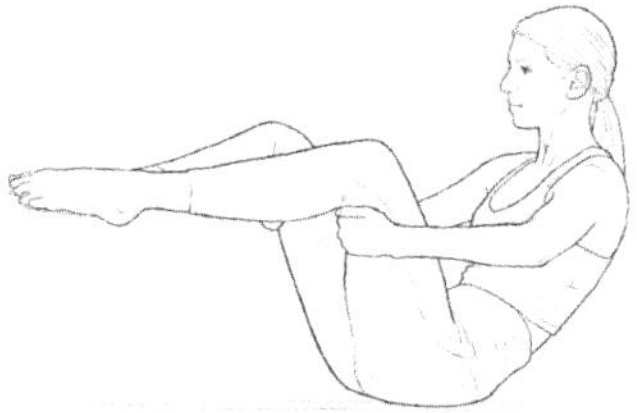

6–3：海豹拍鳍
（中阶）
改良动作
重复 5 次

中阶普拉提练习计划

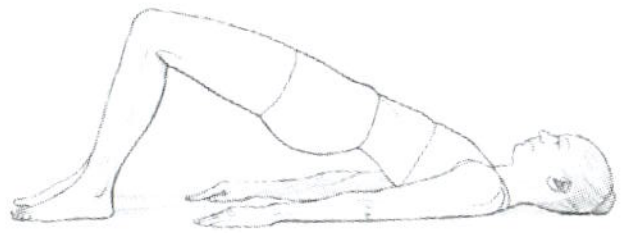

4-1：骨盆卷动
（初阶）
重复 5 次

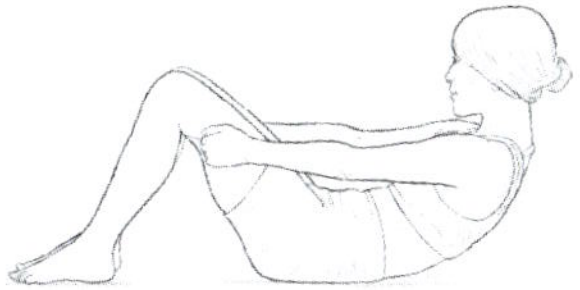

4-2：胸部抬起
（初阶）
进阶动作
重复 10 次

4-3：仰卧抬腿
（初阶）
进阶动作
每条腿重复 5 次，连续进行

4-6：仰卧脊柱旋转
（初阶）
进阶动作
每侧重复 5 次，交替进行

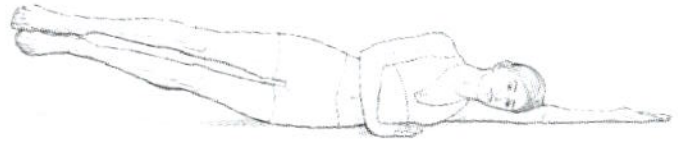

4-4：侧卧抬腿
（初阶）
每侧重复 10 次，连续进行（见注释）

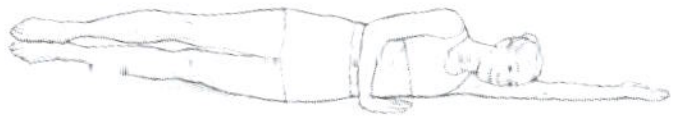

4-5：侧卧下腿上提
（初阶）
每侧重复 10 次（见注释）

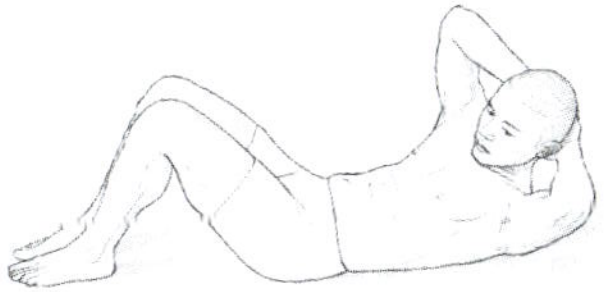

4-7：卷腹旋体
（初阶）
每侧重复 5 次，交替进行

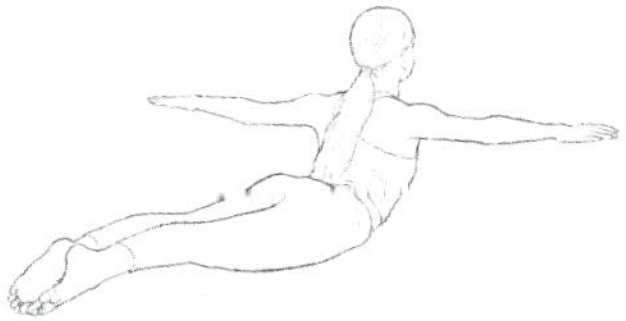

4-8：俯卧背部伸展
（初阶）
进阶动作
重复 5 次

5-1：单腿画圈
（初阶）
进阶动作
每条腿重复 5 次，交替进行

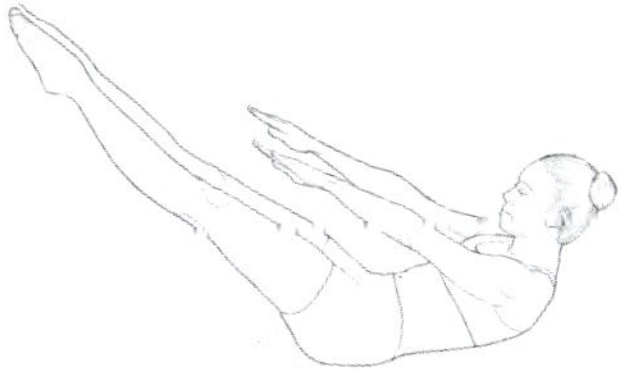

5-4：百次拍击
（初阶）
每个循环呼吸 10 次

注：侧卧抬腿和仰卧下腿上提每一侧分别重复 10 次，然后换另一侧重复。

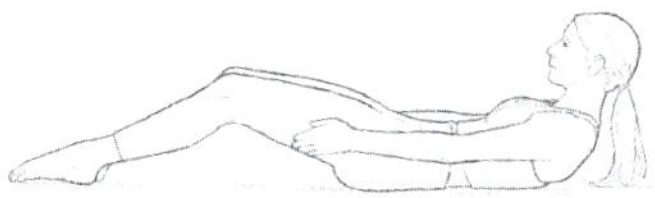

5-2：长躯席卷（中阶），改良动作

重复 5 次

6-1：坐姿脊柱前伸（初阶）

重复 5 次

6-2：后滚（初阶）

重复 10 次

7-1：肩基举桥（中阶）

每条腿重复 5 次，连续进行

5-5：单腿伸展（初阶）进阶动作

每条腿重复 5 次，交替进行

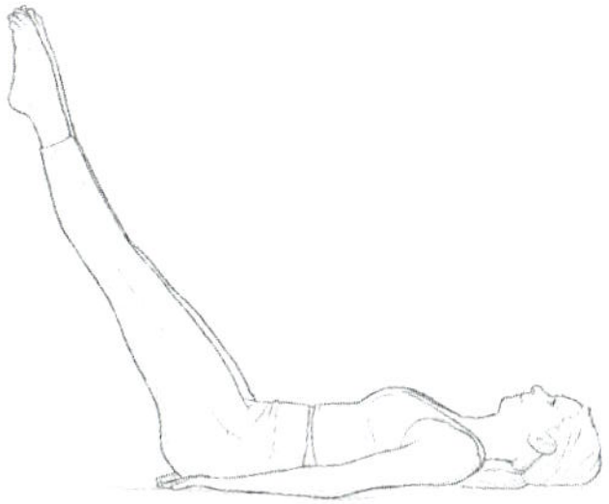

5-7：双腿伸展（中阶），改良动作

重复 10 次

6-5：分腿滚动（中阶）

重复 5 次

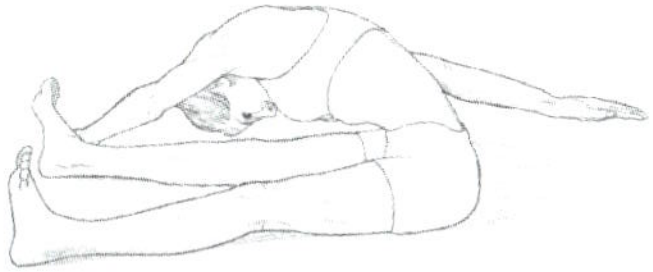

8-5：旋体拉锯（中阶）

每侧重复 5 次，交替进行

8-4：坐姿脊柱旋转（中阶）

每侧重复 5 次，交替进行

6-6：超越卷动（高阶）改良动作

重复 6 次

9-2：单腿后踢
（中阶）
每条腿重复 10 次，交替进行

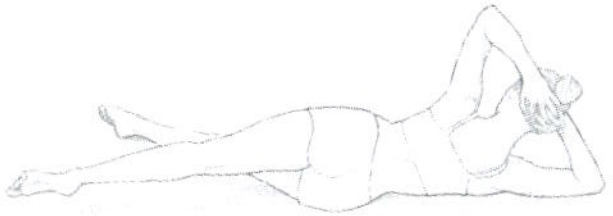

8-1：侧卧踢腿
（初阶）
每条腿重复 10 次，连续进行

9-3：双腿踢
（中阶）
改良动作
重复 10 次

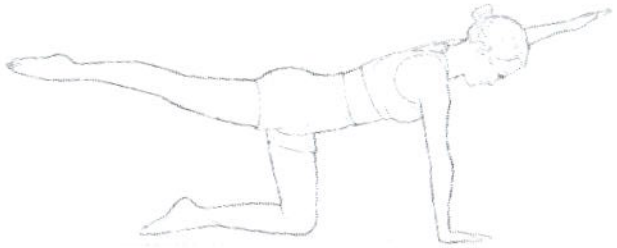

9-1：猫背伸展
（初阶）
进阶动作
重复 5 次

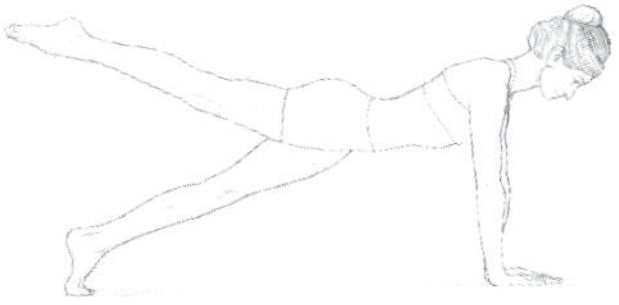

7-5：俯撑抬腿
（中阶）
每条腿重复 5 次，交替进行

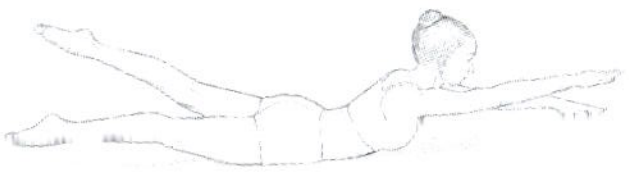

9-4：俯身游泳
（中阶）
每个循环呼吸 10 次

8-2：跪姿侧踢
（中阶）
每条腿重复 10 次，连续进行

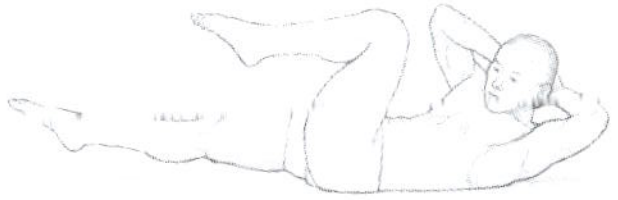

5-8：十字交叉
（中阶）
每条腿重复 5 次，交替进行

7-4：仰撑抬腿
（高阶）
改良动作
重复 5 次

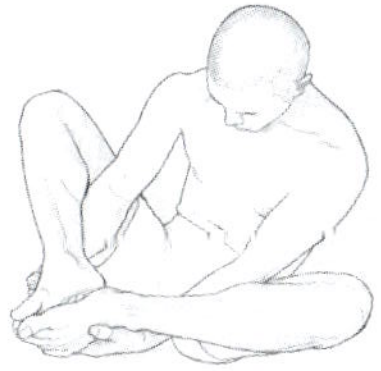

6-3：海豹拍鳍
（中阶）
重复 5 次

高阶普拉提练习计划

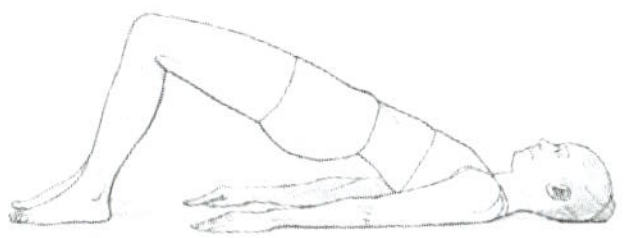

4-1：骨盆卷动（初阶）

重复 5 次

4-2：胸部抬起（初阶）

重复 10 次

4-6：仰卧脊柱旋转（初阶）

每侧重复 5 次，交替进行

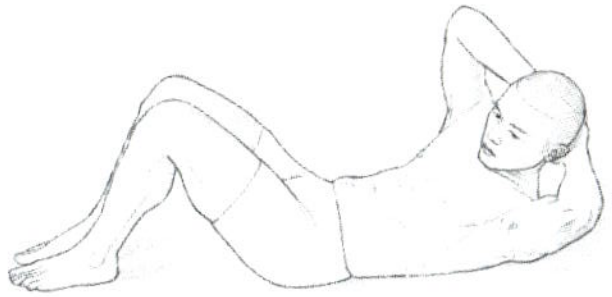

4-7：卷腹旋体（初阶）

每侧重复 5 次，交替进行

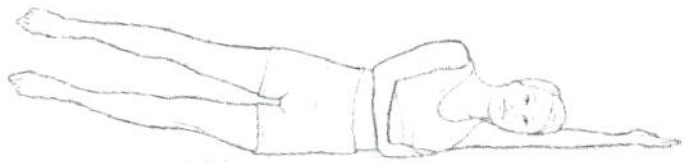

4-4：侧卧抬腿（初阶）

进阶动作

每侧重复 10 次，连续进行（见注释）

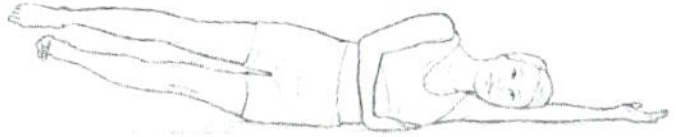

4-5：侧卧下腿上提（初阶）

进阶动作

每侧重复 10 次（见注释）

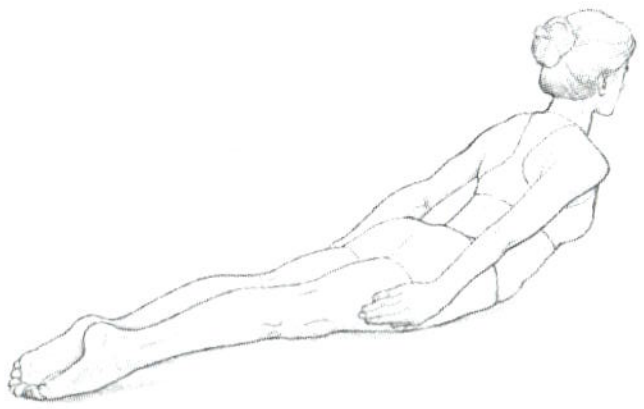

4-8：俯卧背部伸展（初阶）

重复 5 次

5-1：单腿画圈（初阶）

每条腿重复 5 次，交替进行

5-4：百次拍击（初阶）

每个循环呼吸 10 次

5-2：长躯席卷（中阶）

重复 5 次

注：侧卧抬腿和侧卧下腿上提每一侧分别重复 10 次，然后换另一侧重复。

6-2：后滚
（初阶）
重复 10 次

6-1：坐姿脊柱前伸
（初阶）
重复 5 次

6-5：分腿滚动
（中阶）
进阶动作
重复 5 次

7-1：肩基举桥
（中阶）
每条腿重复 5 次，连续进行

5-6：单腿朝天
（中阶）
每条腿重复 5 次，交替进行

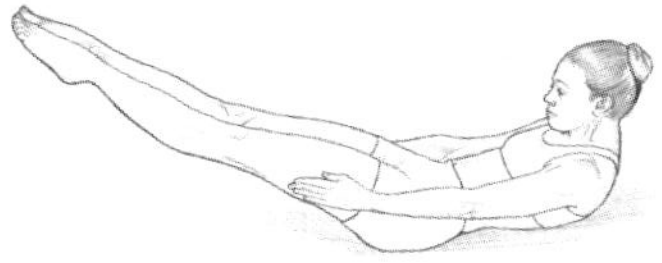

5-7：双腿伸展
（中阶）
重复 10 次

8-5：旋体拉锯
（中阶）
每侧重复 5 次，交替进行

8-4：坐姿脊柱旋转
（中阶）
每侧重复 5 次，交替进行

6-6：超越卷动
（高阶）
重复 6 次

6-8：倒置平衡
（高阶）
每条腿重复 3 次，交替进行

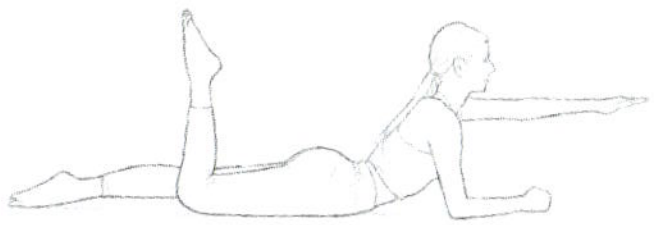

9-2：单腿后踢
（中阶）
进阶动作
每条腿重复 10 次，交替进行

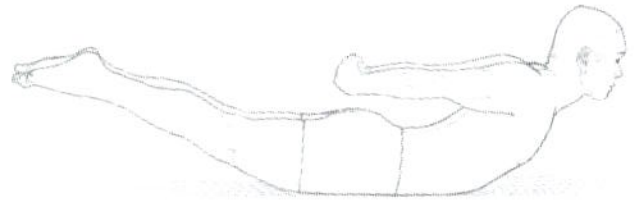

9-3：双腿踢
（中阶）
重复 6 次

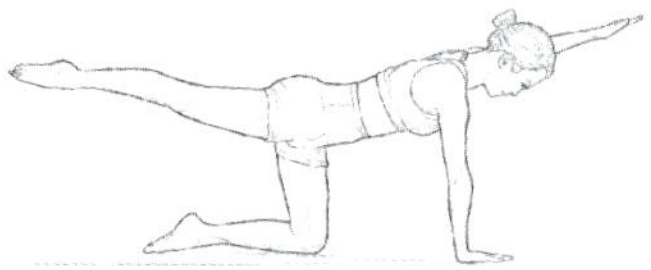

9-1：猫背伸展
（初阶）
进阶动作
重复 5 次

7-2：空中剪刀
（高阶）
每条腿重复 5 次，交替进行

7-3：倒踩单车
（高阶）
进阶动作
每条腿重复 5 次，交替进行

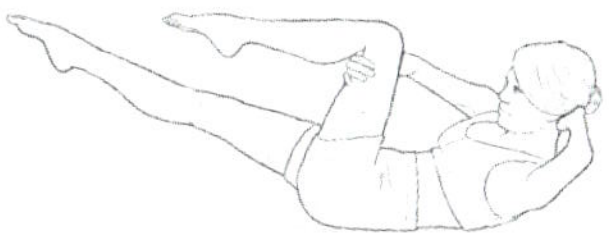

5-8：十字交叉
（中阶）
进阶动作
每条腿重复 5 次，交替进行

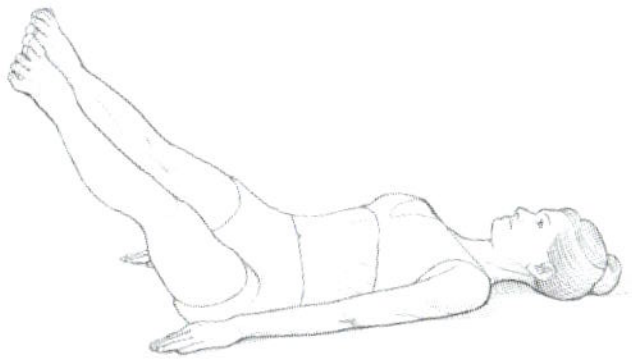

8-7：空中瓶塞
（高阶）
每侧重复 3 次，交替进行

6-9：空中折刀
（高阶）
进阶动作
重复 5 次

8-8：直臂髋部扭转
（高阶）
每侧重复 3 次，交替进行

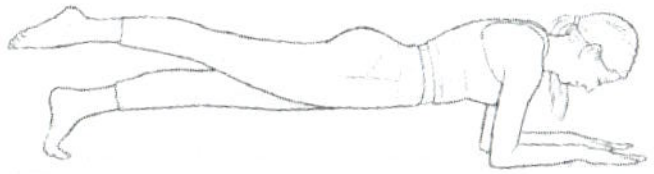

7-5：俯撑抬腿
（中阶）
进阶动作
每条腿重复 5 次，交替进行

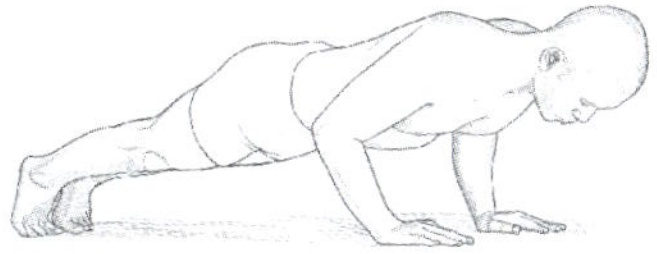

7-6：俯卧撑（高阶）
重复 5 次

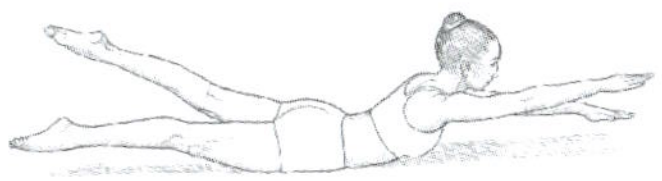

9-4：俯身游泳（中阶）
每个循环呼吸 10 次

8-2：跪姿侧踢（中阶）
每条腿重复 10 次（见注释）

8-6：侧弯扭转（高阶）变式
每侧重复 5 次（见注释）

5-9：V 形悬体（高阶）变式
重复 5 次

7-4：仰撑抬腿（高阶）
每条腿重复 5 次，交替进行

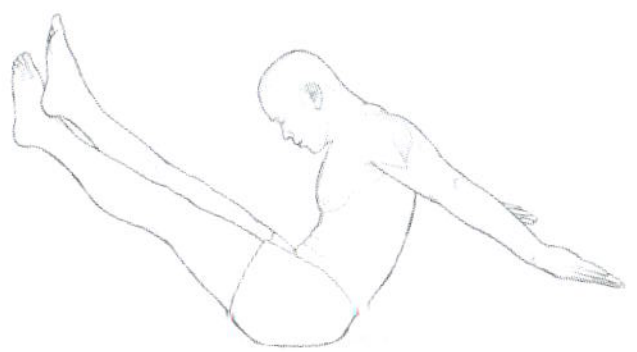

6-7：回力飞镖（高阶）
每条腿重复 3 次，交替进行

6-4：蟹式（高阶）
重复 6 次

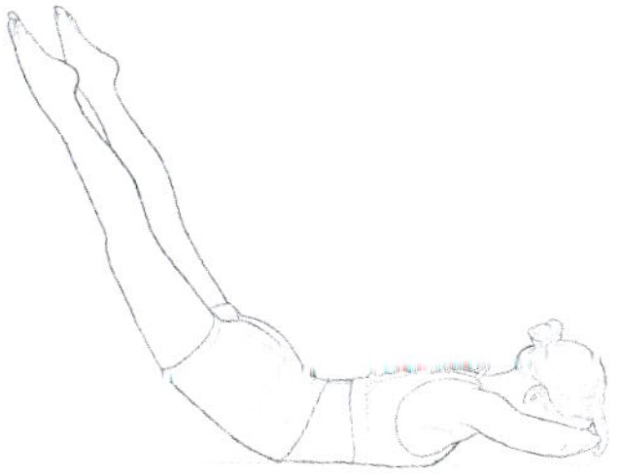

9-6：天鹅潜水（高阶）
重复 5 次

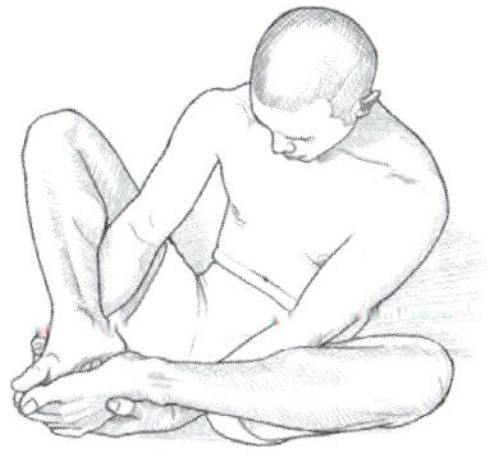

6-3：海豹拍鳍（中阶）
重复 5 次

注：跪姿侧踢一侧重复 10 次后再换另一侧重复；侧弯扭转一侧重复 5 次后再换另一侧重复。

动作名称索引

垫上基础运动

4-1：骨盆卷动* …… 56
4-2：胸部抬起* …… 60
4-3：仰卧抬腿* …… 63
4-4：侧卧抬腿* …… 67
4-5：侧卧下腿上提* …… 71
4-6：仰卧脊柱旋转* …… 75
4-7：卷腹旋体* …… 79
4-8：俯卧背部伸展 …… 83

增加肌肉力量和稳定性的腹肌训练

5-1：单腿画圈 …… 89
5-2：长躯席卷 …… 93
5-3：引颈前伸 …… 97
5-4：百次拍击 …… 100
5-5：单腿伸展 …… 104
5-6：单腿朝天（腘绳肌伸展）* …… 107
5-7：双腿伸展 …… 110
5-8：十字交叉 * …… 113
5-9：V形悬体 …… 116

通过椎体逐节活动提高脊柱灵活性

6-1：坐姿脊柱前伸（脊柱前屈） …… 123
6-2：后滚（滚动如球） …… 126
6-3：海豹拍鳍（海豹宝宝） …… 129
6-4：蟹式 …… 132
6-5：分腿滚动 …… 136
6-6：超越卷动 …… 140

*：为《以控制术重返生活》中未出现的动作名称。

6-7：回力飞镖 …… 144
6-8：倒置平衡 …… 148
6-9：空中折刀 …… 152

脊柱功能性训练

7-1：肩基举桥 …… 158
7-2：空中剪刀 …… 161
7-3：倒踩单车 …… 165
7-4：仰撑抬腿 …… 169
7-5：俯撑抬腿 …… 173
7-6：俯卧撑 …… 177

通过侧拉训练获得更有效的核心

8-1：侧卧踢腿 …… 183
8-2：跪姿侧踢 …… 186
8-3：侧弯 …… 189
8-4：坐姿脊柱旋转 …… 193
8-5：旋体拉锯 …… 197
8-6：侧弯扭转 * …… 201
8-7：空中瓶塞（高阶空中瓶塞） …… 206
8-8：直臂髋部扭转（髋部画圈预备动作） …… 210

强壮背部的伸展训练

9-1：猫背伸展* …… 215
9-2：单腿后踢 …… 218
9-3：双腿踢 …… 221
9-4：俯身游泳 …… 224
9-5：弓形摇摆 …… 227
9-6：天鹅潜水 …… 230

参考文献

推荐读物

Clippinger, K. 2016. *Dance Anatomy and Kinesiology. 2nd ed.* Champaign, IL: Human Kinetics.

Isacowitz, R. 2014. *Pilates. 2nd ed.* Champaign, IL: Human Kinetics.

Pilates, J., and W. Miller. 2003. *Return to Life Through Contrology*. Miami: Pilates Method Alliance. First published 1945.

其他参考文献

American College of Sports Medicine. 2010. *ACSM's Resource Manual for Guidelines for Exercise Testing and Prescription*. Philadelphia: Lippincott *Williams & Wilkins.*

Axler, C., and S. McGill. 1997. "Low Back Loads Over a Variety of Abdominal Exercises: Searching for the Safest Abdominal Challenge." *Medicine & Science in Sports & Exercise* 29(6):804-810.

Balanced Body. n.d. "Pilates Origins." www.pilates.com/BBAPP/V/pilates/origins-ofpilates.html.

Briggs, A., J. van Dieën, T. Wrigley, A. Greig, B. Phillips, S. Lo, and K. Bennell. 2007. "Thoracic Kyphosis Affects Spinal Loads and Trunk Muscle Force." *Physical Therapy* 87(5):595-607.

Carpenter, D., J. Graves, M. Pollock, S. Leggett, D. Foster, B. Holmes, and M. Fulton. 1990."Effect of 12 and 20 Weeks of Training on Lumbar Extension Strength (Abstract)."*Medicine & Science in Sports & Exercise* (supplement) 22(2):S19.

Clippinger, K. 2002. "Complementary Use of Open and Closed Kinetic Chain Exercises". *Journal of Dance Medicine and Science* 6(3):77-78.

Cools, M., E. Witvrouw, G. Declercq, L. Danneels, and D. Cambier. 2003. "Scapular Muscle Recruitment Patterns: Trapezius Muscle Latency With and Without Impingement Symptoms." *American Journal of Sports Medicine* 31:542-549.

Csíkszentmihályi, M. 1990. *Flow: The Psychology of Optimal Experience*. New York: Harper & Row.

De Troyer, A., M. Estenne, V. Ninane, D. Gansbeke, and M. Gorini. 1990. "Transversus Abdominis Muscle Function in Humans." *Journal of Applied Physiology* 68(3):1010-1016.

Friedman, P., and G. Eisen. 1980. *The Pilates Method of Physical and Mental Conditioning*. New York: Warner Books.

Gallagher, S., and R. Kryzanowska. 1999. *Pilates Method of Body Conditioning. Philadelphia*: Bainbridge Books.

Hamill, J., and K. Knutzen. 2009. *Biomechanical Basis of Human Movement.* Philadelphia: Lippincott Williams & Wilkins.

Houglum, P., and D. Bertoti. 2012. *Brunnstrom's Clinical Kinesiology, Sixth Edition.* Philadelphia: F.A. Davis.

HSC Dance. 2019. "Body articulation." hscdance.weebly.com/body-skills.html.

Kendall, F., E. McCreary, P. Provance, M. Rodgers, and W. Romani. 2005. *Muscles: Testing and Function, Fifth Edition.* Baltimore: Lippincott Williams & Wilkins.

Kibler, B., and A. Sciascia. 2010. Shoulder injuries in athletes: Current concepts: Scapular dyskinesis. *British Journal of Sports Medicine* 44:300-305.

Kincade, J., M. Dougherty, J. Carlson, and E. Wells. 2007. "Factors Related to Urinary Incontinence in Community-Dwelling Women." *Urologic Nursing* 27(4):307-317.

Kincade, J., M. Dougherty, J. Busby-Whitehead, J. Carlson, W. Nix, D. Kelsey, F. Smith, G. Hunter, and A. Rix. 2005. "Self-Monitoring and Pelvic Floor Muscle Exercises to Treat Urinary Incontinence." *Urologic Nursing* 25(5):353-363.

Kliziene, I., S. Sipavicience, S. Klizas, and D. Imbrasiene. 2015. Effects of core stability exercises on multifidus muscles in healthy women and women with chronic low-back pain. *Journal of Back and Musculoskeletal Rehabilitation* 28(4):841-847.

Levangie, P., and C. Norkin. 2011. *Joint Structure and Function: A Comprehensive Analysis, Fifth Edition*. Philadelphia: Davis.

Marieb, E., and Hoehn, K. 2010. *Human Anatomy and Physiology, Eighth Edition.* San Francisco: Benjamin Cummings.

Moore, K., A. Dalley, and A. Agur. 2017. Clinically Oriented Anatomy, Eighth Edition. Philadelphia: Lippincott Williams & Wilkins.

Moseley, M., F. Jobe, M. Pink, J. Perry, and J. Tibone. 1992. "EMG Analysis of the Scapular Muscles During a Shoulder Rehabilitation Program." *American Journal of Sports Medicine* 20(2):128-134.

Neuman, D. 2017. Kinesiology of the Musculoskeletal System: Foundations for Rehabilitation, Third Edition. St. Louis: Mosby Elsevier.

Oatis, C. 2017. *Kinesiology: The Mechanics and Pathomechanics of Human Movement, Third Edition.* Philadelphia: Wolters Kluwer.

Richardson, C., P. Hodges, and J. Hides. 2004. *Therapeutic Exercise for Lumbopelvic Stabilization.* London: Churchill Livingstone.

Sapsford, R., and P. Hodges. 2001. "Contraction of the Pelvic Floor Muscles During Abdominal Maneuvers." *Archives of Physical Medicine and Rehabilitation* 82:1081-1088.

Statista. 2019. "Number of participants in Pilates training in the United States from 2006 to 2017." www.statista.com/statistics/191616/participants-in-pilates-training-in-the-ussince-2006.

Wilmore, J., and D. Costill. 2015. *Physiology of Sport and Exercise*. 6th ed. Champaign, IL: Human Kinetics.

作者简介

瑞尔·艾萨考维兹（Rael Isacowitz）是一位国际知名的普拉提实践者和老师。他有 40 多年普拉提练习经验，是世界各地研讨会、大学、学院和工作室的杰出讲师和导师。瑞尔·艾萨考维兹在以色列的温盖特大学获得教育学士学位，随后他加入了教师队伍。后来，他在英国的萨里大学获得舞蹈艺术硕士学位。

瑞尔·艾萨考维兹已经掌握了所有等级的普拉提练习，并因为他独特的运动能力和对教学的热情，以及身体、思想、精神的结合而深受瞩目。1989 年，他成立了国际身体艺术与科学学院（BASI），这个组织现已成为世界上一流的普拉提教育机构。现在，BASI 普拉提分布于 40 多个国家。

瑞尔·艾萨考维兹还编写了普拉提的权威著作（*Pilates*，Human kinetics），编写了一系列关于普拉提器械的训练手册，录制了 DVD，构思了 BASI Systems 制造的设备，并且开发了普拉提整合运动（pilates interactive）软件。他是几个出版社的长期作者。他的工作充满了激情和创造性。

卡伦·克利平格（Karen Clippinger）是加利福尼亚州立大学的一位教授，教授舞蹈基础解剖、体位和普拉提课程，她已经在那里工作了19年。她还在加州大学洛杉矶分校（UCLA）和斯克利普斯学院（Scripps College）等著名大学教授解剖学和肌动学课程，并在BASI普拉提对普拉提老师进行培训。

卡伦·克利平格拥有华盛顿大学运动学硕士学位。在加入学术界前，卡伦·克利平格作为临床运动学家，在洛马林达大学医学中心和美国西雅图的几家运动医学诊所工作了22年。卡伦·克利平格的服务对象很广泛，她在美国举重联合会、美国竞走队、西北太平洋芭蕾舞团（Pacific Northwest Ballet）和丹麦受伤军人计划（Danish Wounded Warrior Project）担任顾问。

卡伦·克利平格是著名的普拉提、舞蹈、解剖和生物动力学的讲演者。她在BASI普拉提、Balanced Body、澳大利亚Pilates Alliance、Pilates Method Alliance（普拉提教练认证机构）进行过400多场演讲。卡伦·克利平格曾经做过四年《塑造》（*Shape*）杂志运动专栏作家，撰写了许多文章，参与编写了一些图书，以及主编了教科书《舞蹈解剖学与肌动学》。

译者简介

王会儒

博士，上海交通大学体育系教授，博士生导师，上海交通大学健康长三角研究院体医养康护融合发展研究中心主任，中国体育科学学会武术与民族传统体育分会副秘书长，中国老年学和老年医学学会运动健康科学分会常务委员，上海市老年医学会理事，上海市康复医学会第一届体医融合专业委员会副主任委员。研究方向：运动与健康促进、民族传统体育传承与发展。王会儒教授自 2005 年起与上海交通大学医学院附属仁济医院风湿科合作，开发系统性红斑狼疮、强直性脊柱炎等风湿性疾病的运动疗法。先后承担国家社科基金、上海哲社规划课题，以及上海市科委、上海市教委重点项目，以及国家体育总局科技攻关重点课题等 10 余项。以第一作者（或通讯作者）发表 SCI 论文、中文核心期刊论文、国际会议论文等 30 多篇，以第一作者参与编写和翻译学术专著、教材、科普专著等 16 部；6 篇资政报告分别被中国中央办公厅、民进中央采纳为专报单篇，并得到副国级领导批示。

吴振巍 /Tiger Wu

左右普拉提培训教育机构创办人，美国运动医学会（ACSM）注册健康健身专家（HFS），BNA 脊柱侧弯运动矫正疗法研创者，2008 年北京奥运会特聘私人教练，中国脊柱功能训练专家。中国中西医结合学会疼痛学专业委员会运动康复专家委员，中国好脊柱讲师团副团长，中国中医药研究促进会非药物疗法分会副会长，全国颈肩腰腿痛大会副主席，国家体育总局健身瑜伽七段段位评审团专家成员。拥有近 30 年的从业经验，跨界普拉提、瑜伽、健身、运动康复等多个领域，中国国际健身大会、中国国际身心灵交流大会、全国颈肩腰腿痛大会、CHINAFIT 健身论坛、“瑜伽之爱”中国盛典等特邀讲师，是首位受邀出席 Asia Fitness Conference（AFC，亚洲健身大会）的中国籍讲师。著有畅销书《普拉提》《徒手健身》《普拉提解剖和精准理疗》，是约瑟夫·普拉提生前唯有的两部著作著作 *Your Health* 和 *Return to Life Through Contrology* 中文合版《以普拉提重返生活》译者。被健身权威期刊《健与美》列入中国百位最具影响力的教练之一。